어쩔 청년 저쩔 공정

정치적인 '나'들의 이야기

어쩔정년 저쩔공정

정치적인 '나'들의 이야기

김민준, 김소영, 엄준희, 조성빈 지음

(주)버니온더문

머리말

 이 책은 사회과학을 공부하는 청년들이 쓴 '공정' 담론에 관한 분석과 한국 사회를 살아가는 이들의 경험을 담은 글들을 모은 것이다. 저자들은 이른바 '문송[*]' 시대에 사회과학을 공부하는 것의 의미를 묻는 말에 지금 여기에 산다는 것에 대한 역사적이고, 사회적인 의미를 이해하게 되는 것이라고 답변했다. 역사적인 흐름과 제도적인 모순을 살펴보게 되면 현상 이면의 것들이 보이게 되고, 이를 통해 어떠한 개인이 겪고 있는 고통이나 문제가 혼자만의 것이 아니었음을 깨닫게 되며, 공동으로 이에 대응할 수 있는 정치적 힘을 갖게 된다는 것이다. 언젠가부터 인문·사회과학과 같은 문과를 전공하는 것을 스스로 극복해야 할 제약처럼 여기는 상황에서 이들은 오히려 '사회가 이렇게 가도 되는가?'라는 질문을 해볼 수 있게 하는 도구로서 인문·사회과학의 가치를 담담하게 이야기했다. 자신들이 공부하고 경험한 것을 토대로 한국 사회의 현실에 관한 질문을 던지고 있다는 점에서 이 책의 글들은 '정치적'이다.

 1부의 글들은 2022년 1월 고려대학교 정치연구소가 〈불안(Insecurity): 청년세대가 바라본 한국 사회〉라는 주제로 진행한 에세이 공모전의 결과물이다. 청년들 스스로 자신들이 살아가는 한국 사회를 어떻게 바라보고 있는지 말할 수 있는 기회를 제공하자는 취지에서 공모전이 기획되었고, 다양한 내

---

* '문과여서 죄송합니다'의 줄임 말. – 편집자 주.

용의 글들이 투고되었다. 심사자들에게 가장 높은 평가를 받은 네 편의 글들은 모두 '공정'이라는 주제를 다루고 있어서 자연스럽게 묶을 수 있었다. '공정(fairness)'과 '정의' 모두 올바름을 뜻하지만, 일반적으로 공정은 주로 분배와 관련된 올바름을, 정의는 조금 더 포괄적인 올바름을 가리킬 때 사용된다(김범수 2022, 7). 어떠한 상황에서, 특정한 재화를, 어떠한 원칙으로, 누구에게 분배하는 것이 공정한가의 문제는 복잡할 수밖에 없다. 그래서 '공정' 담론이 어떠한 상황에서 표출되고 있으며, 어떠한 원칙을 지지하는지 살펴볼 필요가 있다. 현재의 '공정' 담론은 대학 입학 자격이나 정규직 일자리와 같은 지위재—대체재의 존재 여부나 다른 사람들의 요구에 따라 그 상대적 가치가 결정되는 재화나 서비스—적 성격을 지닌 재화를 나누는 상황에서, 시험이라는 형식적 기회균등을 보장한 후 성적에 따라 재화를 차등적으로 분배하는 것이 정의롭다고 보는 시각이다. 시합의 규칙, 조건, 목표 등이 특정 사람에게 유리하도록 편향되어 있지 않은 조건—세습 특권 폐지, 교육 및 채용 과정에서의 차별 금지—에서 공적/응분을 기준으로 분배하는 것을 강조하는 능력주의에 기초한 형식적 기회균등에 대한 사고를 담고 있다. 이런 점에서 주로 '공정' 담론이 담고 있는 능력주의 시각에 대한 비판이 다수 제시되었다(박권일 2021; 신중섭 2021; 정태석 2021).

저자들은 비슷한 문제의식을 공유하지만, 각기 다른 관점에서 '공정'을 둘러싼 보다 심층적인 분석을 시도하고 있다. 1장은 구조적 문제와 변화를 둘러싼 사회적 대화의 가능성을 사전에 차단해온 현 '공정' 담론의 한계와 게임의 은유를 다룬 후, 그 같은 사회의식이 불안의 지속에 기여함을 짚는다. 그리고 편재한 불안과 그 불안이 불러일으킨 장면들의 원천 중 하나로 경제적 관계를 지목한다. 일하는 사람으로서의 위치와 안전망의 결여, 불가능한 참여, 불평등이 함께 살아가는 삶을 어렵게 한다는 것이다. 2장은 표상으로서의 이준석, 이념으로서의 능력주의, 코호트*로서의 20대 남성에 주목한다. 세 정치적 요인 사이의 연결고리를 탐색하기에 앞서 보편과 비례라는 공정에 대한 상이한 해석을 빌려와, 탄핵 국면 이후 배제된 존재로서 부유한 20대 남성의 가치 정향을 규명한다. 이로써 현재하는 '이준석 현상'이 와해할 수 있는 일시적 결합일 것이라는 주장을 펴고 있다. 3장은 청년들의 공정성 담론이 '누가 바라는 공정인가?'라는 질문을 던진다. 청년세대는 단일한 집단으로 취급되지만, 실상은 그렇지 않다. 이에 저자는 청년세대를 세 가지 기준으로 분류하고, 각기 다른 계층의 청년들이 원하는 '공정'의 의미를 살펴본다. 이를 통해 현재의 담론에서는 특정 집단의 '공정'이 과도하게 대표되는 동시에 소외되는 계층도 존재함을 주장한다. 4장은 '공정' 담론의 이면에 청년들이 서로를 미워하고 결합하지 못하는 현실이 있음에 주목하고 그 이유가 무엇인지 탐색한다. 문헌 연구를 통해 여성과 남성 각각의 불안의 양태와 불안의 결과를 기술했으며, 내러티브 연구 기법을 활용해 실제 청년들의 목소리를 가감 없이 드러내고 있다.

2부의 글들은 조금 더 개인적이다. 저자들 각각의 개인적인 경험, 고민, 관심사 등을 담은 글들이지만, 사회과학적인 문제의식은 사라지지 않는다. 5장은 팬데믹 이후 와해하는 일상적인 것들에 주목한다. 평소 즐겨 찾던 극장의 폐관 소식으로 시작한 글은 몇 편의 영화를 경유해 발 디딘 터전으로 향한다. 공존 가능성을 미래에 기대할 수 없다면 과거의 흔적부터 찾아보자는, 조금은 다른 이야기를 시도한다. 6장은 대학에서 정치학을 전공하는 탓에 숱하게 받아왔던 질문인 '한국 정치를 어떻게 생각하는가?'에 대한 저자

---

* 코호트(cohort)는 특정한 기간에 태어나거나 결혼을 한 사람들의 집단과 같이 통계상의 인자(因子)를 공유하는 집단을 말한다. – 편집자 주.

의 답변이다. 청년 여성의 시각에서 만연한 정치 혐오의 원인을 혐오 정치로 규정하고, 한국 정치권의 여성 혐오적 요소를 조명한다. 청년 담론과 언론 및 미디어에서 정치권의 여성을 그리는 방식을 살펴보며, 개인적인 경험을 풀어내고 있다. 7장은 졸업을 앞두고 펼쳐본 새내기의 삼월 첫 과제에서 출발해 대학 생활의 이야기를 찬찬히 펼쳐 보인다. 대학이라는 곳, 대학생이라는 것을 둘러싼 오랜 고민이 녹아들어 있다. 그 속에 교육의 가능성에 대한 믿음이 느껴진다. 글을 읽으며 곁에 한 곡 틀어두고 싶다면 이상은의 '언젠가는'이 알맞다. 8장은 가상의 '성빈'이라는 인물을 통해 20대 성인 남성이 겪을 수 있는, 그러나 감추어질 가능성 또한 높은 이야기를 기술했다. 저자는 어떤 이가 '성빈'과 같은 일들로 상처받았다면, '성빈'처럼 방황하고 괴로워할 수 있으나 그것은 그 사람의 잘못이 아니니 조금이라도 위로를 받길 바란다는 후기를 전했다.

이 책은 정치연구소가 만든 작은 계기를 통해 처음 만난 저자들이 함께한 결과물이기도 하다. 책으로 발전하기까지 서로의 글에 대해 의견을 주고받기도 했고, 각자의 삶과 고민에 관한 이야기를 나누기도 했다. '청년'과 '공정'에 관한 이야기를 담았지만, 이와 관련된 세상 일부분을 이야기했을 뿐임을 알고 있다. 그래서 논의 끝에 이 책의 제목을 『어쩔 청년 저쩔 공정』이라고 붙였다. 어떤 부분에서든 이 시대를 살아가는 다른 '청년'들의 마음에 조금이라도 와닿는 내용이 있길 바랄 뿐이다. 편집자로서 학생들의 글을 묶는 작업은 새로운 경험이었다. 학부 생활의 마지막 즈음에 쓴 이 책이 저자들에게 좋은 추억이 되었으면 싶다.

권혁용(고려대 정치외교학과), 조계원(고려대 정치연구소)

차례

2부

정치적인 반오십의 이야기

1부

'공정'들

인간으로서의 존엄과 가치를 가지며

엄준희

그 토마토, 기억나?

수천수만의 토마토, 주스도 되고 케첩도 되는 토마토 중 대뜸 '그것'이라며 건네진 질문에 부연은 필요치 않았다. 퍼뜩 9년 전 교실을 떠올리며 각자의 기억부터 맞아들일 따름이었다. 삽시간에 달뜬 친구들의 후일담이 포개지는 가운데, 나는 망연해질 뿐이었다. 그때는 창가에 토마토가 자랐다. 돌아가며 물을 주었고 착한 말이 이롭다며 애지중지했다. 먹거리를 돌보게 된 도시 어린이들의 즐거움이었다. 꽃이 피고 지고 끝내 들던 붉은빛도 문득 완연했던 그날, 선생님께서는 중간고사 1등을 불러내셨다. 첫 시식권이었다. 며칠 뒤, 또 그다음에는 2등, 3등 순으로 호명되었다. 몇이나 남았는가도 분명했다. 그 토마토를, 눈총의 결정체를 입에 쏙 넣으려 일어나 걷던 한때가 잊혔을 리 없다. 하지만 날름 받아먹은 자로서 유구가 무언이었다.

우리의 토마토는 참 맛있었다. 아침 못 먹은, 뽑기에 당첨된, 성심껏 기른, 반을 위해 애쓴 사람 투표나 그림 대회에서 일등 한 친구가 아닌, 용케 두 자릿수 곱셈에 성공한 내가 맛본 결과 그랬다. 과일을 좋아하던 친구나 미식가 친구였더라면 세 단어 이상의 소회를 적었을지 모른다. 얻어먹어 온 축을 탓하자는 것이 아니다. 다만 '억울하면 노력'이란 관용구를 피하는 만큼 달리하기도 용이한 위치였음은 기억한다. 그런 책임감을 느꼈다.

남은 잘못은 이런 곳들에서 찾았다. 모두가 먹을 수 있을 만큼 키우지 않은 것, 그게 확인되고도 더 심을 작정을 못 한 것, 점수를 내세운 노골적 차별마저 정당화해온 문화, 맥락 없는 숫자의 환금을 기약해온 사회, 일방적인 통보가 즉각 관철되는 분배구조, 토의의 부재 내지 불가능성에서 말이다. 물론 나는 그 뒤로도 얼굴을 붉혀가며 토마토를 질기게도 받아먹어 왔다.

한편 근래 특기할 만한 전유가 부각된다. 시민 도덕이던 '공정'의 유령이 돌변한 것이다. 커피값의 0.5%만이 원두 생산자들에게 돌아가는 것은 그들이 시험을 못 쳐서가 아니다. 그래서 공정무역이 값지다. 공정노동도 그렇다. 한데 "정정당당하지 못한 도둑놈 심보"란 지적은 특권층을 떠나 사회적 약자를 겨눴고(오찬호 2013, 73), 20대 남성의 상과 결부되며 기능했다. '노동' 없이 누린다는 말은 돈으로 돈 벌어온 위쪽을 향하다 별안간 방향이 바뀐 이래 아래를 떠돈다. '노동' 자리에 차례로 '노력', '능력'이 들어섰다. '노오력'과 수저론이 한바탕 반발해냈지만, 아직 '느응력' 같은 물음표가 넓게 찍히지는 못했다. 사나운 항의가 공공부문 정규직 전환을 에웠다. 당시에도 같은 가치의 일을 한다면 당연히 같은 대우를 받는 것이 옳다는 생각이었다. 일자리들이 좀 멀쩡한 곳에서 살고 싶은 것도 당연했다. 또 "사람이 모이면 저절로 일어나는 친애"가(심경호 2013, 21), 내버려진 지 오래라 냉소했다.

그런데 그렇게 개탄하고 넘어가면 될까. 이들은 선하고 저들은 모질까. 대학 서열이나 일의 위계 같은 사회적 환경 설정을 굳게도 믿으며 나눈 옛 대화들이 내 몫을 일러준다. 남은 잘못은 억 단위 배당이 거저 날아드는 위치와 해고 위협 아래 기본권조차 다투며 최저임금만큼 버는 위치를 두고 '능력을 키워 후자에 처하지 말라' 해온 걸출한 정당화 기제를 걷어내며 찾아봤다. 게임의 은유와 과한 몰입, 가치측정의 신화, 노동력을 팔지 않고 달리 생활할 방도가 없는 상황, 가진 자의 '유연한' 공포 전가, 안전망의 결여, 불가능한 참여, 불평등과 주거 빈곤, 이 모든 요소가 아우러져 빚어내는 공동의 불안에서 말이다.

　그것들이 우리를 '싸움터'로 내몰고 '레이스'에 밀어 올리지만 이른바 '승리'의 쟁취는 아득하다. 삶이 꼭 그래야 하는지도 모르겠다. 불안을 극복하려 경쟁에 힘썼으나, 그로써 심화한 경쟁은 다시 고립과 불안, 적개심을 선사했다(박형신·정수남 2015, 227). 어느덧 "고용이 보장되며 전일제로 일하는 직위나 직무"가* 평범한 사람들이 닿아볼 최후의 과실처럼 되어버렸다. 정규직도 이 땅의 공정을 온 마음으로 확신하지 않는다. 불균형한 사회의 못 가진 이가 그렇게만 안정될 수 있음을 실감할 뿐이다. "누구나 누려야 하는 보편적 권리를 마치 그들에게만 주는 것처럼" 하사하는 모양이라도, 고생한 입장에서는 그 구별마저 없어지는 것이 두려울 수 있다(김혜진 2020, 177). 떠들썩하게 조별 승부를 겨룬 수련회 마지막 날 허공을 휘저으며 "일등에게 공기를 드립니다" 하신 선생님 생각이 난다.

　그날의 허탈한 웃음도 퍽 무서워지는 수가 있다. "그럼 꼴등 공기를 뺏어주세요"가 튀어나오는 순간 그렇다. 얼씨구나 산소 농도부터 낮추어갈 줄 아는 권력층이 웃음을 아주 앗아간다. 조마조마한 우리가 붙들어보게 되는 그런 '공정', 그것이 도리어 두려움을 보글보글 끓여온 썩은 동아줄인지도 모른다. 그리고 두려움은 배제와 동행한다(Nussbaum 2019, 526). 불안의 해소나 조정을 위해서는 차라리 그를 검토할 기회가 있어야겠다. 우리 존엄을 해쳐온 상황의 근원에 다가가며 조금은 다른 이야기도 함께해보고 싶다. "원인을 대충 찾을 때 '요즘 세대는…'이라는 말이 따라 나온다(신새벽 2020, 11)." 최선을 다해 찾는 중에 우리 세대가 일궈낼 변화까지 같이 고민해본다면 좋겠다.

---

* 국립국어원 표준국어대사전에서 '정규직'의 뜻을 가져왔다.

'공정한' 능력주의를 넘어

도덕의 이름으로 '자격 없는' 이들 배제하기, 취약 계층 지원에 분개하기, 차별에 대찬성하기, 경미한 지역 불균형 조절을 못 견뎌 하기. 이목을 끈 것은 일원적 규칙에 매달린 '도구적 공정성'이다. 개인차에 기초한 '다원적 공정성'과 거리가 멀뿐더러, 이익의 평등한 보호와 증진을 목표한 '절차적 공정성'과도 엇갈린다(석승혜 2020). 다음 비유가 떠오른다. "마이크 타이슨(Mike Tyson)과 영양실조에 걸린 벵골 출신 실업자가 나란히 서 있다 … 보수주의자들은 무어라고 말하는가? … 동일한 시합 시간을 할애했고, 시합의 장소도 동일하며, 시합 규칙 또한 동일하므로 정의는 보장된다고 말한다(Ziegler 2012, 169)." 이런 것이 절대적으로 바르다 믿는 한, 다음을 위해 머리 맞대기는 둘째치고 가까운 부작용들을 다듬기도 어렵다.

2019년 여름, "변호사랑 의사는 … 그런 꿈을 가진 애들이 흔하진 않잖아요"라고 답하는 중학교 2학년들과 "되게 흔한 직업을 선택하는 친구도 있고 … 변호사, 판사, 의사 이런 거"라고 말하는 동갑내기들이 같은 하늘 아래 있었다. "마트에서 파는 브라우니 믹스"로 연습해온 제빵사 지망생이 있는가 하면, "유학을 할 거면 보내줄 테니까"를 듣고 자라며 "노는 거 좋아하는 애들이 할 것 같은" 판매 및 서비스직에 거부감을 표하는 학생도 있었다(김수정·차영화·최샛별 2020). 세습은 예사다. 사회, 문화, 경제 자본이 속속 동원된다. 귀속적 배경의 효력은 확대일로에 있다(성열관 2015). 그런 상황에서는 "자유롭고 책임 있는 주체"를 거칠게 호명해 환경의 결정력을 가려버릴 때, 현상 유지에 봉사하게 된다(Ferretter 2014, 166-175).

중등 1학년 성취도가 같았더라도 대입 결과는 부모의 사회경제적 지위에 따라 유의미하게 달라지며(김위정·김양분 2013), 그 소득과 교육 수준의 영향력은 자녀의 성적, 진학률뿐 아니라 노동시장 성과에까지 미친다(최필선·민인식

2015). '공정'의 상징, 공무원 시험의 합격 경향도 계층 수준에 좌우되었다(김도영·최율 2019). "그렇게 문제가 간단하지 않다. 돈은 뒷문뿐만 아니라 정문 앞에도 떠돈다. 실력대로라고? 사실 실력은 경제적 우위와 구별해서 보기가 어렵다(Sandel 2020, 31)." 그러니 "우연성으로 인해 유리하거나 불리해지지 않는다는 점"을 보장하기가 어렵다(Rawls 2003, 46). 그런데도 현행 분류는 과히 신뢰받는다. 학력과 학벌은 베버(Weber)가 지배의 정당화, 그람시(Gramsci)가 헤게모니, 부르디외(Bourdieu)가 상징권력이라고 칭할 작용의 원천이니 사교육비 경쟁의 과열도 예정된 수순이었을 뿐이다.

개인사와 한국사, 세계사의 질곡 또한 얽히고설킨다. 일례로 외환위기와 실직, 자영업, 개인택시, 건강 악화, 경비 노동, 노인 일자리, 폐지 수거를 잇는 경로는 비현실적이지 않다. 개인이 전적으로 '잘못한' 적은 없다. 그럴 수도 없다. 생의 목표를 내조와 양육으로 묶어 교육과 직업 기회를 제약한 사회의 업보는 가난한 여성 노인을 "만들어"냈다(소준철 2020, 12-13:283-289). 역사성은 중요하다. 1981년 여성 임금은 남성의 48.8~60.9%였다. 전기·전자공업 고성장의 그림자에는 최빈곤층 수준 소득으로 견딘 73%의 청년 여성노동자가 있었다(요코타 2020, 51-54). 노년에 이르자 하루 8시간, 200킬로그램씩 노력하면 시급이 천 원쯤 된다. 국가가 담당하려면 시설에만도 4조 원가량 들 일이라는 점까지 곱씹게 된다(고금숙 2020).

책임의 개인화를 꾀하기보다 내력을 되새겼다. 혹 이런 요소들까지 마법처럼 같아진다면 어떨까. "공정한 기회를 제공받으며, 노력한 결과에 따른 합당한 자기의 몫을 나누어 가지며, 그 결과에 승복할 수 있는 그러한" 모델이라면 어떨까(임상규 2012, 3). 단박에 실현된다 한들 그것으로 족할까. 현실이든 이상이든 "기껏 기약해주는 것은 삶의 '경주'가 가져다주는 열매를 즐기는 소수에 낄 수 있다는 가능성일 뿐이다(Willis 2004, 396)." 낙관적 기대가 고난

들을 탈정치화할 때 개개인에게 남는 것은 일상적 절망감뿐이다(박지원 2020). '합당한 몫'이라는 것도 흥미로운 개념이다. 특권적 위치는 지대추구를 가능케 한다. 소유가 이익을 부르는 것이다. 생산적 공헌과 별개다. 환경파괴를 은폐한 변호사가 금융위기를 이끈 전문가가 간호사나 배관공의 수백 배를 받을 만큼 사회에 기여했는지 궁금해진다(박권일 2021, 93).

"우수한 천문학자가 왕립천문대 소장을 맡은 현실은 인정한다고 해도, 그 사람이 천문대를 지은 벽돌공보다 더 많은 보수를 받는 이유는 도대체 무엇인가?" '소득평등화법'의 가상 사회에서는 능력에 맞추어 구성원들을 배치한다. 하지만 적합성을 위해 그럴 뿐이라 보수는 동일하다(Young 2020, 245-252). '능력에 의한 배치'와 '위치에 따른 분배'를 떼어냈다는 점에서 중요한 가정이다. 프로테스탄티즘 윤리가 옛 자본주의와 어울렸던 만큼 능력주의도 신자유주의와의 궁합이 좋다. 정당화되는 것은 자기조정 시장의 추구일 뿐, 그 다양한 귀결이 아니다. 보고 듣기 벅차도록 참담한 문제들이 산재한다. 그를 사람들에게 납득시키기란 생각보다 어려운 작업이다. 그러니 불가피한 법칙이라 얼버무리거나, 예정설에 기대거나, 보이지 않는 손이 알아서 모두의 이익이 되게끔 해준다고 미뤄온 것이다. '무능의 소치'란 핀잔은 이 빈틈을 한 점 부끄럼 없게 채워줬다.

물론 '능력에 의한 배치가 공정하다'란 명제 자체에 이견 없더라도, 그것이 구조적 차별이나 자원 및 힘의 격차 탓에 실현되지 못해왔다 하는 측의 공정과, 사회구조는 문제없으니 평평한 운동장에서 당신이 못 뛴 결과를 수긍하라는 측의 공정은 상이할 수 있다. 그런 충돌에서 쟁점은 운동장의 기울기를 둘러싼 인식에 놓인다. 그리고 구조적 차별은, 존재한다. 또한, '공정한' 능력주의의 제안대로 10명이 5에서 14까지의 위치를 나눌 수도 있지만, 9에서 18까지의 위치를 나눌 수도 있다. 이 능력주의는 방법이고 어떻게 할당할지의 문제라, 무엇을 안배할지 묻지 못한다. 작금의 것은 개선의 방향성을 보여준 적이 없다. 올라가지를 못하니, 더욱 파 내려가 -1에서 8까지의 게임을 꾸리는 데 악용되어왔을 뿐이다.

베버식으로 계급, 지위, 파당이라면 능력주의가 전면화하는 것도 지위일 뿐이다. "지위 질서와 계급 질서가 혼합"되어 있던 전근대사회에서(Fraser 2016, 95), 과거제와 같은 시험이 계급 이동의 문을 조금이나마 열어줬다면, 자본주의 사회에서는 그런 것을 아무리 잘 보아도 지배계급으로 변모할 수 없다. 대기업에서 노동하는 데 성공하더라도 노동자고, 자식들도 대부분 노동자로서의 미래를 그릴 것이다. 정치도, 지위도, 경제로부터 분리되었다. 지위가 그대로 세습된다는 보장은 없다. 확률에 기대지 않고 확실함을 바란다면 편법이 필요해진다. 계급은 그냥 대물림된다. '자연스럽게.' 그런 차이가 있다.

그런데 꼭 가장 '우수한' 사람만 별을 봐야 할까. "희망에 따라, 적성에 따라, 간절한 필요에 따라 교육받을 권리를 가지면 안 될까? 외딴 지역에 살면서 의사의 필요성을 절감한 이가 의학교육을 받을 권리는 권리일 수 없는가." 제헌 헌법에서도 능력은 전 국민이 종국에 내보일 결과였지, 교육권의 제약 요건이 아니었다(이경숙 2020, 52-57). 대한민국은 개개인의 자유로운 발전을 도울 여력도 차차 갖추어왔다. 이런 장래 희망은 어떨까. "수치적 잣대로 비추어 봐 세상에서 출세할 기회가 아니라 풍요로운 삶을 이끌기 위해 자기만의 특별한 역량을 발전시킬 기회를 균등하게 누리게 되리라. … 어린이는 단순히 사회에 필요한 잠재적인 직무 담당자가 아니라 소중한 개인이다(Young 2020, 268-270)."

게임 설명서의 행간에서

저평가되어온 업종의 사람들에 대한 하대는 어제오늘 일이 아니다. 불쑥 건네는 동정도 맥락이 같다. '그래도 된다'라는 착각의 뼈대는 위계적 삶이 게임의 자명한 결과라 선전해온 세계관이다. 스파르타 사회와 고대 히브리 사회가 각기 군사 조직과 신성한 맹약이라는 자기 개념을 축으로 형성되었듯, 현대 북미 사회는 시장과 게임의 형상으로 조직되었다(Rigney 2018, 10). 그러니 패자가 '패자'일 것이 요구된다. 열악한 노동환경이나 불공정한 분배는 시정해 갈 불의가 아닌, 따라야 할 벌칙이다. 지위 개선, 즉 게임의 수정이 '불공정'으로 폄하된다. 경력자가 적임자라도, 스펙이 업무와 무관해도 그 게임은 '문제 풀이'다. 한번 불공정 계약을 체결한 이상 다시는 공정한 계약을 바랄 수 없다. 칼끝은 고용주만 비껴간다. 멋진 분할통치의 성과다. 한곳에서 자동차 만드는 10년 사이 인력 회사가 일곱 차례 바뀌면 그때마다 새 계약서를 써야 한다(최장집 2013, 28). 능력주의자라면 같은 능력으로 같은 일을 매일 하는 사람이 고용 형태에 따라, 그러니까 고용주와 사용주의 꼼수가 어느 정도인가에 따라 지극히 상이한 처지에 놓인다는 것에 의문을 가져볼 법도 하다. 하지만 '정규직'의 상징적 상패로서의 측면만 드러나고 말았다.

그런데 이 게임이 근대국가의 성립과 동시에 반질반질한 새 보드에서 일제히 출발했던 가문별 이어달리기이긴 할까. 신분제가 법적으로 철폐된 게 1894년이다. 대략 30년씩 네 번이면 닿는다. 내 생년에서는 그보다도 가깝다. 식민지 시기는 어땠을까. 사회운동은 예로부터 돈이 안 된다. 보통학교 취학률이 50% 전후에 그쳤던 1945년, 14.7%던 1924년으로부터도 100년을 채 못 왔다(김진균·정근식·강이수 2003, 82). 반공이 최우선이던 미군정은 일제 통치기구를 고스란히 받아 극우세력과 구 식민지 관료들로 채웠다. 도망갔던 친일 경찰들도 '계속 근무 명령'에 돌아왔다. 살아남으려면 미국 이익을 지켜야 했으니 고문, 살상도 계속했다. 토지를 제하고도 국내 전 자산의 8할은 일본이 두고 간 귀속사업체들이었는데, 미군정이 자주 관리운동을 탄압하며 접수했다. 이후 한국 정권은 어마어마한 특혜로 소수에게 횡재를 안겼다(장상환 2002, 142-152). 정경유착, 뼈대가 있다. 잔고, 역사가 있다. 현재만 탈탈 털어 쏙 빼내 모든 결과는 말들이 마땅히 치를 만해 치른다고 한다면 헛웃음이 나온다. 그야말로 유전무죄, 무전유죄다.

개인전의 은유도 부정확하다. 대물림과 성별이 맞물렸으며(장상수 2004), 아이템은 쏠렸다(황규성 2016). 월평균 소득이 800만 원 이상인 가구는 200만 원 미만인 가구보다 사교육비를 5배 더 쓴다(대학무상화·대학평준화 추진본부 연구위원회 2021, 70). 청소년들은 계급에 따라 장래 희망부터 다르다(김수정·차영화·최샛별 2020). 같은 게임판도 아니었던 셈이다. 또렷한 결승선도 없다. 어디서 멈출까. 가도 가도, 굴려도 굴려도, 뽑아도 뽑아도 길가의 낮잠조차 즐길 수 없는, 그런 게임장에 갇혔다. '애매모호한 횡적 이동'이라는 통찰이 나왔다. 당사자들은 밑에서 위로 이동 중이라 믿으나, 기실 게걸음 치듯 한 층을 맴돌고 있다는 것이다. 잡히지 않는 방향의 불안정성이 상존한다(Sennett 2002, 120).

왜 저기 차려 했지? 골대 넷으로 늘릴까? 발 다친 사람은 손을 하나 써도 되나? 실력 차 너무 심한데 편 다시 짤까? 센터서클에 둘러앉아 이런 이야기 하는 게 사회다. 새 은유를 찾자. "절대적 가치에 대한 믿음을 유지"하지 않으면 내기도 끝장이다(Bourdieu 2006, 451). 언제까지나 피 맛이 나도록 흙먼지 날리며 뛸 수는 없다. '공정 게임'은 단 한 번도 현실에 존재한 적 없고, 향후 구현될 가능성 역시 전무한 치명적 유토피아다.

이 논쟁은 사회적으로 허망한 것일 공산도 크다. 주류 미디어도, 일부 청년도, 몇몇 정치인도 청년 내 대표성에의 성찰 없이 자신에게 익숙한 것을 너무나 당연한 것으로 가정하며 볼륨을 한껏 올렸다. 절대다수의 청년들은 '공정'으로 시끌벅적한 직군과 상관없다. 85~90%는 문제집을 풀어 시험으로 입사하는 '표준 취업경로'와 무관하게 노동시장에 진입한다. 그런데도 플랫폼 노동 등의 비정형 노동이나 중견기업, 중소기업, 자영업과 연관된 청년층의 쟁점은 모조리 소거되었다. 그 '능력주의'와 '공정'을 문제화하면 할수록 청년 절대다수의 공론장이 사라져버리는 것이다. 다른 이야기를 할 수도 있었을 지면에 굳이 썼고, 몇 년 치 뉴스가 잡아먹혔다. 비서울권 학생들의 노동시장 진입 과정과 일 경험이 판이하다는 점도 생각되지 않았다. 지역 노동시장에서 일자리의 상당수는 지인이 소개한다. 부모들과 선배들을 통해 이미 익숙해진 공장 일을 경험하는 예도 수두룩하다. '공정' 같은 것이 일절 작동하지 않을뿐더러 작동할 수도 없는 지역에서, '청년들 의제는 공정'이라며 똑같은 단어들, 문장들, 장면들의 반복으로 교착되어버린 지난 몇 년은 무슨 의미였을까(양승훈 2021).

게다가 '이대남'은 싱거운 조어다. 자칭하고 나선 적 없다. 대뜸 불렸다. 광장의 여성들을 누락해온 '청년' 담론이 하사받은 이름하에 제조된다. 정체화를 시켜주고 있다. 프레임 걷어내기는 또 따분한 일이다. 그 이름을 불러주었을 때 몇몇은 가서 꽃이 되어주었다. 자기충족적이다. 호명은 개인을 주체로 키우며 목적과 정체성, 의미를 제공하고 친구와 적을 가른다(Charim 2019, 116-117;164). 조회 수로부터 자유롭지 않은 언론에도 유의하게 된다(Elliott 2018, 91). "세대 사이의 스펙타클적 대립이 기만적인 역할 중의 으뜸이 된다(Debord 2014, 59)." 양극화, 고용 및 주거 불안, 구조적 차별 등 지금껏 청년들을 괴롭혀온 난제들의 비전 없이 최저임금제는 폐지하겠다면서 '성차별 지속됩니다, 안심하십시오' 하는 '정책'만으로 '청년'을 포섭하겠다면 꽤나 무시당한 감이 든다. 그런 정치에는 서커스만 있고 심지어 빵도 없다. 청년층의 삶은 정부 부처 하나 냅다 없앤다 해서 나아지지 않는다. 내 생각에 성별에 따른 차별이 잘못이라 배웠지만 그뿐, 막상 새로운 행동 양식은 주어진 바 없는 아노미 속에서 관습과 경합하며 시행착오부터 겪어온 우리가 유례없는 일을 해본다는 자부심을 가져도 좋겠는데 말이다.

아무튼 극소수의 자산이 일반 성인 대비 27만 9,000배에 달한 시절이 다. 주말 저녁 보드게임이 이 지경에 갔다면 계속하겠는가? 첫울음 운 이들은 하고플까. 한때 결승선이 있었다. 프랑스 최고 과세율은 90%, 영국은 97.5%였다. 미국도 90%대를 20년 지켰다. '선진국'들이 부자에 중과세한 전후 수십 년간 세계사상 최초로 중산층이 대거 등장했다. 오래는 못 갔다. 따라서 새 접근은 연동을 설계한다. 미국은 급여 비율 공개를 채택했다(Pizzigati 2018, 7:34-67;145). 프랑스도 공시법을 통과시켰다(황재훈 2018). 한국의 '살찐 고양이 법안'은 최저임금액의 30배를 초과한 금액에 매긴 부담금으로 사회 연대기금을 꾸리고자 했다. 최고 경영자의 보수가 적은 기업이 실적도 좋다 (Wilkinson·Pickett 2019, 398). 뛰다 경기장을 뚫고 나가 동네 한 바퀴 돌지 말고 결승점에 앉으면 된다. 그 속도를 내준, 한참 먼 곳에 있는 직원들을 돌아보면서. 사실 금괴든, 통장 숫자든, 문서든, 자본은 "가상현실"에 불과하니 우리가 동시에 믿지 않으면 판을 떠난다(Žižek 2020, 134). 이왕이면 믿어줄 테니 소중한 협력자인 직원들을 홀대하지 말자. "지나치게 큰 재산은 언제나 사치품이고, 그런 것이 과세의 대상이 되어야 마땅하다(Paine 2004, 352)."

학교 제도도 한몫했다. 은연중에 사람의 가치가 측정되며 서열화된다고 배웠으니 각종 등급화도 무던히 수용된다(Illich 2004, 29:64-75). 그런데 교육은 소급 보완이 곤란하다는 점에서 타 재화와 구별된다(윤정일·정수현 2003, 217-218). 희망, 적성, 필요에 따라도 될 것 같다. 교육 기회는 트로피가 아닌, 사회 인프라인 쪽이 맞는 듯하다. 의학교육을 받고자 하는 이는 받았으면 좋겠다. 능력주의라도 불확실한 '수학 가능성'보다 '수학'이 중하다. 입학시험 아닌 졸업 자격을 그려보기도 했다. 수요와 공급의 균형은 이런 때 믿어보면 어떨까. 그렇다면 누가 힘든, 위험한, 궂은일을 할까. 여기 닿으면 현행 체계의 역할에 솔직해진다. '시킬 수 없어지면 어쩌지?' 그런데 결국 모두가 정말 필요로 하는, 이로움을 주는 일들에 높은 보수가 따른다면 어떨까. "남들이 유독 꺼리는 일을 택한 사람이 있다면, 대다수 노동자보다 높은 소득을 보장해야 한다(Russell 2012, 156)." 애한테 또 시킬 순 없어, 안 낳을 거야, 하던 친구들을 모으면 그 설명서, 수정할 수도 있겠다. 이건 재미없다. 교실의 "메리토크라시 원리, 즉 우월감과 승복의 질서에 대해 성찰하고, 데모크라시의 일상 공간이 되도록 노력해야" 한다(성열관 2015).

　"다음 세기를 지배하는 신화가 끝없는 성장이 아니라 안정과 평형이라면, 또 이윤 창출이 아니라 공유 경제라면 어떻게 될까(Cox 2018, 294)?" 민주주의는 규칙을 합의에 의한 형성 과정에 둔다. 삶은 "규칙을 모르는 채 참가부터 하는 놀이"면서도, "규칙을 만들면서 하는 놀이"다(최인훈 2008, 316). 해로우면 바꾸자. 시작하자마자 이겨버린 말들도 있는 게임에서 덜덜 떨며 주사위를 굴리고 또 굴리고, 동료의 실수를 염원하고, 가까스로 벌린 '격차'에 안도하는 일을 계속하고 싶겠는가. "폰 노이만(von Neumann)은 나에게 하나의 흥미로운 아이디어를 제공했다. 그것은 당신이 사는 세상에 대해 책임질 필요가 없다는 것이었다(Rigney 2018, 248)." 무임승차를 부르는 것은 이런 사고다. 모두 무책임을 신봉하자. 사회가 며칠이나 버텨줄까. 나는 이 말이 그렇게 좋다. "인력(引力)의 법칙은 특정의 사과가 땅에 떨어질 것을 보장하지는 않는다. 누군가가 그 사과를 바구니로 받을 수도 있기 때문이다(Carr 2002, 90)."

일하는 사람들

인간적 요구 대 이윤이면 뒤쪽의 승리가 빤하니, 이 구조는 상시 불안하다(Botton 2011, 134). 내겐 회사도, 공장도, 토지도, 건물도 없다. 어디든 고용되어 일하지 않으면 삶이 지난해질 테다. 많이들 임금에 의존한다. 능력도 기업이 판단한다. 업무와 조건은 주어지고, 만든 물건도 자기 것이 아니다. 이러면 통제 밖의 힘에 예속되기에 십상이다. 선택의 여지가 없다는 점이 자본주의적 경쟁의 특징이다. 자본이 '자유'를 거머쥔 1997년부터 대다수는 자유롭게 불안해졌고, 불안정성의 공포는 행위 양식을 틀 지었다(박형신·정수남 2015, 146-152).

한국의 형편은 세계의 단면이기도 하다. 근대 자본주의는 노동력 상품으로 만든 상품을 노동자 자신이 사 가게 한 체계다(가라타니 2010, 89). "노동자들을 앉아서 굶을 것인가, 아니면 노동시장에서의 임금이 얼마이건 주는 대로 받으면서 자기 노동을 순순히 내놓을 것인가라는 양자 선택의 궁지로 몰아넣을 필요가 있다고 생각되었다(Polanyi 2009, 441-442)." 신자유주의 계획은 염가의 자원과 새 시장, 저렴한 노동력의 끊임없는 공급과 정권들의 협조를 요한다. 앞의 둘은 바닥나기 일보 직전이다. 마지막은 군사력과 무역협정 강요로도 간단치 않다. 노동자들이 바닥으로의 경주에 떠밀려왔다(International Forum on Globalization 2005, 31-33). 누구에게 이익이 가는가.

당연히 자본가들도 경쟁한다. 시장이 포화하자 '확대'에서 '비용 절감'으로 왔을 뿐이다. 고용 없는 성장, 비정규직, 퇴직 압박, 노조 훼방, 해고, 사내 하도급, 사업 내 도급, 저임금, 내부 경쟁 강화 등이 전략이다. 경쟁이 수반하는 공포가 직원들에 전가되는 셈이다. 적대적 '경쟁자들'이 게임에 충실하게 한 노동시장 분절화와 공포문화 없이 연대의 곤란과 원자화를 설명할 수 없다(박형신·정수남 2015, 108;229-241). '유연화'의 절약은 경기변동에 맞추어 수시

해고가 가능한 일자리로 고용 규모를 조절하는 것, 비정규직 노동자에 약 절반의 임금만 지급하는 것, 보상과 성과를 연동해 임금에 전반적 하방 압력을 가하는 것으로 달성된다(지주형 2011, 341-343). 즉, "체계적으로 피고용인을 더 불안하게 만든다는 것"이다(Standing 2014, 21). 2015년 신규 채용된 청년 중 64%는 비정규직이었고(김복순·정현상 2016), 2021년 노동자의 43%가 비정규직이었다(김유선 2021). 2007년에 각각 42.0%, 25.3%던 시간제 근로의 계약기간과 고용 관계 불안정은 5년 만에 69.6%, 85.3%로 악화해 있었다(서정희·박경하 2015). 비공식성의 자체적 해소 가능성을 살피는 기준은 노동조합의 보호 여부지만, 2008년 비정규직 노동자의 가입률은 여성 2.2%, 남성 3.8%에 그쳤으며, 그마저 일반 임시직의 경우 0.9%와 2.2%였다(요코타 2020, 269-270).

원래부터 이 모양이었던 것은 아니다. 그냥 어쩌다 이렇게 된 것도 아니다. 1960년대와 1970년대 산업정책 자체가 중소자본 하청계열화와 사내하도급을 통한 대기업 육성이었다. 대량 생산과 대규모 축적을 감당할 능력 없던 자본을 위해 정권이 만들어준 이 '한국형 표준' 모델의 영향이 이어진다. 선진국에서 1900년대에 소멸한 사내하도급이 번성한다. 직접고용 원칙은 확립되지를 않는다(은수미 2012). 1974년 '위임 관리제'는 경찰을 동원해 직고용하던 이들을 일방적으로 해고한 뒤, 퇴직금을 박탈하고 극단적 불안정성을 설계했다. 하지만 정치민주화 이후 물리적 공권력으로 해결을 보기는 어려워졌다. 그래서 찾아낸 것들이 정리해고제, 노동자 파견제, 변형 근로 시간제였다. 1996년 신한국당의 노동법 단독 날치기 체결에 대한 항의는 대규모 파업으로 나타났다. 그러나 IMF는 비정규직 치환을 본격화했다. 1998년 2월에서 이듬해 8월까지의 그 많던 해고 중 42.8%가 부당해고였다. 개별적 노무 관리 전략이 목표한 경쟁은 노동 강도를 높였다(요코타 2020, 61-62;94;146-164;191-193). 웬만해서는 외주를 꺼리는 것이 유럽의 관례다. 한국은 노동권 관련 제약이나 사회문화적 관행이 없다는 점에서 특수하다. 정권이 장려하니 가릴 까닭이 없었다. 2000년대부터는 서비스 산업이 제조업의 사내하도급을 베껴 쓴다(은수미 2008).

그런데 1990년대 초, 전미경영자협회는 반복적 규모 축소가 "이윤의 저하와 노동 생산성의 하락"만 초래했음을 밝혔다. 그를 택해 이윤이 증가한 회사들은 3분의 1이 채 안 되었다. 사기 저하와 동기 상실, 자신감 하락이 '효율성'을 떨어뜨린 것이다(Sennett 2002, 66). 뭐, 다른 효과가 있긴 했다. 18세기 리옹 공장주들이 임금 삭감을 그토록 강력히 주장한 까닭은 돈이 아니라, "조금이라도 편하게 해주고 기를 살려주면 반드시 옆자리의 동료들과 작당해 어째서 우리가 주인이 요구하면 무엇이건 고분고분 따르는 몸종 같은 상태에 있어야 하냐고 하면서 그것을 빠져나갈 궁리만 하게 된다는 것"에 있었다(Polanyi 2009, 442). 불안정성의 귀결은 매번 혁신이 아닌 침체와 보수주의였다(Fisher 2018, 128-129). 그리고 IMF는 사회적 삶을 완전히 뒤집었다. 상습적 야근, 고용불안, 자기 계발, 자살률 증가, 출생률 급감, 일상의 만족도 저하, 신뢰 상실, 빈부격차 심화로 특징되어온 '고단한 삶'은 개개인의 잘못이 아니다(지주형 2011, 454-464). 한국사의 한철이다. 2011년 인천국제공항의 정규직 노동자는 993명, 하청노동자는 5,963명이었다(김소연 2011). 놀랍게도 공공기관이다. "비즈니스조차 비즈니스로 운영될 수 없는 마당에 왜 공공서비스가 비즈니스가 되어야 하는가(Fisher 2018, 134)?"

저명한 실험 후기를 읽다 인위적 차별 연출법에 흠칫했다. 한 집단은 앞을 향해 배치된 방 가운데의 불편한 의자들에, 다른 집단은 그를 빙 둘러싼 안락한 의자들에 앉힌다. 중앙에만 부족하게 두어 절반이 바닥에 앉도록 한다. 지위 차등화로 미연에 방지했음에도 유대 형성의 조짐이 생기면, 의자에서 바닥으로 보낸다. 친구를 사귀는 수작은 용납되지 않음을 일깨워주려는 뜻에서다(Elliott 2018, 177). 낯익어서 동요했다. "어떤 동기 때문에 높은 지위를 구하려고 달려드는가?" 불안이 제목인 책은 이렇게 묻고 답한다. "사랑." 그것은 "일종의 존중"으로 풀이된다. "지위가 낮은 사람은 눈에 띄지도 않고, 퉁명스러운 대꾸를 듣고, 미묘한 개성은 짓밟히고, 정체성은 무시당한다. … 사회가 조그만 플라스틱 원반을 모으는 대가로 사랑을 제공한다면, 우리는 오래지 않아 그 아무짝에도 쓸모없는 물건으로 인해 열렬한 갈망을 느끼기도 하고 불안에 떨기도 할 것이다(Botton 2011, 15-17)."

물론 비정규 노동자 처우 개선 요구를 관철한 정규직 노동조합들이 있었다(정이환 2003). 그래도 '노-노 갈등'은 슬픈 일이다. "해직 위기에서 벗어난 근로자들은 … 계속 불안해했다(Sennett 2002, 66)." 부당해고, 회계 조작, 고의부도, 인권유린은 노동자들이 하지 않았다. "농성장에 있는 사람처럼, 자살한 사람처럼, 나도 그렇게 될 수 있다는 깊숙한 불안감이 과거의 동료를 공격하게 하거나 입 다물고 일만 하게 하는 것이다(은수미 2013)." 본래 비정규직은 기업이 그 곤경을 높은 임금으로 상쇄해주며 유연성을 얻도록 한 유형이었다(박권일 2021, 131). 수도권 시민 76.5%도 고용 불안정성의 금전적 보상제도 도입을 지지했다(김을식·조무상·이인휘 2020). 알고 있다. "낮은 수준의 표준을 적용하게 하는 지렛대 역할을 하는 불안한 노동"을 바로잡지 않으면 전부 그대로다(Standing 2014, 230-231).

거래되는 노동도 신체와 분리되지 않으므로, 노동권은 인간답게 살 권리에 정초한다(장귀연 2009, 94-95). 어째서 빨리 나가라고 등판도 없이 딱딱하게 만든 의자, 금 간 데 대강 싸매둔 의자, 덜컹대기만 하는 의자, 다리 하나 부러진 의자, 둘 부러진 의자, 셋 부러진 의자, 그나마도 턱없이 모자라 겨우 몇 개 남은 의자에 '공정하게' 나누어 앉고자 갖은 노력을 다해야 할까. 앉아서 일해주고 싶다는데 말이다. 기우뚱한 의자가 사람을 죽이기도 한다. 바닥만은 면하려 애쓰느라 원목 의자, 메쉬 의자, 안락의자, 흔들의자, 캠핑용 의자, 피아노 의자 등을 충분히 구비하자고 해볼 여력이 없다. 빵 가게 주인의 이기심은 제빵사들, 아르바이트생들, 배달 기사들에게 합당한 몫을 주지 않기 때문에, 실제 그 가게가 돌아가도록 하는 이들로 하여금 저임금 일부를 캄파뉴에 할애할지 말지 고민하다 빈손으로 돌아가게 한다.

20년 전에 이런 글이 있었다. "노동/고용/소득을 강요했던 제도적 틀에서 벗어난 인식을 통해 전망해야 한다고 봅니다. … 인간의 삶에 대한 새로운 발상이 나와야 하고 새로운 형태의 소득이나 삶의 비용이 배치되는 방법에 대해 치열한 인식과 전략이 나와야 되리라고 봅니다(김진균 2003, 51)."

덜 불안한 구조로

2014년, 인구의 32%가 불안정 노동자였다. 그런데 표준 고용 관계를 전제한 산업화 시기의 전통적 사회정책은 서비스 경제의 불안정성을 포괄하지 못한다. 일감 간 대기시간이 상존하는 플랫폼노동은 '실업'의 뜻도 모호하게 했다(이승윤·백승호 2021, 134). 2007년, 비정규직의 13.9%와 정규직의 98.7%가 국민연금 혜택을 받았다. 2010년, 서비스 노동자의 60% 이상이 건강보험 외 사회보험에 가입되어 있지 않았다. 새로운 고용계약 관계의 특징인 짧은 근속 기간, 높은 이직률, 특수형태근로 등이 이들을 배제하는 것이다(이승윤·백승호·김윤영 2017, 28-46;178-183). 호출 근로의 92.3%, 시간제의 77.8%, 파견 근로의 77.8%가 매우 높은 사회보장 불안정을 가져오는 일자리다(서정희·박경하 2015). 안전할수록 위험을 덜어주는 이 '역진적 선별성'을 감안해 기존 복지제도와 병행 발전하는 기본소득이 제안되어왔다. 중산층의 지지가 변수라, 저소득층에 집중한 국가들보다 보편 정책을 택한 국가들에서 오히려 빈곤 완화와 소득재분배 효과가 크기도 했다(윤형중 2020, 118-127). 어찌 되었든 일해야 하니, 자기소개 백번 하다 붙여주면 어디든 간다. 기본소득은 늘 비탄력적이던 우리 노동 공급의 탄력성을 높여주지 않을까.

말마따나 항산(恒産)이 먼저다. 임금 생활자의 불안을 풀자. "시장 참여 여부와 상관없이 사회적으로 받아들여질 수 있는 생활 수준을 유지"할 '탈상품화'가 중하다(Esping-Andersen 2007, 79:198-203). 덜 상품 되고 살 수 있을까. 그런 여유를 품은 한국도 알고 싶다. 토머스 페인(Thomas Paine)부터가 인류 공유자산이던 토지를 이용 못 하는 사람들이 '발명'된 것은 불의나, 돌릴 수 없으니 그 세금으로 모두의 식량쯤은 충당하자 주장했다(야마모리 2018, 137). 공공자산인 자연이 생산에 투입된 만큼 정당한 권리를 행사하자는 생각도(김공회 2020, 61), 현세대 누구도 과거 생명체의 퇴적물인 화석연료에 기여한 바 없으니 그 훼손이나 사용에 과세한 금액을 모두가 나누자는 제안도 설득력 있다(윤형중 2020, 123). 이 점에서 스위스의 탄소 배당 기본소득이 매력적이다(이승윤·백승호 2021). 과거에 대한 "사회배당"과 같은 측면도 있다. 부자들도 남의 선조들 덕을 봤다. 이 엄청난 물질적 부는 인류 전체가 달려들어 만들어온 것이다. 몇몇에 전적으로 귀속되지 않는다. 지식도 마찬가지다(홍기빈 2020, 35-38).

기본소득은 궁핍한 이들을 돕는 공공부조, 십시일반 위험을 나눈 사회보험과 구별되는 사회정책의 새 범주다. "모든 이에게 실질적 자유를" 보장하려 한다(홍기빈 2020, 22-25). 기본 생활만큼은 누구나 향유하도록 해 삶의 기회를 확대하는 '사회적 시민권'(최장집 2013, 136-137)에 닿아 있다. 정말 "굶어 죽는 것에 대한 공포"를 극복하면 개인의 자유는 근본적으로 확대된다(야마모리 2018, 225). 기본소득이 모든 문제를 해결하지는 못한다. 대신 모두에게 멈추고, 버티며, 행동하고, 거부할 힘을 준다. 실업자에게는 학습의 기회, 노동자에게는 휴식의 기회다. 시민들이 삶에 대한 통제력을 가질 수 있다. 공화주의적 자유론과 실질적 자유론이 강조하는 것도 동등한 사회 참여를 가능케 할 그 협상력이다(이승윤·백승호 2021). 특정 수요만을 해결하려는 정책이 아니라 시민권의 보장 수단이므로, "19세기에는 노예제 폐지, 20세기에는 투표권, 21세기에는 기본소득"인 것이다(백희원 2020, 188-192). 아테네 민주주의를 꽃피운 바탕은 교부금이었다(Standing 2014, 359-379). "긴축은 사람들의 입을 다물게 했으니 경제적인 면보다 정치적인 면에서 더욱더 효과적이지 않았나 싶었다(Mikako 2019, 70)."

한국 사회보장제도는 안정적 고임금 노동자를 상정하고 남성 생계부양자 모델 가구 단위로 설계한 것이라 비정규직 노동자, 저소득 자영업자, 여성을 보호하지 못한다(요코타 2020, 286-289). 기존 수당들이 대개 가족 단위의 '수장'에게 뭉텅이로 지급되었다면, 기본소득은 개인을 향한다(홍기빈 2020, 24). 성역할 문화 아래 '여성'은 가정에 고립되어 생계를 '남성'에 의존하며, 간접적으로 정책 혜택을 받는 리스크를 가진다(마에다 2021, 139-145). 가사노동을 해온 여성의 연금수급권은 남편에 달렸다(이인재 2010, 53). 서구 각지의 여성들이 1970년대 전후부터 기본소득을 주장해온 것에는 이유가 있다. "개인단위 중심 소득보장으로의 진일보다(야마모리 2018, 7:74-92:222:250)." 공적 소득을 보장받는 청소년, 생소하다. 하지만 획기적일 것이다. 사적 가족복지에의 의존관계로 인해 선택에서 무력해지는 정도를 완화할 수 있다(윤자영 2013). "예술이나 과학, 철학 등이 적성에 맞는 사람은 … 자유로이 자신의 욕망을 좇을 것이다(Russell 2012, 154-155)." 해볼 만한 일이다. 부동산 보드게임도 한 바퀴 돌아오면 묻지도, 따지지도 않고 지급한다. 게임을 계속하기 위해서라도 그렇게 한다.

또, 나는 '놀토'를 기억하지만 '주 6일제'라면 벌써 서먹하다. 주 4일제도

한동안만 어색할 것이 틀림없다. 노동시간 단축은 전통적 요구다. 앞선 싸움과 협상으로 이만큼 왔다. 일요일 밤, 식당에서 "월요일" 소리를 냈다간 싸늘해진 기류를 체험하게 된다. 노동은 앞으로 공동체적 즐거움이나 인간 역량의 탐구, 에너지의 자유로운 소모 등과 경쟁해볼 필요가 있다. 더욱이 근대의 '공식' 노동시장은 성차별에 토대했다. 귀가해 청소, 빨래, 요리, 설거지, 장보기, 돌봄, 간병 등을 안 해도 될 '노동자'를 가정하고 짜놓은 형태다. 그러나 임노동자는 꼭 남성이 아니며, 꼭 한 명도 아니고, 꼭 동거인이 있지도 않으며, 꼭 가사와 돌봄을 넘기는 것이 아니다. 노동시간과 방식의 전 사회적 재정립이 긴요하다(Stronge·Lewis 2021, 14-21;59;86-98). 한국의 노동시간은 경제협력개발기구 평균보다 1년에 한 달씩 길다. 이삼십 대의 70%는 주 4일제에 찬성했다. 업무 생산성 증진 사례 또한 존재한다(김종진 2021). 과로는 이미 한국인의 라이프스타일이다. 54.4%가 "평소에 시간이 부족하다"라 느꼈으며, 그 경우 가장 줄이고픈 것은 "직장 일"이었다(통계청 2020, 6). 현대의 생산력은 모두의 평안과 안정을 가능케 할 수 있다. 그래도 우리는 한쪽에 과로를, 다른 쪽에 고통스러운 여가와 굶주림을 주는 중이다(Russell 2005, 22;33).

기반도 관건이다. 종업원 소유회사나 협동조합처럼 한층 민주적인 부문을 일구는 것이다. 미국 비공개 기업을 통틀어 10위 안에 드는 퍼블릭스 슈퍼마켓(Publix Super Markets)의 주식 80%는 전·현직 종업원이 소유한다(Wilkinson·Pickett 2019, 62;139-140;377-403). 경제는 혁신 중이다. 오늘날 1억 3,000만의 미국인이 신용조합 소유 기업과 협동조합 사업체에 참가하고 있다. 1만 1,000개에 달하는 종업원 소유 기업의 노동자 주주만 1,300만 명이 넘는다(Cox 2018, 308). 이러다 공략하기보다 낙후시키라는 금언이 실현되어 버릴지 모른다. 가령 한국의 한 인터넷 쇼핑몰 물류센터에 노동력을 제공하는 이들은 일 평균 16만 명 이상으로, 서울 종로구 인구 15만 명보다 많다. 그중 97%는 단기직이거나 비정규직 사원이다. 이 플랫폼노동자들은 주간 조 출근 가능 여부도 전날 밤 9시, 10시는 되어야 통보받을 수 있다. 까닭 모를 반려로 불안해하다 당일 아침에 자리가 났으니 오라는 문자를 받기도 한다. 삶의 시간표를 스스로 정할 수가 없다(조해언 2021). 다른 모델과 비교된다. 예컨대 몇몇 가사노동자들은 '라이프매직케어협동조합'으로서 플랫폼 자체를 가졌다. 협동조합은 1원 1표 아닌, 1인 1표다. 함께 운영한다. 그래서 알고리즘이나 직업소개소, 소수 투자자의 통보에 내둘리지 않아도 된다(김태은 2021). 그런 힘의 문제다.

사회계약에 따라 경제영역에도 대통령 직선제에 맞먹는 민주화를 요구할 수 있다(김경필 2019). 크게는 공동체 전체의 물질적 삶에 기초를 놓는 경제 기본질서를 공적 권위를 지닌 국가가 구축하는 문제다(권도혁·강정인 2017). 선을 넘어 "군림하는 경제력"에 이르면(Russell 2005, 178), 국민의 지배라는 약속을 기업 권력이 침식하게 된다(Brown 2010, 88). '사적'인 듯한 주식회사도 자본 조성과 노동 구성 과정을 짚어보면 거대한 '공적 영역'에 다름 아니다. 이를 몇몇 가문이 계승, 분가, 상속 대상으로 장악해온 것은 인류의 민주적 흐름에 어긋난다(김진균 2003, 137). 최소한 자신과 연관된 일에는 실질적 발언권을 가지고 의사를 표현할 수 있어야 민주다. 기업 경제는 그 행위로부터 지대하게 영향받는 사람들에 무책임하다는 점에서 전혀 민주적이지 않은 경우가 많다(Mills 2004, 232). "평화와 민주주의를 위협하는 국제 금융시장의 독재에 휘둘려서도 안 된다(Hessel 2011, 15)." 경제민주주의는 정보와 결정 과정의 투명한 공개, 합리적 공론화와 토론, 현장 기반 지식을 비롯한 요소에서 포퓰리즘과 선명히 구별된다. 물론 금융 부문에 돈을 부어 줘놓고 실업 대책에는 쥐꼬리만큼 들이는 것이 정당한지 함께 차근차근 따져볼 수도 있다(지주형

2011, 492;498). 민주화가 필요하다. 먹고사는 문제가 빠져 있다.

대통령만 욕하면 살 만해질 것 같고 말초적 쾌감도 없진 않지만, 하루 삼 분의 일은 거대한 불가촉의 영역으로 남아 있다. 주 40시간, 52시간, 또는 64시간이 걸린 부분이다. 누가 당선되든 '민생'에 큰 변화가 느껴지지 않는 다면 이 때문이다. 민주주의는 평가 절하되었다. 정치재(political goods)의 지위 는 사회적 소유관계에서의 위치에 달렸다. 예컨대 전 자본주의 시대 농민들의 '맞서는 힘'은 그들의 정치적 공동체인 마을에 허용되는 권한의 정도에 좌 우되었다. 마을은 생산을 관리했다. 그러니 정치적 독립성이 높아질수록 경 제적 착취가 제한된 것이다. 아테네의 민주적 시민권도 정치적, 경제적 함의 를 모두 가졌다. 그런데 자본주의는 '정치적인 것'과 '경제적인 것'을 환상적 으로 분리한 모델이다. "이 덕분에 고대 그리스 민주주의에 붙여졌던 경제 적·사회적 함의 없이 '정치적'이기만 한 민주주의가 최초로 가능해진다." 정 치 생활이 재화와 서비스를 직접 산출해내는 조직으로부터 분리되었다. 정 치재의 지위 하락은 필연이었다. 영주에 버티던 마을 자치체와 같은 기능을 해줄 만한 것도 전무하다. 민주 정치는 권력의 중심부에서 떨어져 나왔고, 이른바 '경제'는 민주적 책임성을 내팽개쳤다(Wood 2019, 530–534). 하지만 경 제라 불리는 사회관계에도 권력이 존재하며, 핵심적 자원은 권위적으로 배 분된다(지주형 2011, 23).

1987년 이후에도 독과점적 경제 운영 구조는 끄떡없었다. '국가'가 '자본' 으로 대체되었을 뿐이다. "신자유주의라는 새로운 형태의 독재"가 날로 어두 침침해졌다. 회복기에도 사람들은 불안해했다. 정확한 불안이었다. 실업난 과 내수 침체, 금융 및 통화의 불안정성, 가계와 중소기업의 재정 악화 등 한 국경제가 직면한 문제는 구조적이다. 신자유주의적 금융화는 가까운 역사 다. 1970년대부터 구축된 '달러-월스트리트 체제'와, 1980년대 냉전 종식 이후 공세로 급변한 미국의 동아시아 대외정책을 배경으로 한다. 내리 금융시장 개방을 밀어붙이던 미국은 1997년, 여타 대안의 봉쇄로써 IMF 구제금융을 강제했다. 자국 이익에 최선을 다한 것인데, 덕분에 관료 몇이 기회를 잡아 자본거래 허가제를 폐지하고, 정리해고제 도입부터 시작했다. 내수의 성장 기여율이 더 크던 우리 경제는 금융의 대외 종속과 실물경제의 대외 의존으로 급커브를 돌아 초국적 금융자본의 축적 공간이 되어버렸다. 외국자본이 장악한 은행은 자금 지원을 통한 대우자동차와 하이닉스의 회생보다 해외 매각을 선호했다. 영업 분야도 산업부문 설비투자에서 카드 대출이나 부동산담보대출 등으로 옮겼다. 고용은 끊겼고, 집값은 폭등했으며, 소득은 거기 묶였다.

이 전환으로 금융 불안정, 성장잠재력 저하, 국부 유출, 고용 없는 성장, "경제관료-재벌-초국적 자본의 과두권력" 강화, 중소기업 약화, 자산 거품, 상시 구조조정, 소득분배구조 악화, 내수·수출 불균형, 중산층의 위기, 청년 실업, 구매력 하향과 양극화라는 수렁에 빠져버렸다. 실물경제 회복은 불확실하다. 2008년 환율 폭등을 불러일으킨 단기외채 문제도 변함없다. 2009년에는 대외무역의존도가 무려 90%를 넘겼다. 〈동아일보〉 조사 결과 1996년에서 2006년 사이 240만 명의 고용을 중소기업이 창출했다. 같은 기간 대기업 일자리는 130만 개가 줄었다. 재벌·수출주도성장 '전략'은 경제를 대외 여건 변화에 요동치게 했을 뿐 아니라, 저성장을 초래했다. 생산 시설 해외 이전과 인건비 감축이 수출경쟁력이라 그렇다. "불안정하고 불평등하며 비생산적인 경제구조로 인해 교육, 주거, 고용에서 경쟁은 갈수록 격화되고 있다."

이것을 못 풀면 행복은 남의 나라 이야기다. 불가피했던 적은 없다. 소수 권위체들이 폐쇄적이고 독단적으로 내린 결정의 결과다. 이 비민주적 급전은 위기의 비용과 효과를 매우 불공정하게 배분했다. 하지만 모두의 경제 사회적 삶을 월스트리트와 미 재무부, 재벌, 관료가 쥘 것 없다. 제4의 정치적 권위, 민주주의가 있다(지주형 2011, 12-26;358-378;408-501). "사회경제적 수준에서 민주화는 퇴보했고, 현재에도 계속 퇴보하고 있다는 것을 말하려는 것이다. 이것이야말로 민주화 이후 한국 민주주의의 가장 큰 특징"이다(최장집 2010, 265). 윗세대가 정치민주화를 해냈고, 가까운 이들이 일상의 민주화를 위해 애써왔다면, 경제민주화는 앞으로의 도전 과제다. 이 근현대사 팀플에 무임승차 하지 않겠다.

그리고 보면 1930년대 말 일본 노동자의 반도 안 되는 저임금에 시달린 조선 노동자들이 열악한 환경에서 하루 12시간도 넘게 일하다 산업재해를 당하면, "주의력과 책임감이 없으므로 다치는 일이 잦다"라는 오리발이 돌아왔다(역사학연구소 2016, 217). 같은 것을 구의역에서 들었다(이준희 2019). 발전소에서도. 한 해에 산재를 당하는 노동자가 10만여 명이다. 10만 명은 공주시 전체 인구 정도다. 통계에 잡히는 만큼만도 그렇다. 한 해에만 2,400여 명이 산재로 사망하는데, 원청이든 하청이든 "일하다 다치거나 죽지 않는 나라"에는 관심이 없다. 2012년부터 2016년까지 발전 자회사에서의 사고 중 97%가 하청 업무에서 발생했다(이승준·변지민 2018). 현장을 얼마나 위험하게 만들어놨는지 모른다. 어떤 노력을 해야 안전한 환경이 구축될지 고민도 하지 않는다. 사고 원인을 은폐하고 노동자 탓으로 돌리려 노력하지만 않아도 다행이다. "이렇게 만들어놓고 사람을 밀어 넣는다는 사실을 눈으로 보면서도 믿을 수가 없었다"라는 유가족의 고통에 아랑곳하지 않는다. 같은 일터에서 8년간 하청업체 소속 노동자 열다섯이 사망했는데, 어째서 변함없이 다음이 계속되는가에 아득해 하다 답을 찾았다(권미정·림보·희음 2022, 8-37;96;292). '자기가 할 게 아니라 그렇다.' 그러니 직접 일하는 사람들이 더욱더 많이 맡아야 한다.

민주제는 '공공 지갑'으로도 힘쓸 수 있다. 지원금, 정부 사업 계약, 세금 우대, 국민을 형편없이 대하는 기업에 내줄 이유가 없다. 국민 절대다수는 피고용자다. 그리고 생각보다 힘이 있다. 2011년 국민연금의 삼성전자 지분은 5%였는데, 당시 회장의 지분이 3.38%였다(지주형 2011, 372). 또, 노동조합 조직률이 높은 사회가 보편적 복지국가를 갖는다. 노르딕 국가들은 80%를 넘나든다(권혁용 2017, 53). 언제 어디서나 노동조합 가입률이 하락할 때 불평등이 심화했다. 혼자라도 "임원 급여 0.25%를 사원 월급으로 지급하는 처사"에 항의할 수 있다면 좋겠지만, 협상력이 크면 더 좋다. 별일 아니다. '월급이 올랐으면 좋겠다'라는 생각을 여럿이 하면 오른다. 이사회에의 종업원 참가도 늘려야 한다. 이번 대선 거대 양당 후보 모두 공공부문 노동이사제에는 찬성했으니 기대해도 좋겠다. 경제협력개발기구에서 노동자가 아플 때 쉴 권리를 나 몰라라 하는 것도 대한민국뿐이다(김기태 2020). 상병수당, 필요하다. 공정한 하도급 거래구조도 필요하다. 기술 탈취, 단가 후려치기, 사실상의 전속거래는 중소기업의 저임금을 고착화한다(황선자 2020). 한구석에 바벨탑이 되도록 쌓인 돈이 스멀스멀 문제 되자 대안화폐도 나섰다. 지역화폐는 공동체를 회복시킨다(이혜정 2021). 곳곳의 생태적 지역공동체 운동들도 힘차다.

덜 불평등한 사회로

불평등은 신분 게임을 강화한다(Pizzigati 2018, 77-83). 놀랍게도 소득 격차가 큰 사회일수록 기대수명, 생물다양성, 아동 행복, 시민 참여, 신뢰감과 관련된 지표들이 낮고 유병률, 사망률, 학교폭력과 중독 발생 비율은 높다. 평등할수록 모든 소득수준에서 지위 불안이 낮고, 이타심은 높다. 경쟁이 심할수록 타인을 폄훼한다. 이 같은 관계들을 방관하며 상냥하길 권유만 해서는 어림없다. 역시 놀랍게도 국제통화기금과 경제협력개발기구는 불평등이 경기침체를 유발한다고 밝혔다. 반면, 재분배는 성장을 저해하지 않는다고 한다(Wilkinson·Pickett 2019, 49-79;108;252;380-381;421-423). 통념과 달리 한국의 장기적 경제 발전에 일조한 요인도 전후의 평등이었다(김석동 2020). 그렇다면 근래에는 어떨까. 이미 1988년부터 자산의 73%를 상위 30%가, 3%를 하위 30%가 보유했다(윤홍식 2018). 설상가상이라고, 1997년 경제 위기는 중산층을 하강 이동으로 축소했다(이정우 2005). 그해 33.7%가 주관적 계층 인식 문항에 '하류층'이라 응답했는데, 1999년에는 그 비중이 61.3%로 급증했다(공제욱 2000, 295). 이후 양극화를 이렇게까지 추동해온 것은 주로 비근로소득, 그중에서도 부동산 소득이었다(신동균 2007).

노동시장 유연화와 실업이 주거비 지불 능력을 제한하는 중에, 가구 간 격차는 고스란히 청년층의 주거 격차로 드러난다(정민우·이나영 2011). 이 주거 불안정은 날로 악화한다는 점에서 더 문제가 있다. 주거 빈곤율은 주택법상 최저주거기준 미달 가구의 비율에 지하, 옥상, 고시원, 비닐하우스 등 주택 아닌 기타 거처에서 생활하는 가구의 비율을 합해 구한다. 서울의 청년 1인 가구 주거 빈곤율은 1995년의 58.4%에서 2000년 31.7%로 개선되나 했더니 2005년에는 34.1%, 2010년에는 36.6%를 기록하며 상승세로 돌아섰다. 특히 주거환경이 열악한 비주택과 지하·옥상 거주 비율이 높았다. 뒤쪽은 무려 13.8%에 달했다. 백 중 열넷이다. 더구나 소득 하위 20%에 해당하는 도시 청년 임차 가구의 소득 대비 주거비 비율은 54.4%였다. 의식주 마지막 요건에 월급 반절이 다달이 빠져나간다. 극단적이다. 이와 달리 주택을 소유한 청년들의 자료를 살피면 '부모 지원'의 절대적 역할이 발견된다. 상당수는 물려받았거나, 경제적으로 의존했다(최은영·이봉조 2014). 그렇지 않으면 도저히 안 된다는 뜻이기도 하다. 노인들의 양극화가 극심하고, 위로 갈수록 여성은 집이 없기 쉽고, 2016년 기준 비정규직 비중이 가장 높았던 연령대는 50대였듯, 불평등은 세대 대 세대 구도로 풀릴 문제가 아니다(신진욱·조은혜 2020).

1990년의 25~29세 코호트는 2010년, 40대 후반이 되었다. 그해 조사 결과 이들의 주택 점유 형태는 월세 22.9%, 전세 35.3%, 자가 40.4%였다. 전월세로 거주하는 가구의 비율이 한결 높았다. 40대 후반의 지배적 점유 형태가 전월세인 것은 그 이전 세대와 너무나 구별되는 현상이었다. 한편 1990년의 20~24세는 43.6%가 월세였다면, 2010년의 20~24세는 73.8%가 월세였다(최은영·이봉조 2014). 자가도 어렵지만, 전세도 줄어든다. 공급자의 상대적 가난과 세입자의 가난은 쪽방을 비롯한 비적정 주거 임대 사업을 굴러가게끔 한다(정진영 2022). 그렇다면 대체 그 많은 집은, 그 많은 살 만한 집은 누가 다 가졌을까. 누군가 집 덕분에 편안했고, 누군가 집 때문에 불안했다. 주택시장의 양극화는 주택 소유 편중과 자산 집중을 초래했다. 소득계층 상위 10%는 하위 10%에 비해 보유 주택 자산가액이 33.8배 더 많다. 소득계층 하위 40% 이하의 경우, 자가점유율은 지속적인 하락세를 벗어나지 못하고 있다(이수욱·강성우·방보람 2018). 부동산시장 불평등은 악화 일변도였다(신진욱 2015).

(반)지하는 주거용이 아니었다. 1970년대 무렵 단독주택의 '보일러실'이나 안보적 이유에서 강제된 '대피소' 정도로 등장했다. 그러던 것이 2005년에 이르면 서울 총가구 중 11%의 주거 형태가 된다. 이 수치는 서울의 도시빈민에게 1980년대까지 가장 중요한 거처였던 무허가정착지에 버금가는 정도다(장진범 2014). 주거 빈곤에는 역사적 성격이 배어 있기에, 온정주의나 특수주의로 접근하면 부정확해진다. 오히려 "일반적인 사회, 경제, 정치적인 형태의 한 구성 요소이자 그것의 극단적인 반영"에 가까운 것이다(박세훈 1995). 한국은 '주

택 소유 지배적' 사회다. 투자의 초점이자 자산 축적의 핵심인 것을 누구나 가질 수는 없다. 공공임대, 민간 임대, 개별 소유를 공존시켜 주택 구매 압력을 낮춘 '혼합/다원주의적 제도'나 건설, 배분, 관리를 정부가 담당한 '국가 중심 주거'와 상이하다(Hudson·Kühner·Lowe 2012, 210-215). 사회는 실로 다양한 무대를 펼칠 수 있다. 살 집 마련은 먼 목표가 아니어도 된다.

혹자는 이기심의 불가항력에 절망하지만, 인간 뇌의 가변성도 밝혀졌다. 멧돼지가 도시에서는 도시 멧돼지처럼 되고 우리에서는 집돼지처럼 되듯, 뇌의 패턴은 평생에 걸친 뉴런 연결 과정에 있다고 한다(Hüther 2019, 90-100:203). 선호는 상당 부분 학습되므로 마음 쓰는 법을 배울수록 협력 행동의 가능성도 커진다(Rigney 2018, 243-244). 사람들은 낮은 수준의 교육, 주택, 보건만 제공할 때 벽 뒤에 숨는다(Botton 2011, 308). 부의 욕망은 대체로 안전에의 욕망에서 나온다. 최하층에서 최상층까지 모두 초조히 일하고 개운치 않은 여가를 보내며 두려움에 시달린다. 이것이 세계를 휩쓰는 광기 서린 분위기의 원천이다. "행복한 생활의 기회를 얻게 된 평범한 남녀들은 더욱 친절해지고, 서로 덜 괴롭힐 것이며, 타인을 의심의 눈빛으로 바라보는 일도 줄어들 것이다. … 선한 본성은 세상이 가장 필요로 하는 자질이며, 이는 힘들게 분투하며 살아가는 데서 나오는 것이 아니라 편안함과 안전에서" 나오는 것이다(Russell 2005, 33;187). 바닥을 친 행복 지수와 부유층까지도 행복해 보이지 않는 현실은 다 바꿀 수 있는 것이다.

사무직의 90%가 동참한 시트-지멘스의 파업 당일, 공장 문에 이런 문구가 적혔다. "여기서 자유가 끝난다(야마모리 2018, 71-72)." 정말 끝난다. 일터에 들어서는 순간 딱 끊긴다. 그래도 오늘날 자유나 자유민주주의를 상징하는 모든 요소, 예컨대 보통선거와 언론의 자유, 노동조합과 무상 의무교육은 자본주의적 관계가 '자연스럽게' 내준 것이 아니라 하층 계급이 19세기 내내 싸워 쟁취해준 것이다(Žižek 2010, 172). "두려움으로부터의 자유, 그리고 굶주림으로부터의 자유"도 서글픈 개념이다(Stiglitz 2009, 29). 헤비급 챔피언과 나를 무인도에 내버린다면, 그녀는 심히 분방해질 것이다. 이쪽은 꼼짝없이 부자유해질 것이다. 자유는 그녀에게 달린 일이다. 과일을 꼭 두 개씩만 뺏던 착한 이도 급변할 수 있다. 그것은 내 항구적인 불안 요인이다. 동등한 계약은 없다. 개인을 사회나 국가의 수단 삼는 데 반대했던 옛 개인주의와 달리, 요즘의 그것은 "특정 이익집단의 슬로건"으로서 세계 이해만 한껏 방해한다. 이때 '자유'와 '평등'은 추상적 관념 논쟁이 아닌, 정책 대결에 뛰어든다(Carr 2002, 45).

그런데 그들만 누리던 자유를 넓히려 하면 특권자들이 분노한다. 특권에 딸린, 원천적으로 오염된, '자유'를 천명한다. 영리 기업을 옹호할 자유야 모두에게 있다. 하지만 그 내용은 변질된 것이라, 자유의 이상과 별 상관없다. 제왕처럼 군림해온 독점체들과 거대 트러스트들이 지배력을 행사하는 현실에서 아름다운 거래의 환상을 간직하겠다면(Polanyi 2009, 594-599), 그것은 자유다. 하지만 자본주의 세계 경제 질서 자체를 구축해온 것이 국민국가의 개입이었다는 점은 사실이다(지주형 2011, 29). "자유시장 체제를 도입하게 되자 통제·규제·개입의 필요가 제거되기는커녕 오히려 그 범위만 엄청나게 확장되고 말았다." 중앙은 '자유방임'을 발명하려 의도적으로 노력했다. 그런데 그에 대한 사방의 반대는 완전히 자생적이었다. 그 동력 역시 순수한 실용주의의 정신이었다(Polanyi 2009, 394-395). 물론 실제로 '개입'을 않겠다면 그 자체가 매우 강한 정치 행위다. 주식시장도 잡다한 규정과 보장 위에 돈다. 시장경제의 목표는 '이윤과 물질적 안녕'이다. '자유와 평화'였던 적은 없다. 그래서 둘 다 제도화되지 못했다. 원한다면, 그 둘을 택해야 한다. 목적으로 말이다(Polanyi 2009, 594-595).

성실히 일하는데, 500원을 아끼려 짬뽕도 안 먹는데, 어떤 청년의 생활은 어려워지기만 한다. "1,500만 원을 빌렸는데 최종적으로 갚는 돈은 2,800만 원이 넘는다. 그것도 5년 뒤에 한꺼번에 갚는 게 아니라 매달 꼬박꼬박 갚는 식으로 그렇다(권여선 2020, 61)." 그 일대 전환점은 1998년 이자제한법 폐지였다. 한때 대부 업체 이자율은 66%를 기록하기까지 했다. 동서고금을 통틀어 역사상 법령 최고 이자율인 당나라의 60%를 넘긴 것이다. 이처럼 약탈적 폭리를 정당화하며 저소득층을 신용 불량자로 내몰 수도 있었고, 그러지 않을 수도 있었다. 도쿄 골목 상권을 살리며 영세 상인들을 지켜온 것은 일본의 소매상 보호법이었다. 국가는 힘의 불균형을 방관할 수도 있고, 조정할 수도 있다. 뭐, 우리 국가는 시장과 그다지 불화한 적도 없다. 대기업과 유착은 했다(최장집 2013, 53-59;102-103). 저명한 법철학자의 권위를 빌려 덧붙이자면, "법은 종종 품위 있는 정서의 조성에 선행하고 또한 지표를 제시한다. 우리는 분명, 취약 계층의 시민권을 보호하려 나서기에 앞서, 먼저 대부분의 사람이 서로 사랑할 때까지 기다릴 필요가 없다(Nussbaum 2019, 492)."

'자연히 그렇지는 않은 선택'이 가능해야 선택의 자유가 성립한다. 윤리는 그에 기초한다(가라타니 2018, 103;123). "자유란 자발성"이며(가라타니 2010, 75), "무능력은 인간이 … 외부 상황의 일반적 상태가 요구하는 것을 행하도록 외부의 사물에 의해 결정되는" 것이고(Spinoza 2020, 264), 민주주의의 본뜻이 "무엇인가를 할 수 있는 능력"이라면(Ross 2010, 150), 무대배경을 도저히 수정할 수가 없다는 그런 부자유에도 의문이 생긴다. 자신이 폭 담겨 있는 사회 환경에 영향력을 가진 사람들이 자유롭다. 개입도, 개선도, 할 수 있어야 한다. 그 가능성 없이는 '동의'도 없다. 수용뿐이다. '방치'도 행위의 일종이다. 진정한 정치체는 보상에의 희망, 재산의 안전보다 앞서 자유에 대한 사랑을 제안한다(Deleuze 2001, 44). "즐거운 인조인간이 지배하는 사회는 자유로운 사회, … 민주적인 사회의 정반대다(Mills 2004, 213)." 그러니 누가 '불평등'을 꺼내는 즉시 자동 응답기처럼 이렇게 외쳐온 것은 재고해볼 필요가 있다. "자유!"

함께

초조, 부아, 적대, 멸시, 불안. 어째서 팽배하게 되었나. 자연스럽지 않다. 어려운 친구들에게 기회가 되니 세금을 많이 내 자랑스럽다고 말하는 곳이 있는 한편, 그런다는 사실이 충격인 곳도 있다. 교사보다 청소노동자의 월급이 높은 곳도 있고, 그 파격에 눈물이 맺히는 곳도 있다(정혜선 2022, 41;198). 제 것 같은 기분도 흔히 사회적이다. 집을 여럿 받은 사람이라면 이런 글이 불쾌할 수 있다. 비정규직, 정규직 안 가르는 장소나 시기에 났다면 '비정규직 권리 회복'에 분통 터져봤을까. 무언지도 몰랐을 테다. 나는 떠들었지만 정말 동시에 무기를 내려야 할 때면 당황할 듯하다. 블라인드 채용이 옳다 확언하면서도 한 번쯤은 적어내기 민망한 마음이 스쳤던 것처럼. 그렇지만 차분히 내려놓으리라는 믿음도 있다. 당황한 까닭을 따지고, 부끄러움을 지나고, 나와 사람들을 생각하고, 놓을 수 있다. 인간의 역량이다.

"본인의 의사를 존중한다는 형태를 취하는 착취가 있다(기시 2016, 201)." 빈익빈 부익부 참 뻔하다. 하지만 우리가 이리도 불쌍하다는 게 아니다. 난 동정심보다 동료애가, 연민보다 연대나 염치가 좋다. 자선은 훌륭하지만 그런 것이 필요치 않은 사회로의 개선이 좋다. 널리 알려진 사회학으로의 초대장은 이렇게 끝난다. "자신의 위치가 사회의 교묘한 끈에 매달려 있다는 것을 인정한다. 잠시 우리는 자신을 정말로 꼭두각시로 본다. 그러나 그다음에는 우리는 꼭두각시 극장과 우리 자신의 드라마 간의 결정적인 차이점을 파악한다. 꼭두각시와는 달리 우리는 행동 중에 멈추어 서서 고개를 들어 우리를 움직인 장치를 지각할 가능성을 갖고 있다. 이 행위에 자유를 향한 첫걸음이 놓여 있다(Berger 1995, 232)." 그다음 걸음은 대화와 토론으로 장치를 바꿔 가며 함께 살아가는 우리의 정치에 있겠다.

한때 지지했고, 후에 순진하다고 여긴 이야기들을 다시 하게 된다. '존엄'에, '인간다운 삶'에, 무책임한 조소를 흘리고 싶지 않다. 어쩌면 정확히 그것들이야말로 절박한 대안의 새싹일지 모른다. 얌전히 불안의 쳇바퀴를 도는 일은 참 고되다. 그 많던 자살과 타살 끝에, 어수선한 난투의 소란 끝에, 단거리와 장거리 끝에, 앳된 목소리에 미안해진 끝에, 아이들이 입시 지옥을 뚫어 취업난에 갇히기를 원치 않게 된 끝에, 더운 여름 끝에, 이제는 결딴을 내도록 겨루자 덤벼들거나 그래야 한다고 설파하는 것이, 타인과 지구에서 끝까지 금은보화를 뽑아내겠다는 심보가, 사람을 무슨 평생 경쟁의 채찍질이 필요한 도구처럼 다루는 말이 더 철없게 느껴진다. 고요 속 돌아가는 이 큰 돌덩이를 떠올릴 때면 동승객들을 다정히 생각하게 된다. 지금은 모두의 평안을 바라도 좋지 않을까. 그를 가능케 할 변화를 위해 나도 애쓰고 싶다. 지구에서 함께 잘살고 싶다. 넓은 공간, 오랜 역사를 두고 보면 '함께'란 말은 정말 슬프고 근사해서 아낄 수밖에 없다. 우리는 이보다 나은 사회에서 함께 살아갈 자격과 능력을 갖춘 사람들이다.

보면 몇 년 전에 따라 읽던 시는 이렇게 시작한다. "참으로 나는 암울한 시대에 살고 있다. // 악의 없는 말은 어리석은 것이 된다." 그리고 넘어간다. "살아남게 될 너희들은 / 우리들의 약점을 이야기할 때 / 너희들이 겪지 않은 / 이 암울한 시대를 / 생각해다오(Brecht 2013)." 훗날 대학이 열린다면, 환경 설정 변경으로 오손도손 잘살아간다면, 그런 후손들은 우리가 안달복달했던 기록을 어떻게 생각해줄까. 이해해줄까. 나는 투표할 때, 최저임금을 받을 때, 자유로이 읽고 쓸 때 윗세대에 '바꿔줘서 고마워요' 해볼 수 있다. 대의 못 하는 제도나 다른 문제들에 부딪혀 탓해볼 수도 있다.

하지만 "애들이 저는 벌써 늦었대요. 어떻게 살까요" 해온 어린이에게는 앞사람이 되어 숙연해졌다. 내 가벼운 "괜찮아요"에 어떻게 책임질까. "한 사람이 이 겨울에 얼어 죽어도 그것은 우리의 탓"이란 게 과하다 싶었는데(황석영 2002, 53), 알수록 연루를 부인하기 어려워진다. 기후위기, 불평등, 차별, 인권, 동물권, 노동권, 주거권, 이동권, 학습권, 가족 구성권, 재생산권, 빈곤, 민주주의, 지방소멸, 불행, 인종주의, 공공성, 분단, 평화 등이 두서없이 맴돈다. 그래도 이제 시작이니, 끝난 것은 없으니, 공기 1리터에 500만 원의 세상을 던져주지는 않겠다고 이렇게 떵떵 약속한다.

20대 남자는 정말
능력주의를 지지하는가?

김민준

다시, 공정을 이야기하며

불과 몇 달 전까지만 해도 '공정'은 한국 사회를 관통하는 의제였다. 인천 국제공항 비정규직 정규직화, LH 임직원 부동산 투기 등 이슈가 불거지며 일종의 평가 잣대로서 공정이라는 가치가 거론되었다. 여기에 가장 민감하게 반응한 유권자층은 20대 남성이다. 이른바 '이대남'이라고 지칭되는 이들은 불공정을 이유로 문재인 정부에 대한 지지를 철회했다. 이탈한 20대 남성은 지난 20대 대선에서 정권교체 여론에 동참하며 0.7%의 득표 차를 만들어냈다.

20대 남성 유권자가 생각하는 공정이란 무엇인가. 가장 먼저 연상되는 것은 능력주의다. '이준석 현상' 때문이다. 이준석 전 국민의힘 대표는 한국 사회에서 공정한 경쟁이 뿌리내리려면 능력주의가 제도적으로 작동해야 한다고 주장해왔다. 20대 남성이 이런 이준석을 지지하기 시작했다. 그 결과 이준석은 국민의힘 전당대회에서 43.81%의 지지를 얻어 당 대표로 선출되었다.

이다지도 능력주의가 각광받은 이유는 기성 정치가 메우지 못한 가치 공백에 틈입해 들어왔기 때문이다. 집값 상승은 청년의 의지를 꺾었고 물가상승은 경제적 자립을 어렵게 했다. 시작도 하지 않은 게임에서 질 처지에 놓인 셈이다. 반면 이준석과 함께 한국 정치 전면에 등장한 능력주의는 세련되지는 않았지만, 공정성을 회복하기 위한 나름의 기준을 제시한다. 능력주의 사회에서는 실력을 기준 삼아 한판 겨뤄보자는 게임의 룰을 공유한다. 불공정을 체감하는 이들에게 능력주의는 매력적인 선택지다.

그래서일까. 대선이 끝난 지금도 이대남, 이준석, 능력주의는 한데 묶인다. 오히려 공고히 결집하는 모양새다. 성 상납 논란이 벌어져 당원권이 정지되었음에도 이준석은 차기 당 대표 1순위로 거론된다. 그 뒤에는 47.2%에 달하는 20대 남성의 압도적인 지지가 있다.[*] 이대남의 굳센 지지는 도덕적 의혹에도 이준석이 정치인으로서 생존할 수 있는 강력한 정치 자산이다.

의문이다. 진정 능력주의는 20대 남성의 정치적 입장을 충실히 반영하는 가치인가. 능력주의는 구조적으로 사회적 약자에 대한 불평등을 낳는다. 그런데 20대 남성은 다른 세대의 남성보다 약자에 대한 감수성이 예민하다. 가부장제가 여성의 사회활동에 부정적 영향을 미친다는 것을 분명히 알고 있으며, 사회적 안정망 및 복지제도에 대한 요구도 높다. 다른 세대 남성도 아닌 20대 남성이 능력주의를 지지하는 것은 어딘가 부정교합처럼 느껴진다.

이 글에서는 부정교합의 이유를 찾으려 한다. 과연 시의적절하냐, 비판할 수 있다. 대선과 지방선거를 겪으면서 이준석, 박지현 등 대표적인 청년 정치인들이 퇴장했다. 청년 의제도 같이 사그라지고 있다. 나쁘지 않다고 본다. 지난 대선에서는 청년층 중심의 공정 담론이 과잉 대표되고 있다는 인상이 짙었던 반면, 사회의 다양한 균열을 반영하기 위한 정치적 노력은 부재했다. 실체 없는 청년이 노동자, 학생, 취업준비생, 창업자 등 다양한 형태로 실재하는 청년을 집어삼켰다.

하지만 역설적으로 다시 공정 담론에 주목할 때다. 정치적 갈등을 미답으

---

[*] https://www.hankyung.com/politics/article/202207149220i

로 남겨두는 것은 언제든 점화할 수 있게 방치하겠다는 의미다. 지역주의라는 망령이 선거철마다 한반도 일대를 떠돌듯, 청년을 강제 소환하는 정치가 선거 국면을 배회하게 둘 수는 없다. 가장 이상적인 출구는 문제를 외면하지 않고 새로운 대안을 제시하는 것 아니겠나. 그래서 공정을 다시 이야기하고자 한다. 그리고 일시적인 봉합을 넘어 새로운 정치 환경을 조성하는 방안으로서 '역량(capabilities) 접근'을 생각해본다.

'이준석'의 출현

정치인이 하나의 신드롬이 되는 것은 흔치 않은 일이다. 가장 가까웠던 사례를 상기하기 위해 10년 전으로 거슬러 올라간다. 2011년 서울 시장 재보궐 선거 전후의 안철수는 '현상'이었다. 당시 정치사회가 시민사회의 변동을 따라가지 못하는 정치 지체가 발생하자 유권자들은 안철수를 간택했다. 국가와 시장의 재구조화라는, 기성 정치에서 수용하지 못한 시민사회의 열망이 투영된 결과였다(김호기 2014, 56-57).

이준석 현상의 기저에도 유사한 사회적 맥락이 깔려 있다. 기존 질서에 대한 강한 반발심을 공유하고 있는 20대 유권자층은 나름의 대안을 제시할 필요가 있었다. 그 선택지로 낙점된 인물이 2010년대 안철수처럼 상대적으로 젊은 정치가인 이준석이다. 구분되는 점이라면 안철수 현상과 달리 이준석 현상에서는 이대남이라는 특정 성별·연령대가 중심을 이루고 있다는 것이다. 이는 곧 20대 남성이 중요한 유권자층이 되었음을 의미하기도 한다.

'이대남'의 정치적 선택은 강렬한 인상을 남겼다. 이대남이 선거에 영향을 미칠 수 있다고 이해되기 시작한 것은 2021년 4·7 재보궐 선거부터다. 국민의힘 오세훈 후보가 높은 득표율로 당선된 배경에 20대 남성의 표심이 있었다. 이준석은 선거 운동 전면에 나서면서 청년 남성을 동원(mobilization)했다. 방송 3사(KBS·MBC·SBS)의 서울 시장 선거 출구조사에 따르면, 20대 남성의 72.5%가 오세훈 후보에게 투표했다. 연령과 성별로 구분한 단일 집단으로서는 60대 여성에 이어 두 번째로 높은 수치였다.

이 흐름은 2021년 6월의 국민의힘 당 대표 선거까지 이어진다. 이준석은 청년 남성의 지지를 얻고 당 대표로 선출되었다. 약 3개월 뒤부터 진행된 대선후보 경선에서도 20대 남성이 국민의힘에 가입하려는 움직임이 포착되면서, '이준석 현상'이 신기루가 아님이 증명되었다. 정부의 공정성에 의문을 표하던 이대남이 일련의 동원 과정을 거치면서 적극적인 정치 참여자로 출현한 것이다. 한 가지 질문이 제기된다. 젊은 남성의 선택은 왜 이준석과 능력주의였는가.

이 글에서는 유권자가 제한적이지만 합리적인 결정을 한다고 전제한다. 따라서 이준석이 20대 남성의 선택을 받은 데에는 두 가지 해석이 가능하다. 첫째는 20대 남성들에게 그가 최적의 선택지였다는 해석이다. 이 입장에서 이대남은 이준석의 핵심 아젠다인 능력주의를 비롯해 공직 후보자 자격시험, 각종 할당제 폐지에 적극적으로 호응하는 유권자다. 이를 '가설 1'이라고 하겠다. 가설 1에서 유권자와 정치인 이준석 사이에는 강한 일체감이 형성된다.

'가설 2'는 이준석 지지가 반대급부로서의 성격이었다는 해석이다. 20대 남성이 갖는 핵심적인 정치 태도는 '반문재인 정부'이자 '반기성질서'이며, 이를 표현하는 수단으로 이준석을 선택했다고 진단한다. 이 관점에서는 이준석 현상을 능력주의에 대한 적극적 옹호라고 보기 어렵다. 오히려 이준석은 지지자의 목적에 부합하지 않으면 언제든 교체될 수 있는 '카드'다. 이 해석을 따른다면 20대 남성은 능력주의뿐 아니라 다양한 이념을 포용할 수 있는 유권자라고 설명할 수 있다.

두 해석 중 무엇이 20대 남자가 결집한 '이준석 현상'의 원인에 가까울까. 전 시사IN 기자이자 현 얼룩소(alookso) 에디터인 천관율(2018)의 분석이 날카롭다. 2017년 이후 한국 사회에서 공정을 둘러싼 갈등이 잦아지면서, 주간지 시사IN에서는 한국 사회에서 쓰이는 '공정'의 의미를 규명하려 했다. 천관율 기자는 『바른 마음』의 저자 조너선 하이트(Jonathan Haidt)의 연구에서 공정을 정의하는 두 가지 견해를 추출한다. '비례 원리'와 '보편 원리'다.

비례 원리는 노력에 비례해 보상을 얻는 게 공정하다는 원리다. 비례 원리에서는 노력과 무관한 이유로 원하는 결과가 산출되지 않으면 불공정하다. 반면 보편 원리에서 중요한 것은 구조적 차별에 대한 보정이다. 보편 원리를 공정이라고 생각하는 사람들은 인간이 보편적이면서도 평등한 권리를 보장받아야 한다고 본다. 천관율 기자에 따르면, 개인의 가치판단에 따라 '공정'이라는 단어는 다른 의미로 이해된다. 그 두 의미가 병존하는 곳이 바로 지금 여기의 한국 사회다.

이대남으로 지칭되는 청년층은 공정을 보편 원리보다는 비례 원리로 바라보는 쪽이다. 이를 단적으로 보여주는 예가 할당제에 대한 이대남의 입장이다. 이준석을 지지하는 20대 남자는 여성할당제 등에 적극적으로 반대한다. 그뿐만 아니라 이 외의 각종 할당제에 대해서도 부정적이다. 할당제가 공정한 경쟁을 가로막는다고 봐서다. 이들이 보기에 경쟁의 장은 본인의 진가를 발휘하는 진검승부의 무대가 되어야 한다. 그런데 할당제가 이 공정한 경쟁을 방해하고 있다.

이 같은 경향은 조국 장관의 자녀 입시 의혹에 대한 반응에서도 나타난다. 청년층은 비례 원리에 입각한 태도를 보였다. 지난 2019년 8월, 〈중앙일보〉 조사연구팀이 진행한 여론조사에 따르면, 20대 남성의 77.6%가 조국 법무부 장관 후보자의 임명에 반대했다. 이대남이 조국 후보자의 임명에 반대하는 가장 큰 이유는 '여러 의혹 때문에 공정·정의 등을 내세울 자격이 없다(58.7%)'라는 것이었다. '비례 원리'는 이대남이 공정을 판단하는 핵심적 기제로 작동하고 있다는 것을 보여주는 사례다.

다시 가설 1·2에 대한 논의로 돌아가 보자. 비례 원리를 공정이라고 생각하는 가치판단과 이준석의 정치 이념에 동의한다는 정치적 태도는 다른 차원의 이야기이다. 이대남이 비례 원리를 따른다고 한들 가설 1이 성립하는 것은 아닐 수 있다. 이는 이대남이 능력 개념을 어떻게 보는지에 달려 있다. 능력주의를 비례 원리의 일종으로 받아들이려면, '능력'이 '노력'의 다른 말이 될 수 있어야 한다. 따라서 '청년 남성들이 왜 능력주의에 열광하느냐?'라는 물음 이전에 해소되어야 하는 의문이 있다. "노력은 능력으로 대체될 수 있나."

이준석은 그의 저서 『공정한 경쟁』에서 "미국은 약육강식의 원리를 최소화하려 노력하지 않는다"라며, "한국의 경제적 도약을 위해서는 미국식 자유의 가치를 받아들여야 한다"라고 밝힌다(이준석 2019, 216-220). 그가 생각하는 능력주의는 성역 없는 무한경쟁에 가깝다. 그러므로 이준석의 공정사회에서는 노력의 자리를 능력이 대체해도 무방하다. 가설 1이 타당하다면, 정부의 기치에 반기를 들어온 이대남들이 본인들의 공정으로써 이 의견을 지지한다고 봐야 한다.

그렇기에 가설 1, 즉 '능력주의와 결합한 공정'은 꽤 의미심장해진다. 이대남이 가설 1에 따라 이준석에게 동조한 것이라면, 이는 심리적으로 발동하는 강한 거부감을 극복하고서 이루어낸 정치적 합의가 된다. 보수가 자유와 경쟁을 중시한다고는 하나, 그 과정에서 소외된 자를 배제한다는 것은 다른 의미가 있다. 그런데 약육강식을 전제로 한 이준석의 능력주의에서는 약자에 대한 고려가 생략되어 있다. 기존의 가치판단 기준에서 논리적으로나 감정적으로 받아들이기 어려운 지점이 있는 것이다.

통계자료에 따르면, 20대가 약육강식 방식의 능력주의에 동조하지 않는다는 것을 추론해볼 수 있다. 여론조사기관 에스티아이(STI)가 2021년 9월, 20대 청년을 대상으로 진행한 설문조사에서는 '다수의 정서에 반하더라도 소수의 인권은 지켜져야 한다'라는 응답자가 전체의 70.3%였다. 더불어 지금 우리 사회 능력주의의 현황을 묻는 문항에서는 '개선되어야 한다'라는 응답이 84.3%에 달했다. 해당 조사에는 20대 여성이 표본에 포함되어 있기는 하나, 능력주의에 대한 비판적 견해의 비중이 크다는 점에서 주목할 만하다.

민주화운동기념사업회 한국민주주의연구소에서 한국리서치에 의뢰해 2017년 진행한 시민의식종합조사에서도 유사한 결과가 도출되었다. 최종숙 (2020, 206-208)의 분석 결과, 해당 설문조사에서 20대 남성은 2040세대 남성 가운데 성평등의식이 가장 높은 것으로 나타났다. 성평등의식을 묻는 세부 항목에 대해서도 20대 남성의 점수가 3040세대 여성을 상회했다. 인권에 대한 의식 수준이 다른 세대에 비해 비교적 높다는 점에서, 20대 남성이 생각하는 '공정'이 이준석표 능력주의와 동일하지 않음을 유추할 수 있다.

다른 조사에서는 능력주의에 대한 동조가 '청년'과 '남성'이라는 변인보다 '계층'이라는 변인에 더 영향을 받는다고 분석한다. 프로젝트 alookso, KBS 시사기획 창, 여론조사 전문기관 한국리서치가 공동 기획한 웹 조사에 따르면, '개인의 능력은 가정환경과 무관하므로 능력 있는 사람이 성공하는 세상은 공정하다'라고 응답한 남성(만 18~34세)은 계층에 따라 각각 56%(상층), 57%(중층), 36%(하층)로 나타났다. 경제·사회적 여건이 불안정할 경우 능력주의에 대한 긍정 평가가 현저히 떨어진다.

일련의 통계를 살펴본 바로는, 20대의 이준석 지지가 가설 1에 근거한 선택이라고 하기에는 무리가 있어 보인다. 가능한 해석은 가설 2다. 물론 20대 남성 유권자가 공정을 비례 원리로 이해한다고 보는 것은 적절하다. 다만 이준석을 지지하면서 간접적으로 표출된 정치 이념과 달리, 이대남이 능력주의에 적극적으로 동조하는 것은 아니다. 오히려 청년 남성을 가정의 소득수준으로 세분화하면 능력주의에 대한 선호가 계층적 특성을 따라가는 경향을 확인할 수 있었다. 이는 이준석에 대한 지지가 정치인 이준석과 그가 제시하는 정치적 의제에 대한 일체감이 아니었다는 점을 시사한다.

일방이 독점한 '공정' 가치

그렇다면 능력주의가 최적의 선택이 아님에도 불구하고 '이준석 현상'이 발생한 이유는 무엇인가. 이준석에 대한 20대 남성의 지지는 '그런데도' 할 수밖에 없던 지지다. 정치적 이념에 크게 동조하지는 않지만, 그를 지지해야 하는 구조적인 이유가 있었다. 그리고 이 구조적 이유가 만들어진 데에는 탄핵 이후 출범한 민주당 정부의 몫이 크다.

익히 알려지다시피 20대 남성은 문재인 정부 출범 당시 가장 적극적인 지지층에 속했다. 그런데 지난 20대 대선에서는 문재인 정부와 민주당에 대해 가장 강한 부정 평가를 드러냈다. 국정운영 과정에서 떨어져 나간 지지층이다. 결국 20대 남성의 정치적 입장은, 특정 이념이 아니라 문재인 정부가 표상하는 586세대에 대한 반대(veto)라고 정리할 수 있다. 이들의 투표행태를 움직인 것은 공정이라는 가치가 독점된 상황에 대한 불만이다.

공정 담론에서 문재인 정부가 보인 가장 큰 패착은 대중의 심리를 오인했다는 데 있다. 공정은 2017년 광장에서 국정농단 사태에 대한 시민 차원의 대응을 추동한 동력이었다. 이에 민주당과 문재인 정부에서는 광장에서 나타난 공정이라는 가치를 정책 정당성의 근거로 삼으려 했다. 이 과정에서 문재인 정부는 광장에서 시민들이 분출한 '공정'의 의미를 잘못 파악했다. 보편 원리만을 공정의 범주로 해석한 것이다.

강력하게 추진하려던 공공부문 비정규직의 정규직화가 시행 초기부터 20대의 강한 반대에 부딪힌 것은 이 탓이다. 아마 20대가 해당 정책을 적극적으로 지지할 것으로 전망했을 테다. 하지만 20대에서는 부정적 여론이 더 컸다. 2021년 6월에 진행된 한국리서치 여론조사에 따르면, '인국공*' 사태가 문재인 정부의 국정운영에 미친 영향'에 대한 질문에 20대의 39%가 나빠졌다고 응답했다. 긍정적으로 평가한 응답자(좋아졌다, 27.5%)를 상회하는 수치였다. 비정규직의 정규직 전환 정책이 청년에게 호응을 얻었느냐는 관점에서 봤을 때, 진단부터 접근에 이르기까지 '잘못 짚은' 모양이 되었다.

문재인 정부는 2016년 말부터 2017년 초까지 열렸던 광장 정치의 소산이다. 당시 사회적 갈등은 곧장 정치적 갈등으로 이어졌고, 정치는 신속하게 사회의 갈등을 반영해냈다. 여당이던 새누리당은 광장의 의견을 포섭하기 위해 조직을 분열시키기도 했다(안정은·임여원 2020, 109). 그러면서 갈등의 제도적 반영 수준에 대한 사회적 기대가 높아졌다. 정부 역시 이를 알고 있었기에 '청와대 국민청원'을 고안해냈다.

하지만 노력에도 불구하고 갈등을 반영하는 제도적 수준은 기대에 미치지 못했고, 과거를 답보하는 정도에 그쳤다. 도리어 청와대 게시판은 광장의 예외적 상태를 일상 정치로 끌어들여 딜레마를 발생시켰다. 박태순(2019)은 국민청원이 삼권분립 원칙을 훼손하고, 사회적 쟁점을 정쟁으로 변질시킬 우려가 있다고 봤다. 청와대가 국민과의 직접 소통을 도모해 각 문제에 직접 반응하려는 시도였다는 점에서다. 이 우려가 기우는 아니었다. 청와대 게시

---

* 인천국제공항공사의 줄임 말. – 편집자 주.

판에서는 정부의 방향에 동조하는 유권자와 반대하는 유권자 간의 갈등이 포착되곤 했다.

공정 담론 역시 이러한 정치 환경 아래서 정쟁화되는 모습이다. 2021년 7월경에는 여성가족부를 폐지하고 여성할당제를 철폐하라는 골자의 청원 2건이 20만 명의 동의를 얻었다. 2020년에는 '공기업 비정규직의 정규화 그만해주십오'라는 제목의 청원에 30만 명이 동의하기도 했다. 한편 여성에게 기회를 제공해야 한다는 게시물, 계약직의 정규직화를 주장하는 게시물 역시 지속해서 올라왔다.

정부의 의도와는 별개로, 광장에서 출발한 접근은 결과적으로 공정을 둘러싼 이념적 양극화를 초래한 셈이다. 광장을 복사해온 정치적 의사소통 구조는 유권자로 하여금 이분법적인 선택을 강요했다. 그러면서 민주당 정부의 '공정' 가치가 노출되었고, 이에 공감하지 못하는 유권자가 이탈을 선택했다. 끊어지는 것은 약한 고리부터다. 19대 대선에서 문재인 후보를 택하지 않은 약 60%의 유권자와 더 나은 대안을 찾지 못해 문재인 후보에게 투표한 유권자가 지지를 철회했다.

청년 남성은 그렇게 이탈한 지지층 중 가장 두드러지는 집단이다. 문재인 정부에서 '이대남'은 여러모로 설 자리를 잃은 존재가 될 수밖에 없었다. 이들은 비례 원리가 공정이라고 생각한다. 하지만 지난 정부의 정치에서 공정은 보편 원리로만 해석되어왔다. 그러므로 경제·외교·안보 등 세부 분야에 대해 논하기에 앞서, 국정운영 방향과 철학에서부터 이대남은 문재인 정부의 방향에 동의할 수 없었다.

심지어 국정농단으로 인해 보수 정치가 와해되자 한국 정치는 비례 원리가 정치적으로 받아들여지기 힘든 구조가 되었다. 진보만의 문제는 아니다. 보수는 '따뜻한 보수'와 '합리적 보수'를 캐치프레이즈로 내걸면서 보편 원리

또한 본인들의 공정으로 받아들이려 했다. 이대남이 이 정치적 변화를 두고 비례 원리가 설 자리를 잃었다고 보는 것은 자연스러운 진단이었다. 이는 곧 비례 원리를 공정이라고 생각하는 이대남이 정당성을 잃는다는 의미이기도 했다.

구체적인 논증을 위해 서울대 사회학과 장경섭 교수의 언론 인터뷰를 참고할 만하다. 장경섭 교수는 2022년 1월 18일, 〈경향신문〉과의 대담에서 청년 남성이 한국 사회의 역사적 흐름에서 배제되었다는 분석을 제시한다. 청년 여성들은 '지연된 자유주의 근대화'를 겪고 있다. 그래서 여성의 권익 신장은 역사적 흐름에서 '올바른 방향'으로 이해된다. 반면 청년 남성에게는 이와 같은 근대화 맥락이 없다는 게 장 교수의 생각이다. 인터뷰에 따르면 청년 남성에게 '네가 잘되는 것이 사회의 진화'라고 말해주는 이는 없다. 청년 남성은 한국의 근대화 과정에서 중요하지 않은 존재로 전락했다.

배제된 20대 남성이 경제적 활로를 찾지 못하고, 취업난과 생활고에 부딪히게 되면 '이대남'이 될 수밖에 없다. 특히 2016년 강남역 살인사건 이후로 대학가 중심으로 페미니즘 운동과 소수자 인권운동이 활발해지면서 '공정 가치는 보편 원리'라는 명제가 기정사실처럼 받아들여지게 되었다. 이런 상황에서 20대 남성이 택할 수 있는 것은 더 적극적인 형태의 자기 항변이다. 범 '보편 원리'와 경쟁 구도를 형성한다. 이를 통해 '비례 원리' 역시도 자명한 공정 가치라고 알린다. 결과적으로, 역사적 맥락에 자기가 포함될 수 있기를 도모한다.

이준석이 20대 남자에게 소구할 수 있던 것은 이 구도를 형성하기 위한 도구의 역할에 충실해서다. 이대남으로 표상되는 20대 남성들에게 급진적 페미니즘 등은 극단적 형태의 보편 원리 구현이다. 이준석은 여기에 대응하고자 하는 20대 남성에게 정치적 근거로서 '극단적 비례 원리'를 제공했다.

여성주의를 비롯한 소수자 담론의 대결 구도에서 능력주의와 이준석 현상은 반대급부로서 역할을 한다.

결국 20대 남성이 자신들의 정치적 목소리로 이준석과 능력주의를 선택한 것은 전략적인 선택이었다. 비례 원리를 공정으로 이해하는 20대 남성이 볼 때, 범보편 원리 진영은 날로 공고해지고 있다. 그리고 이전 정부가 보편 원리에 근거해 정책을 구상하면서, 보편 원리 진영이 공정이라는 가치를 독점하는 모양이 되었다. 이에 20대 남성은 '본인의 일상적 가치관이 틀리지 않는다'라고 주장해야만 하는 처지다. 그래서 이준석에게로 눈을 돌렸다.

물론 이준석이 제시하는 능력주의는 실재하는 개념이며, 이준석 현상이 한국 정치에 적잖은 영향을 미쳤다는 것 역시 자명한 사실이다. 다만, '능력주의에 공감하는 이대남'은 실체가 없다. 오히려 이준석의 능력주의는 이대남이 가장 꺼리는 방식일 수도 있다. 능력주의는 필연적으로 경쟁을 수반하는데, 유년기부터 성장기 평생을 경쟁 속에서 살아오던 한국 청년은 이 사회의 경쟁구조에 대해 회의적이다(김해인 2020, 9-12). 이준석 현상은 비례 원리에 대한 20대 남성의 염원을 담고 있을 뿐이다. 이대남에게 소구하면서도 발전적 방향을 모색하기 위한 대안은 이를 염두에 두고 구상되어야 한다.

'물질적 풍요'를 위한 노력

최근 공개된 흥미로운 통계가 있다. 2021년 11월 22일, 미국 여론조사 기관 퓨 리서치 센터(Pew Research Center)에서 발표한 '삶을 가치 있게 만드는 것'에 대한 설문조사 결과다. 한국을 포함해 전 세계 17개국 성인을 대상으로 진행된 이 설문조사에서는 영국, 독일, 프랑스 등 14개국의 응답자들이 가족(family)을 가장 중요한 가치로 뽑았다. 17개국 전체 응답자들은 가족

(28%), 직업(25%), 물질적 풍요(19%), 친구와 커뮤니티(18%), 건강(17%) 등 순으로 가치 있다고 밝혔다.

한국은 두 가지 면에서 예외적이었다. 1,006명의 한국 성인 응답자가 선택한 가장 가치 있는 요인은 물질적 풍요(19%)였다. 물질적 풍요가 1순위인 나라는 한국이 유일하다. 한편 한국인의 응답은 비교적 다양한 선택지에 고루 분포했다. 건강(17%), 가족(16%), 일반적 만족감(12%), 사회(8%)가 물질적 풍요의 뒤를 이었다. 여기서 한국인이 생각하는 '좋은 삶'이 실현하는 방식을 유추해볼 수 있지 않을까. '건강과 가족 등 다양한 요인이 삶을 가치 있게 만드는 데 중요하다. 다만 물질적 풍요는 다른 가치들과 비교했을 때 결코 뒤질 만한 요인이 아니다.'

설문조사 결과를 인용한 인터넷 커뮤니티의 게시물들은 대개 비슷한 반응이었다. '물질적 풍요가 있으면 이외의 요인들을 어느 정도 충족할 수 있다'라는 취지의 글이 주를 이루었다. 이 반응은 2030세대가 중심을 이루고 있는 한국의 온라인 커뮤니티에서 물질적 풍요, 즉 돈의 의미가 어떻게 이해되고 있는지 일러준다. 적어도 청년층 일각에서는 물질적 풍요가 가치 있는 삶의 전제조건으로 작용한다고 생각한다. 물론 기성세대보다 일과 삶의 균형(working & life balance)을 중시한다고 하지만, 그 바탕에 물질적 풍요가 중요하다는 사실이 깔려 있다는 점에서는 다르지 않다. 과거와 달라진 게 있다면 재산 증식보다는 적정한 소비 수준에 도달하려는 의지에 가깝다는 점이다.

물질적 풍요를 중요시하는 청년층의 세태는 공정에 대한 20대 남성의 생각을 더 정교하게 설명해준다. 이대남이 생각하는 공정인 '비례 원리'에서 보상은 개인이 수행한 노력에 따라 지급되어야 한다. 앞의 통계를 염두에 둔다면, 그 보상은 현실에서 임금과 보수라는 형태를 띠게 된다. 비례 원리에 따른 '노력에 준하는 보상' 개념이 실상에서 적용되기 위해서는 정량화하는 작업이 필요하기 때문이다. 임금과 보수는 청년층이 추구하는 우선순위에 부합하면서도 노력과 보상을 정량화하기에 효과적인 지표다.

지난 5년 사이 공정 담론을 구성했던 각각의 이슈들도 주로 임금 및 보수와 관련이 있었다. 인천국제공항 등 공공기관 비정규직 정규직화가 일례다. 청년층에서 비정규직의 정규직에 대한 반대 목소리가 높았던 배경에는 비정규직과 정규직 사이의 임금 격차가 크다는 사회적 맥락이 있었다. 통계청의 '2021년 8월 경제활동인구조사 근로 형태별 부가 조사 결과'에 따르면, 2021년 8월 비정규직의 월평균 임금은 176만 9,000원으로, 333만 6,000원을 받는 정규직의 임금 절반 수준을 간신히 넘는 정도다.

노동시장의 이중구조에서 비정규직의 정규직화는 일자리 안정뿐 아니라 임금 상승도 의미한다. 그런데 이대남을 비롯한 청년의 입장에서 비정규직 노동자는 정규직 노동자에 상응하는 임금을 받을 이유가 없다. 취업시장에서 각자의 노력이 달랐으므로 보상 역시 차등적으로 지급해야 한다는 비례 원리의 입장에 따라서다. 실제 2021년 9월 에스티아이(STI)의 설문조사에 참여한 청년층의 약 55.5%가 정규직 직원과 비정규직 직원 사이의 임금 격차가 공정하다고 응답했다.

그러나 비례 원리에 근거해 임금의 차등 지급을 주장하는 청년층의 입장에는 양가적인 면이 있다. 그 이유는 청년이 공통으로 향유하고 있는 감정, 즉 '불안' 때문이다. 비례 원리에 따른 취업은 '패자의 승복'을 필요로 하지만, 비정규직과 정규직 간의 극심한 임금 격차가 형성된 현재의 취업시장은 '배제되느냐 마냐'의 문제를 다루는 전장과 다르지 않다. 경쟁의 결과 패자에게 주어지는 게 월평균 임금 176만 9,000원이라면, 이때의 승복은 상대적 박탈감뿐 아니라 삶의 많은 부분을 포기하겠다는 말이 된다.

이는 비례의 원리가 지배적인 공정 가치가 될 경우 누군가는 마주하게 될 문제다. 이대남이 비례 원리를 지지하는 배경에는 냉철한 자기 객관화가 있다. 자기의 역량 한계를 승인하고 최선의 방법을 모색하려는 태도다. 그런데 기회의 총량이 줄어든 현재의 시장 구조에서 이 자기 객관화는 필히 좌절감을 동반할 수밖에 없다. 비례 원리에 따른 승복이 강제된다면, 불안이 따라오기 마련이다. 청년층에게 강요된 구조적인 딜레마다.

요컨대 노력에 대한 보상을 임금이라는 정량화된 형태로 생각하는 게 현재 이대남이 취하는 비례 원리의 특징이다. 그리고 아이러니하게도 비례 원리의 이런 특징은 청년, 특히 이대남에게 불안을 유발한다. 이 같은 이유에서 나는 비례 원리와 보편 원리가 상보할 수 있는 접점을 찾아야 한다고 본다. 임금이 아니라 다른 요인을 보상으로 기대할 수 있게 조성하는 것이 어떨까. 이때 고려할 수 있는 대안이 역량 접근이다.

임금에서 역량으로의 전환

하나 분명한 점은 비례 원리와 보편 원리 사이에 우열을 나눌 수 없다는 것이다. 둘은 그저 다를 뿐이며, 무엇이 공정이라는 가치에 더 부합하는 원리인지 가리기 어렵다. 더군다나 비례 원리와 보편 원리가 동반하는 난점들 역시 각각의 원리가 함의하는 바를 훼손하지 않는다. 그래서 우리의 대안적 방법은 두 공정의 원리가 현실적 상황을 반영해 더 수월하게 작동할 수 있도록 해야 한다.

역량 접근법을 제시한 인물은 아마티아 센(Amartya K. Sen)이다. 역량 접근은 국가 발전의 패러다임에 관한 개념이다. 센은 소득 증대를 국가 발전과 등치시키는 전통적인 접근에서 벗어나 발전의 근거를 역량에서 찾아야 한다고 본다. 센에 따르면 소득 일변도의 국가 발전 이론은 자유의 확장이라는 본래 목적을 상실하고 있다. 따라서 국가는 소득이 아닌 역량의 증진을 발전 과제로 삼아 제도적 배열을 이루어내야 한다(아마티아 센 2013).

센의 역량 접근법을 공정 담론에 적용하기 위해, 국가 수준에서의 역량과 소득의 관계를 개인 수준에서의 역량과 임금의 관계로 치환해볼 수 있겠다. 역량 접근법에서 역량이 기존의 발전 지표인 국민총소득을 대체했듯, 비례 원리에서 등장하는 '보상' 개념을 임금에서 역량으로 대체할 수 있을 테다. 이때 역량이란 단일한 척도로 정량 평가할 수 있는 개념이 아니라, 개인의 내적 증진을 끌어내는 종합적인 정성 요소다. 개인은 인적 역량을 강화하고 그 결과로 자유로운 삶을 영위할 수 있다.

역량 개념을 개인 수준으로 미분하는 것이 무리한 접근만은 아닐 것이다. 존 롤즈(John Rawls)의 정의론과 공리주의를 비판하는 센의 서술에 따르면, 역량 접근법의 가장 핵심적인 성취는 사회적 목표와 개인의 권리를 일맥상통하게 고려할 수 있다는 데 있다(아마티아 센 2013, 117-121). 마사 누스바움 (Martha C. Nussbaum 2015, 51) 역시 집단의 역량 발전은 반드시 개인의 역량 발전을 통해서만 가능하다고 설명한다. 개인 역량이 집단 역량의 전제라는 의미다. 역량 접근법을 주장하는 이들의 논의에 따르면, 역량은 한 국가가 빈곤을 벗어나 발전을 도모하는 발판이면서 동시에 개인의 내적 발전을 끌어내는 동력이다.

역량 접근에 대한 센의 논의는 평등과 자유를 상충적 가치에서 상보적 가치로 재정립하는 데서 시작한다. 그에 따르면 어떤 불평등 이론이라도 해당 이론의 핵심 가치가 존재하는 공간에서는 평등주의에 귀결할 수밖에 없다. 따라서 '왜' 평등해야 하는지는 평등에 대한 온전한 답이 될 수 없으며, '무엇의' 평등인지를 확인해야 한다(아마티아 센 1999, 50-53). 센의 견해에서 자유와 평등이 이질적인 가치가 아닌 동질적인 개념으로 읽히는 것은 이런 이유에서다.

그래서 센은 역량을 발전의 핵심 요인으로 삼아야 하는 이유를 분석적으로 설명하지 않는다. '왜'라는 질문에 응답하는 정당성 논쟁을 길게 이끌지 않는 것이다. 오히려 센은 개인과 사회의 역량을 강화하는 토대로서 기초적인 사회 인프라에 주목해야 한다는, '무엇'에 대한 서술로써 답을 대신한다. 이는 회피하는 것이 아니라 그것이 더 타당한 답안이기 때문이다.

즉 '무엇'에 주목하기 때문에 바로 그 '무엇'이 실현되는 조건에 관해 설명할 필요가 있다는 게 센의 입장이다. 그가 주장하는 자유는 평등이라는 분배 기준을 통해 창달된다. 역으로 평등은 자유를 실현하는 과정에서 얻어지는 상태다. 자유와 평등을, 서로의 실현을 위해 상호작용하는 가치로 받아들인다. 결국 역량 접근은 기존의 분할되어 있던 개념 간의 유의미한 상관관계를 마련한다는 점에서 의의가 있다고 할 수 있겠다.

이는 비례 원리와 보편 원리가 서로 조응하기 위한 접점이 될 수 있을 것이다. 역량 접근법에서 개인의 노력이 배제되어서는 안 된다. 도리어 개인의 노력은 사회 발전을 추동하는 중심적인 동력이다. 센이 설명하는 제도적 배열과 역량 획득 사이에 존재하는 것은 개별 주체로서의 개인이다. 그런 점에서 센의 역량 접근은 사회 구성원 각자의 노력에 기대는 면이 있다. 그러므로 비례 원리가 생각하는 공정한 배분 방식인 '노력에 따른 가치 분배'는 역량 접근 방식에서 훼손되지 않는다.

노력에 대한 존중은 인적 역량에 대한 언급에서도 확인할 수 있다. 센 (2013, 413-419)은 개인이 각자의 성취를 통해 '잘 먹고 잘사는' 개인 차원의 직접적 역량과, 사회적 변화와 경제 발전에 기여하는 간접적 역량을 획득할 수 있다고 본다. 이렇듯, 제도적 배열이 개인에게 수용되고 역량 발전으로 이어지는 과정에는 개인의 노력이 전제되어 있다.

한편 역량 접근은 보편 원리에서 중시하는 평등 가치와도 연관되어 있다.

보편 원리에서는 불공정을 막기 위해 차별적 대우에 노출된 집단에 우선권이 부여되어야 한다. 역량 접근 방식에서도 마찬가지로 구조적 불평등에 대한 문제의식을 공유하고 있다. 불평등은 개인과 사회의 역량을 저해하는 장애물이다. 그래서 센은 여성 등 소수자 문제에 주목하기도 한다. 여성의 활동성이 아동 생존율을 높여 사회 발전이라는 확장적 목표에 이를 수 있다고 본다.

종합하면, 역량 접근 방식은 비례 원리와 보편 원리 양측을 일정 부분 충족한다. 이 과정에서 이대남 현상의 딜레마를 해소하리라 기대해볼 수 있다. 이준석을 지지하는 20대 남성이 생각하기에 공정성은 비례 원리이지만, 자기 인식은 소수자성이다. 이대남은 스스로 소외된 계층이라고 여기고 있다 (천관율 2021). 따라서 비례 원리의 실현만으로는 결핍을 충족하기 어렵다. 제도적 배열을 통한 기회의 균등이 수반되어야 한다. 그리고 이를 실현하는 방식이 바로 역량 접근이다.

역량 접근 방식은 현실적이라는 점에서 공정 담론에 적용할 수 있는 다른 현대 이론에 비해 비교우위가 있다. 역량 접근 방식에서는 조건의 획일적 평등을 주장하지 않는다. 요구되는 기본 역량이란 재화를 조합하고 통합하는 후발적인 능력이다. 자원의 양뿐만 아니라, 개인이 자신의 목적에 부합하게 자원을 적절히 사용하는 능력이 있는지에 주목한다. 이 능력은 현실에서 다양한 삶의 양식을 추구할 수 있는 자유를 통해서 담보된다. 그렇기에 역량 평등을 끌어내는 사회적 방안은 하나의 기준으로 정리될 수 없다.

역량 접근은 공정성이 요청되는 실제 상황에서 적용 가능하다. 현실에서 마주하는 불평등 상황은 어떤 재화를 얼마나 품고 태어났는가의 문제가 아니다. 현재 '어떤 능력'을 보유하고 있는지의 논의가 이에 앞선다. 센은 역량 강화를 위한 제도적 배열로 공공의료 확대, 공교육 강화 등이 필요하다고 제시한다. 민주주의 등 정치체제 역시 개인의 역량을 강화하는 근간이 된다. 이를 통해 사회 인프라가 확충되면 개인의 역량이 강화되고, 다시금 사회가 발전하는 선순환 구조를 그릴 수 있다는 것이 역량 접근 방식이다.

현실 영역에서 기존 정의론이 한계에 봉착하는 것과 대비된다. 롤즈는 일차적 재화 배분에서의 평등을 주장하지만, 현실의 공정성 문제는 태초의 상태가 아니라 생의 순간에서 발생한다. 생득적인 자원의 분배만이 공정에 영향을 미친다는 것은 현실적이지 않다. 롤즈의 견해는 재화와 재화를 연결하고, 새로운 의미를 더해가는 과정에 주목하는 센의 정의론과 비교한다면 다소 결정론적이다.

비슷한 이유로, 역량 접근은 노직(Nozick)의 자유지상주의가 갖는 문제 역시 해소한다. 자유지상주의는 사회계약론에 근거하기에 원초적 상태에서 사회적 질서로 전환되는 과정에 주목한다. 이 관점에서는 획득 권한으로서의 정의를 주장하는데, 자유지상주의적 권리가 온전하게 충족된 상태는 재산의 소유권 등이 완벽히 인정되는 것을 의미한다. 하지만 이후 사회에서 벌어지는 여러 문제에 대해 다소 방임하게 되는 문제가 생긴다(아마티아 센 2013, p.122).

이는 획득 권한이라는 자유의 우선성이 실제 삶에서 요구되는 실질적 자유에 선행하기 때문이다. 획득 권한이 강조되는 과정에서 실질적 자유가 경시되고 침해당하는 결과가 초래될 수 있다. 한편 기본 역량 접근에서는 실질적 자유를 보장하기 위한 요인을 핵심으로 본다. 대기근, 영양실조 등의 문제로 인한 실질적 자유의 박탈을 중요한 변수로 고려하는 것이다. 역량은 자유의 전제조건이고, 자유가 실현되는 방안이다. 실질적 자유의 박탈을 억제한다는 측면에서 역량 접근법이 유의미한 정치 이론으로 재차 이해될 필요가 있다.

물론 역량 접근 방식이 공정 담론에 대한 실천적인 대안이 되기 위해서는 구체화하는 과정이 필요해 보인다. 역량을 수치화하기 어려운 탓이다. 역량이 준거로써 활용되려면 비례 원리에서 제시하는 보상 개념처럼 정량적으로 측정할 수 있어야 한다는 지적이 있다. 다만, 누스바움이 제시하는 '측정의 오류'를 고려해본다면, 수치화가 어렵다는 사실이 맹점만은 아니다. 측정하기 쉽다는 특징이 적절한 지표임을 담보하지는 않는다.

누스바움은 역량이 비교적 측정하기 어려운 것은 사실이나, 각각의 역량을 다층적으로 조사하면 측정할 수 있다고 밝힌다. 누스바움(2015, 48-50)은 10대 역량으로 생명(life), 신체 건강(bodily health), 신체 보전(bodily integrity), 감각·상상·사고(senses·imagination·thought), 감정(emotions), 실천이성(practical reason), 관계(affiliation), 인간 이외의 종(other species), 놀이(play), 환경통제(control over one's environment)를 제시한다. 해당하는 역량에 대한 구체적이고 실증적인 사례를 중심으로 역량을 정량할 수 있지 않을까.

더 이상 배제되는 일이 없도록

촛불 혁명 이후 우리가 목격한 것은 광장뿐만 아니라 일상의 어느 곳에서나 존재하는 공정이라는 가치였다. 비례 원리와 보편 원리가 끝없이 반목하고 갈등하면서 공정 담론은 더욱 비대해져 왔다. 문재인 정부의 가장 큰 오판이라면, 2017년의 광장을 '보편 원리'가 '비례 원리'를 넘어선 순간으로 혼동했다는 것이다. 그로써 공정은 새로운 사회로의 발전 동력이 아니라 서로를 향하는 비수가 되었다.

현재 공정이라는 명목으로 우리 사회가 갈등하는 이유는, 언제 무너질지 모른다는 극도의 긴장감 때문일 것이다. 더딘 성장과 심화하는 양극화는 시민을 불안 상태에 몰아넣고 있다. 경제 성장 동력이 약해지면서 취업, 소득 등 일련의 사회적 가치가 제로섬 게임처럼 이해되는 실정이다. 그러면서 '을과 을의 전쟁'이 벌어지고 있다. 발전 없는 갈등이 한국의 정치 공간을 채운다.

2030세대의 보수화는 그 반영이다. 특히 20대 남성은 역사적 발전 경로에서 배제되면서 시공간적으로 고립된 처지가 되었다. 이준석 현상은 이런 이유에서 발로했다. 20대 남자는 비례 원리를 해결하기 위한 도구로서의 정치를 찾았고, 이준석의 능력주의가 최선의 선택은 아니지만, 효과적인 방안이 될 수 있다고 본 듯하다. 이준석 현상은 그렇게 만들어졌다.

극단적 대응은 대화와 타협을 어렵게 한다. 현재 갈등 구조는 세대, 성별 등 생득적인 조건을 따라서 형성되고 있다. 그 결과, 반목하는 집단들이 서로 특정 사안에서 얼마큼의 후생 손실을 겪는지 고려하기 어렵다. 체감할 수 없기 때문이다. 극단화된 사회에서 각 집단의 구성원은 인지적 한계에 놓이고, 본인의 후생을 중심으로 사회적 후생의 총합을 고려하게 된다. 현재 20대를 중심으로 벌어지는 갈등 양상을 보면 어느 측이든 본인의 이익이 충족되는 것을 최선으로 삼는 상태에 이른 것 같다.

이는 2017년 광장 이후 한국 정치가 사회 균열을 반영하는 데 실패했음을 방증한다. 청년의 불안은 단순히 경제적 문제나 젠더 이슈 때문이 아니다. 불안이 극단적 수준에 이르는 데에는 정치의 책임이 크다. 경제 위기로 인한 사회 분열을 최소화하고, 사회적 자본을 형성해 반전의 모멘텀을 만들어내는 게 오늘날 정치에 기대하는 기능이다. 그런데 이 기능은 한국 정치가 가장 방만히 여겨왔던 역할이기도 하다.

국민적 기대를 안고 출범한 새 보수 정부는 공정을 주머니칼처럼 쓴다. 공정한 사회를 만들겠다는 기치 아래 공동체를 조각하고 있다. 이념을 공유해야 하는 정당마저도 분열 중이다. 연합이 와해되는 것은 예정된 수순이었다. 여전히 출구는 보이지 않는다.

이 비평에서 제시하는 역량 접근은 출구로서의 대안이다. 제도적 배열을 통한 사회적 자원을 누리는 것으로 노력의 보상을 대신할 수 있다. 더욱이 각 개인의 역량 강화는 전체 사회의 역량 강화로 이어진다. 이는 곧 사회의 발전을 뜻한다. 그렇기에 역량 접근을 논의의 중심으로 끌어올 수 있다면 지금껏 겪어온 공정의 실패가 곧 광장의 실패로 이어지는 것은 아니게 된다.

물론 역량 평등에도 내재적인 한계가 있다. 수치화하는 데 어려움이 있으며, 자유를 역량의 전제적 조건으로 설정함으로써 기능적인 역할로 가둬 둔다. 소극적 자유에 대한 고려가 없는 것이다. 따라서 역량 접근이 실제 한국 사회에서 작동하기 위해서는 정교하고도 구체적인 모델이 필요하다.

비례 원리에서 말하는 '보상'으로서 역량이 임금을 대체할 수 있다면, 미약하나마 이대남의 불안과 딜레마를 완화할 수 있지 않을까 생각한다. 노력에 대한 보상으로서 개인의 역량 발전이 충분히 승인되는 사회를 그려본다. 그 사회에서 임금은 역량을 구성하는 수많은 요소 중 일부일 뿐, 절대적인 척도로 기능하지 않는다. 경쟁에서의 패배가 사회에서의 도태로 이어지는 굴레에서 벗어날 수 있으리라 기대해본다.

요컨대 역량 접근 방식은 구성원 개인들에게 타자를 목격해야만 하는 유인을 제공한다. 역량 접근은 개인의 영역에 머물지 않기 때문이다. 역량은 개인적 차원에서 발생하지만, 사회적 자유와 상호작용하고 인프라를 구축해내는 데 일조한다. 그러면서 타자의 역량 강화는 곧 내가 역량을 강화할 수 있는 배경이 되고, 나의 역량 강화 역시 타자가 역량을 강화할 기회가 된다. 그렇게 된다면 역량 접근은 정의와 발전이라는 중요한 두 축을 아우를 수 있을 것이다. 이 선순환 구조에서 각 정치 코호트는 '배제되지 않은 집단'으로 공존할 수 있다.

누구를 위한 공정인가?
: '진정한 능력주의'의 허상

김소영

청년세대 공정성 담론에서 공정성의 의미

그 어느 때보다 공정한 사회에 대한 청년들의 열망이 크다. 미래에 대한 한국 청년세대의 '불안(insecurity)'이 '공정성(fairness)' 담론으로 구체화된 것이다. 인천국제공항 보안 검색요원의 본사 정규직 전환 이슈, 조국 전 법무부 장관의 딸 입시 특혜 의혹, 한국토지주택공사 땅 투기 논란 등 2030 청년세대들은 '불공정'하다고 생각되는 문제에 대해 온라인 및 오프라인에서 분노를 표출하고 있다. 일련의 사건들로 인해 공정성을 요구하는 청년들의 관심사는 자연스럽게 일자리와 부동산 문제로 이동했다.

정치권은 이들의 분노에 적극적으로 응답했다. 제21대 국회의원 선거와 같은 해의 4·7 서울·부산 시장 보궐선거를 거치면서 2030세대의 투표는 정당, 이념, 지역에 따라 이루어지지 않는다는 점이 드러났고, 선거의 캐스팅보트(casting vote)인 2030 청년에게 이목이 쏠린 것이다(장선이·배여운 2022). 이준석 국민의힘 당 대표는 불공정 문제에 적극적으로 의견을 표명하고 스스로가 청년임을 부각하는 전략을 통해 사상 처음으로 30대 제1야당 대표가 되었다. 제20대 대통령 선거에서 가장 큰 화두가 '청년'이었다는 점 또한 이를 방증한다. 후보들은 청년세대와의 소통이 용이한 SNS를 적극적으로 활용했으며, 여야를 막론하고 각종 일자리와 부동산 문제, 사회의 불평등 문제에 대한 공약을 앞다투어 발표했다. 당시 여당의 이재명 후보는 청년 기본소득·기본금융·기본주택을, 제1야당의 윤석열 후보는 청년도약보장금·도약 계좌·원가 주택·병사월급 인상 등을 청년 관련 공약으로 내걸었다(장선화 2022).

　다양하게 해석되는 그 의미를 차치하고서라도 '공정성'은 좋은 사회를 만들기 위해서 빼놓을 수 없는 요소다. 따라서 공정함에 민감하게 반응하는 청년들에게 귀 기울이는 것은 정치인들의 당연한 의무이기도 하다. 그러나 청년세대의 공정성을 대변하는 정치인들의 행보에는 다음과 같은 핵심적 성찰이 빠져 있다. 본문에서는 다음 세 가지의 질문을 바탕으로 청년세대 공정성 담론에서 공정성의 의미를 알아보고자 한다. 또한, 공정성을 현실 정치에서 구체화하는 정치인들의 행보를 분석하고, 그들의 방식이 과연 청년들이 원하는 '공정한' 세상의 도래에 기여하는지 살펴보는 것을 목적으로 한다.

　첫째, 공정을 주장하는 청년 계층은 과연 단일한가? 단일하지 않다면, 각기 다른 계층의 청년들이 생각하는 공정의 의미는 무엇인가? 둘째, 현 정치인들이 대변하는 청년의 공정함이란 어떤 계층의 것인가? 셋째, 정치인들이 청년 계층의 '공정함'을 대변하는 과정에서 포퓰리즘(populism)으로 볼 수 있는 행위는 없는가? 이들이 대표하는 공정성이 더 나은 세상을 담보하는가?

청년세대를 이해하기 위한 틀

청년세대의 계층 분화

　청년세대의 투표 의식, 불평등, 가치관 등에 관한 연구에서 청년을 다양한 계층으로 분류해 살펴보려는 시도가 지속적으로 있어 왔다. 박상현(2017)에 따르면, 청년세대의 문제는 단일한 하나의 영역이 아닌, 다양한 영역에서 발생하는 문제들이 복합적으로 얽혀 있다. 황규성(2016)은 고용, 소득, 자산, 주거, 결혼, 양육 등 다양한 불평등이 교차함에 따라 이것이 '다중격차'를 형성하며, 이에 따라 "청년세대 내의 불평등이 다차원적으로 구조화"되었다고 봤다(이재경·오선영 2016; 박상현 2017; 5). 더 이상 연령대가 같다는 이유로 청년세대를 단일한 집단으로 볼 수 없다는 의미다. 청년 계층의 다양성은 그들이 스스로를 표현하는 용어에서도 드러난다. 다중격차의 구조 속에서 청년들은 사회와 스스로에 대해 가지게 된 인식을 표상하는 용어를 사용하게 되는데, 이러한 용어는 '사회적 표상'으로서 기능한다(박상현 2017). 모스코비치(Moscovici)의 이론에 따르면 사회적 표상이란 "지역사회의 집단체가 행위의 양식 설정과 의사소통의 목적을 위해 사회적 대상물(social object)을 의미 있는 실체로 형상화한 것"이다(박상현 2017; 6). '헬조선', '수저계급론' 등을 그 예시로 들 수 있다. 청년세대의 사회적 표상은 스스로가 속한 계층적 위치에 대한 주관적 관점을 드러내며(박상현 2017), 이로써 청년 자신도 청년세대의 통일성을 주장하기 어려운 사회가 되었다는 것을 알 수 있다.

공정성

학계에서 공정성, 정의(justice), 공평(equity)의 개념은 대체로 혼용해 사용하므로(김회용 2011), 본문에서도 공정성과 정의, 공평은 모두 같은 개념으로 간주한다. 공정성의 본질에 대한 철학적 논의의 출발점은 아리스토텔레스인데, 아리스토텔레스 이후 논의의 경향은 크게 세 가지로 분류할 수 있다. 첫째, 벤담(J. Benthan)과 밀(J.S. Mill)로 대표되는 공리주의, 둘째, 맥킨타이어(A. Macintyre), 샌델(M.J. Sandel) 등의 공동체주의, 셋째는 노직(R. Nozick)의 자유방임주의와 롤스(J. Rawls)의 평등주의로 구분되는 자유주의다(김회용 2011).

각 철학자의 사상을 간략하게 살펴보면, 롤스는 '공정으로서의 정의'를 제시하면서 사회 정의란 "기본적인 사회 제도 내에서 권리와 의무를 할당하는 방식을 제시해주며, 사회 협동체의 이득과 부담의 적절한 분배를 결정"하는 원칙이라고 규정했다(롤스 2003: 38; 김상태 외 2021: 248). 그가 제시한 '공정으로서의 정의'는 다음과 같다. "첫째, 각자는 다른 사람들의 유사한 자유의 체계와 양립할 수 있는 평등한 기본적 자유의 가장 광범위한 체계에 대해 평등한 권리를 가져야 한다. 둘째, 사회적·경제적 불평등은 다음과 같은 두 조건을 만족시키도록, 즉 ⒜ 모든 사람의 이익이 되리라는 것이 합당하게 기대되고, ⒝ 모든 사람에게 개방된 직위와 직책이 결부되게끔 편성되어야 한다."(롤스 2003: 150, 김상태 외 2021: 248) 전자⒜는 평등한 자유의 원칙, 후자⒝는 차등의 원칙으로 불린다. 차등의 원칙을 적용할 때 불평등한 분배는 사회적 불평등으로 불리한 처지에 놓인 사람들과 해당 분배에 따른 이익을 나누어 가진다는 조건에서만 공정하다(김상태 외 2021).

노직은 롤스의 정의의 원칙을 비판하며, 개인의 자질에 따른 자율적이면서도 합리적인 선택을 중요시한다(김상태 외 2021). 합법적인 계약이 양 당사자의 동의에 따라 체결된다면, 계약에 따른 결과는 그것이 불평등할지라도 지켜야 하며, 정의롭고 합리적인 선택에 대한 국가의 개입은 용납되지 않는다. 국가는 타인으로부터 침해당하는 권리를 지켜주는 아주 소극적인 역할만을 수행한다(김상태 외 2021).

샌델은 특정 원칙이 아닌, 공동체에서 좋은 삶에 관해 탐구하는 문화를 형성할 때 정의로운 사회를 만들 수 있다고 본다(샌델 2014; 김상태 외 2021). 특히 그는 "사회가 능력주의(meritocracy)로 경도되어 일과 자아에 대한 자존감을 잃어버리고, '절망 끝의 죽음'으로 몰리지 않기 위해서는 서로 공동의 공간에서 공동선에 대해 끊임없이 논의해야 한다"라고 주장했다(김상태 외 2021: 249). 롤스 역시 능력주의적 사회로의 이행을 예방하기 위해서는 "차등의 원칙에서 적은 재능을 부여받은 사람들에게 더 많은 관심을 가져야 한다는 점"

을 명확하게 제시하고 있다(김상태 외 2021; 249).

포퓰리즘

포퓰리즘 개념은 학자마다 조금씩 다르게 정의되어 통일적인 설명을 찾기 어렵다. 다만 포퓰리즘의 정의에 대한 논의는 지속적으로 이루어져 왔다. 피터 워슬리(Peter Worsley)에 의하면, 포퓰리즘이라 불리는 운동은 '인민의 의지(the will of the people)'를 강조하고 있다는 공통점이 있다(문강형준 2012; 110). 이브 메니(Yves Mény)와 이브 수렐(Yves Surel)은 다음 세 가지를 포퓰리즘의 핵심 특징으로 제시했다. 이들에 따르면 포퓰리즘에서는 인민이 최고의 중요성이 있고, 인민이 엘리트의 부패 및 권력 남용에 의해 배신당했다는 주장이 제기되며, 현재의 엘리트가 새로운 지도자들에 의해 대체될 것이 요구된다(이브 메니· 이브 수렐 2002; 문강형준 2012; 111). 폴 태거트(Paul Taggart) 역시 포퓰리즘에 있어 인민의 중요성을 강조했다. 그는 포퓰리즘이 순수한 인민을 강조하기 위해 외부의 타자를 구성해내고 타자와 인민과의 적대관계를 형성한다고 주장하며, 특히 대의 정치 제도에 대한 강한 부정을 포퓰리즘의 핵심적인 특징으로 들고 있다(폴 태거트 2000; 문강형준 2012; 111). 파파스(Takis S. Pappas)는 포퓰리즘을 '비자유주의적 민주주의(democratic illiberalism)'로 정의하면서 포퓰리즘의 네 가지 개념적 구성 요소를 제시하기도 했다. 첫째, 카리스마적 리더십(Charismatic Leadership), 둘째, 지속적이고 전략적인 정치적 양극화(Political Polarization) 추구, 셋째, 자유주의적 제도의 무력화(Assault on Institutions), 넷째, 후견주의 정치(Patronage Politics)가 그것이다(파파스, 2019).

이상의 다양한 문헌들을 종합해봤을 때, 포퓰리즘의 보편적인 특징을 두 가지로 간추려볼 수 있다. 하나는 '인민'을 사회의 최우선 요소로 삼는 것이고, 다른 하나는 그 인민의 대척점을 이루는 반인민적 집단, 예를 들어 엘리트, 외국인, 부유층 등을 상정해 둘 사이에 적대적인 관계를 구성하는 것이다(문강형준 2012; 112). 본문에서는 이 두 가지 특징을 중심으로 한국 정치에서 공정성 담론의 포퓰리즘적 면모를 검토한다.

여기서 포퓰리즘이 말하는 인민은 누구인지, 그리고 포퓰리즘이 어떻게 자유주의와 민주주의를 위협하는지 의문이 제기될 수 있다. 전자에 대한 일괄적인 답은 없지만, 확실한 것은 포퓰리즘의 인민은 언제나 전체가 아닌 일부를 가리킨다는 점이다(문강형준 2012; 112). 이 사실을 토대로 후자에 대해 검토해보자. 민주주의의 정의는 이를 개념화하는 방식에 따라 달라질 수 있지만, 선거 민주주의에서 법의 지배(rule of law)에 따른 자유주의적 민주주의(liberal democracy)로의 도래가 민주주의의 공고화라는 관점에서는 포퓰리즘이 민주주의를 크게 위협한다. 일부만을 인민으로 인정하는 정치는 일부 집단의 기본적 권리를 억압해 자유주의를 훼손하고, 특정 집단에 대한 예외를 허용함으로써 법의 지배를 부정하게 된다. 이는 자유주의적 민주주의를 확실히 후퇴시킬 수 있다. 나아가 일부 학자가 주장하는 바처럼 대의 정치 제도를 부정하는 수순을 밟을 가능성도 있다. 또한, 자유주의적 민주주의 사회의 다원성 측면에서 포퓰리즘은 다음과 같은 문제점을 불러온다.

"포퓰리즘 정치는 어떤 경우든 정치적 타자에 대한 완전한 거부를 상상하는 정치라는 선험적 정향(a prior orientation)을 갖는 개념이다. 포퓰리즘은 상이하고 이질적인 정체성을 가진 국민을 단수로서의 '인민'으로 구성하는 과정에서 '인민'과 '적'으로서의 엘리트의 상상적 적대를 현실 정책과 권력 행사 과정에 반영하며, 그 과정에서 포퓰리즘적 권력에 비판하거나 저항하는 상이한 담론을 억압한다는 점에서 자유주의 사회의 다원적 조건들에 대한 심각한 위협이 된다." (유용민 2019; 9)

청년세대의 공정
청년 계층의 다양성과 계층에 따른 공정성의 의미

각종 언론과 정치인들이 '청년세대의 공정'에 대해 논할 때 간과하는 것이 있다. 바로 청년 집단은 전혀 단일하지 않다는 점이다. 이는 앞서 소개한 선행연구들에서도 밝혀진 바 있다. 2030 청년들* 중에서 경제적으로 부유한 자가 있다면 그렇지 않은 이들이 있고, 성별, 거주지, 직업, 최종 학력, 노동의 형태 등이 각기 다르다. 본인이 처한 사회적 위치에 따라 받아들이는 공정함의 의미가 달라지는 것은 당연하다. 단편적인 예로 2021년 12월, 시민단체 '직장갑질119'가 공공상생연대기금과 함께 20~50대 직장인 1,000명을 대상으로 진행한 설문조사 결과에 따르면, 직장인들이 생각하는 '좋은 일자리'의 연봉은 평균 4,526만 2,000원으로 조사되었다. 그러나 "여성이거나 20대, 비정규직, 5인 미만 규모 직장 소속, 월 150만 원 미만 저임금 노동자 등 일터의 약자들은 연봉이 3,000만 원만 되어도 '좋은 일자리'라고 생각하고 있다"라는 분석이 도출되었다(박상연 2022). 이러한 조사 결과만 봐도, 같은 청년이라 하더라도 사회적 위치나 상황에 따라 공정함의 기준이 다르리라는 것을 어렵지 않게 예측할 수 있다. 홍남기 전 부총리 겸 기획재정부 장관은 공공기관운영위원회에서 공공기관이 "괜찮은 일자리" 창출을 이끌어야 한다는 주장과 함께 구체적인 공공기관 일자리 창출 방안을 내세웠지만(차지연 2022), 정작 '괜찮은 일자리'의 기준이 무엇인지에 대한 논의는 이루어지지 않았다. 요즘 젊은 사람들은 으레 질 좋은 일자리를 원한다는 생각에서 나온 발상일 것이다. 하지만 '요즘 젊은이'들을 하나로 뭉뚱그려서 묶기에는 이들

---

* 청년세대를 분류하는 방식은 아주 다양하므로 20대와 30대를 '2030세대'로 묶는 것은 무리가 있다는 비판이 존재한다. 이에 공감하는 바이지만, 공정성 담론의 전반적인 내용을 다루는 이 글에 한해서는 20대와 30대를 구분하는 것의 실익이 없다고 판단해 부득이하게 20대와 30대를 같은 청년세대로 취급했다.

각자가 처한 상황이 너무 다양해졌다. 이제는 세대 간 차이보다 세대 내의 차이에 집중해봐야 한다.

이 글에서는 청년세대 내의 차이를 알아보기 위해 2030 청년세대의 계층을 경제적 수준, 젠더, 그리고 거주지 및 학력이라는 세 가지 기준으로 나누었다. 각 계층이 주장하는 공정성의 의미에 대해서는 그 의미를 효과적으로 비교하기 위해 롤스와 노직의 정의를 기준으로 삼았다. 물론 청년 집단의 계층을 나누는 방식은 이보다 훨씬 다양하다. 그런데도 이들을 특별히 경제, 젠더, 지역적 요소를 기준으로 분류한 것은 이 특성들이 청년 스스로 사회적 위치를 표현할 수 있는 가장 보편적인 잣대라고 판단했기 때문이다. 실제로 청년들이 본인을 표현하는 용어에서도 해당 기준이 보편적임을 확인할 수 있었다. 따라서 계층화 과정에서 청년 집단 스스로가 제시하는 사회적 표상을 객관적인 세 가지의 기준에 접목해봤다. 사회적 표상은 다소 주관적인 계층화 방식이지만 공정성의 의미는 본인이 처한 사회적 위치를 어떻게 인지하느냐에 따라 상대적으로 결정되는 것이므로, 청년 개개인이 주관적으로 판단한 본인의 계층에 대한 용어와 함께 분석하는 것이 계층 분화를 인식하는 데에 도움이 될 것으로 판단된다.

경제적 수준에 따른 공정

경제적 계층은 소위 '금수저'와 '흙수저'라는 '수저계급론' 표상을 통해 계층화된다. 2021년 5월, KBS가 전국의 만 20~34세 청년들을 대상으로 실시한 설문조사에서 "복지를 위해 큰 정부가 필요하다"라는 문항에 대한 대답은 경제적 계층에 따라 확연히 달라졌다. 소득과 자산의 수준을 기준으로 최하층부터 최상층까지 10단계로 계층화했을 때, 중년층은 모든 계층을 통틀어 복지를 위한 정부가 필요하다는 의견이었지만, 청년층의 경우 최하층일

수록 필요하고, 최상층으로 갈수록 필요 없다는 의견이 지배적이었다. '흙수저' 청년의 입장에서 다양한 복지 정책을 추구하는 정부는 공정이지만, '금수저' 청년의 입장에서는 그다지 공정하다고 느껴지지 않을 수 있다는 의미다. 이러한 점에서 경제적으로 상위 계층의 청년들이 외치는 공정이란 개인의 합리적인 선택에 대해 정부가 개입하지 않는 노직의 정의에, 하위 계층 청년들의 공정은 불평등을 겪는 자들에게 최소한의 이익이 분배되어야 한다는 롤스의 의견에 가까울 것이다.

젠더에 따른 공정

젠더적 계층은 '이대남(20대 남성)'과 '이대녀(20대 여성)'라는 표상을 통해 계층화된다. 남성과 여성의 가치관은 20대에서 가장 두드러진 차이를 보이기에 본문에서도 20대를 대상으로 한 통계자료에 집중해봤다. 하지만 이러한 경향이 20대에만 국한되지 않기에 해당 용어는 2030 청년세대를 젠더로 구분하기 위해 흔히 사용된다.

먼저 이대남의 공정성은 노직이 주장했던 정의의 의미에 가까운 형태를 띤다. 2021년 5월, KBS가 전국의 만 20~34세 청년들을 대상으로 실시한 설문조사에서 '이대남'들은 경제, 복지, 환경, 국가관, 여성 등 거의 모든 분야에서 '차별에 찬성'하는 것으로 드러났다(송형국 2021). 임금 격차에 대한 항목에서 고졸-대졸자, 명문대-비명문대, 여성-남성 간 임금 격차가 '공정하다'라고 생각하는 청년 남성은 각각 43.1%, 40.6%, 52.7%였다. 같은 의견을 가진 청년 여성은 각각 27.5%, 23.7%, 17.8%에 그쳤다. 남성과 여성이 가장 두드러지는 차이를 보이는 영역은 성평등에 관한 정책이었다. '성평등 정책을 강화해야 한다'라는 문항에 대해 청년 남성은 49.5%가 반대했지만, 청년 여성의 경우 8%만 반대했다. 심지어 청년 남성들은 한 편의점 점주가 아르바이트생의 지원 자격으로 페미니스트가 아닐 것을 내세운 것에 대해서 47.3%가 공정하다고 판단했다. 같은 문항에 대해 청년 여성은 9.1%만이 공정하다고 생각했다. 2030 청년 남성들의 40.6%는 포괄적 차별금지법에 대해서 반대하기도 했다. 또한, '환경보다 개발이 중요하다'라는 문항에 대해 청년 여성은 11.5%, 청년 남성은 43.8%가 그러하다고 답했다.

이는 노직의 정의와 결이 비슷하다. 노직에 따르면 당사자 간의 동의와 합법적인 계약에 따른 결과는 그것이 불평등하더라도 지켜져야 하며, 이러한 선택에 대한 국가의 개입은 용납되지 않는다. 청년 남성들 역시 경쟁의 과정 자체가 공정하다는 전제하에 경쟁에 참여하기로 동의한 당사자들은 그 결과가 아무리 불평등하더라도 수용해야 한다고 본다. 그들의 출발선이 다르더라도 예외는 없다. 여성이라는 점, 명문대학교를 졸업하지 않았다는 점 등이 경쟁에서 불리하게 작용하더라도 이것은 개인의 노력으로 극복되어야 할 부분이지, 국가가 개입해서는 안 되는 부분이다. 개인적인 사정이 어찌 되었든 경쟁 과정에서 규칙은 누구에게나 동등하게 적용되었기 때문이다. 그들에게 공정함이란, '완벽한 능력주의'인 것이다. 청년 남성들의 반페미니즘 성향도 능력주의를 공정함으로 인식하는 경향에서 기인한다. 여성에 대한 차별이 존재하는 것은 명백한 사실이지만, 20대 남성들은 국가가 그 차별을 교정하기 위해 개입하는 것은 절차의 공정성을 해치는 것으로 판단한다. 따라서 성평등 정책은 여성에게 특혜를 주는 정책으로 인식되어 페미니즘에 대한 무조건적인 반감이 형성된다. 출신이 무엇이든지, 그 출신이 경쟁에서 어떤 영향을 미치든지 간에, 모든 사람은 똑같은 규칙을 적용받으면서 자신의 능력만으로 경쟁에서 이겨야 한다. 그것이 '이대남'들의 공정이다.

반면 '이대녀'들의 공정은 롤스의 공정에 가깝다. 이들은 개인의 능력만을 고려하는 능력주의가 공정이라고 보지 않고, 오히려 능력주의를 경계한다. 책 『20대 여자』로 출간되기도 한 2021년 '시사IN'의 웹 조사 결과, 20대 여성의 67.5%는 차별금지법에 찬성하며 성장보다 복지를 우선으로 생각하는 비율은 66%로 집계되었다. 또한 20대 여성이 가장 선호하는 정치 세력은 '사회적 소수자가 겪는 차별 금지와 다양성 우선' 세력이었다(김은지 2021). 청년 여성들이 이러한 생각을 하게 된 배경에는 자신들이 차별을 겪고 있는 당사자라는 인식이 자리 잡고 있다. 『20대 여자』에 따르면, 한국 사회에서 여성이 사회적으로 차별받고 있다는 데에 동의한 20대 여성은 71.3%나 되었다. 구체적으로는 70.8%가 한국 성별 임금 격차에 대해 '여자에게 다소/매우 불공정하다', 57.6%가 '아이를 낳는다면 남자아이가 더 살기 좋을 것이다', 65%가 '결혼하면 나의 사회적 성취를 이루기 어렵다'라고 생각했다. 동일한 문항에 대해 같은 생각을 가진 20대 남성은 각각 12%, 10.9%, 30.4% 였다. 사회적 위치와 출산 및 육아에 있어서 여성이라는 점이 청년 남성들에 비해 불리한 요소로 작용한다고 생각하는 것이다. '이대녀'들이 체감하는 차별은 실재하는 것이기도 하다. 통계청에서 발표한 2020년 기준 남성 대비 여성 임금 비율은 67.7%이며 시간당 임금, 산업별 성격 등 성별 외의 다양한 변수를 고려하더라도 남녀 간 임금 격차가 뚜렷한 것은 사실이다(양지혜 2021). 맞벌이 가구의 1일 평균 가사 노동시간은 2019년 기준, 남성 54분, 여성 187분으로 3배 넘게 차이 났다. 2020년 육아 휴직자는 남성 27,423명, 여성 84,617명으로 여성의 육아휴직이 3배 이상 많았으며, 2021년 여성의 경력단절 사유는 임신·출산이 22.1%, 육아 43.2%, 자녀 교육이 3.8%를 차지했다. 남자아이가 더 살기 좋은 세상이라는 청년 여성들의 생각이 단지 그들의 느낌만은 아니었던 것이다.

성별에 따른 차별을 겪는 입장이므로 '이대녀'들이 페미니즘을 대하는 태도는 '이대남'과 확연히 다를 수밖에 없다. '이대남'들의 69.6%가 페미니즘을 '여성우월주의' 또는 '남성 혐오'로 생각하는 반면, 66.9%의 '이대녀'들이 생각하는 페미니즘은 '남녀에게 동등한 지위와 기회를 부여하는 운동'이다. '이대녀'들은 페미니즘에 호의적이며, 페미니즘적인 정책을 선호하고, 그중 50.8%는 페미니즘이 다양한 소수자와 폭넓게 연대해야 한다고 주장한다. 따라서 청년 여성들은 사회·경제적 불평등이 존재한다면, 경쟁에 있어서 각자의 출발점이 다르다는 점을 고려해야 한다는 생각을 공고히 가지고 있는 것으로 판단된다. 불평등한 분배가 이루어졌다면, 이러한 분배에 따른 이익을 국가가 개입해 가지지 못한 자들에게 나누어야 한다. 기울어진 운동장을 인식하고 이에 따른 불평등을 시정하는 것, 그리고 더 나아가 기울어진 운동장 자체를 시정하는 것이 '이대녀'들의 공정이다.

거주지 및 학력에 따른 공정

거주지에 따른 계층은 수도권과 비수도권으로 구분할 수 있는데, 거주지와 학력은 분리해서 볼 수 없는 요소다. 학력에 따른 계층은 최종 학력에 따라 '고졸자(최종 학력 고등학교 졸업)'와 대학에 진학한 '대졸자(최종 학력 대학 졸업)'로 나눌 수 있는데, 이른바 명문대로 여겨지는 대학들은 대부분 수도권에 위치하기 때문이다. 대학을 다니고 있는 20대 초중반의 청년들은 그들 자신을 '인서울(서울에 있는 대학)'과 '지잡대(지방의 잡스러운 대학)'로 구분 짓기도 한다.

우선 수도권과 지방의 청년들 사이에서 가장 두드러지는 차이점은 일자리의 질이다. 2022년 1월, 한국은행 부산본부의 '청년 실업의 경제적 비용 산정 연구'에 따르면, 부산·울산·경남 지역의 '청년 니트'는 약 21만 명으로 추정되었다. '청년 니트(Not in Education, Employment or Training, NEET)'란, 취업을 위한 노력을 하지 않고 취업 교육도 받지 않는, 사실상 취업을 포기한 청년들을 의미한다(김민주 외 2022). PK 지역의 청년 니트는 꾸준히 증가하고 있는

데, 그 원인은 지방의 열악한 일자리 환경이다. 2021년 8월, 통계청이 발표한 '부산 고용동향'에 따르면, 부산 지역 비정규직의 비율은 41.1%인 것으로 드러났다(김민주 외 2022).

비수도권 고학력자의 경우 거주지에서의 취업 기회가 적다. 충남연구원 김양중 연구위원과 충남일자리진흥원 석진홍 팀장의 연구 결과와 충남 청년통계보고서 등에 따르면, 충남 청년의 전출 원인 중 일자리 문제가 33.9%로 가장 많았다(조성민 2022). 2019년 한국고용정보원의 대졸자 직업이동경로 조사 분석 결과에서도 충남지역 대졸자의 서울, 경기 등 수도권 취업 비율이 64.4%를 차지했지만, 지역 내 취업 비율은 22.1%에 불과했다(조성민 2022). 고학력자들은 질 좋은 일자리를 찾아 수도권으로 거처를 옮기지만, 대학 비진학자들은 그마저도 여의찮다. 이들에게 일자리는 큰 경쟁 없이 주어지지만, 노력한 만큼의 보상이 주어지지 않는 경우가 대부분이므로 거처를 수도권으로 옮긴다고 문제가 해결되지 않기 때문이다.

이처럼 수도권과 비수도권, 대학 진학자와 비진학자들이 각각 겪게 되는 일자리의 환경은 천차만별이다. 편의를 위해 단순 일자리에 대해서만 비교했지만, 교육 인프라, 주거 등 그 영역을 넓힌다면 이들이 말하는 공정함은 더더욱 같은 의미일 수 없을 것이다. 비수도권에 있는 대학을 졸업했거나 수도권 대학을 졸업한 청년들에게는 질 좋은 일자리의 양이 절대적으로 부족하다. 반면 비수도권의 비진학 청년 입장에서는 일자리의 양보다는 질의 개선이 시급하다. 이들이 원하는 공정은 모두 정부가 개입해 일자리 불평등을 시정하는 것일지라도, 각자 구체적으로 원하는 바는 다른 것이다.

선별적으로 대표되는 청년 공정성
그렇다면 정치인들은 어떤 계층의 공정성을 대변하고 있을까? 결론부터 말하자면, 이들이 대표하는 2030세대는 '금수저', '이대남', '인서울', '고학력' 청년들이다. 분석의 편의를 위해 제20대 대통령 선거의 후보였던 당시의 여당 더불어민주당 이재명 후보와 당시의 제1야당 국민의힘의 윤석열 후보자의 청년 공약을 살펴보자.

먼저 소득에 따른 공정에 대해서는, 엄밀히 말하자면 이재명 후보와 윤석열 후보가 '금수저' 청년들이 말하는 공정을 대변한다고 말할 수는 없다. 오히려 '흙수저' 청년들의 공정을 대변하는 것에 가까워 보인다. 이재명의 경우 청년 기본소득 및 기본주택, 윤석열의 경우 취약 청년층을 대상으로 한 청년도약보장금을 약속했기 때문이다. 하지만 이러한 일회성 현금 지급이 경제적 취약 계층의 청년들이 원하는 진정한 공정은 아닐 것이다. 특히 이재명 후보가 내세운 만 19~29세 청년 모두에게 지급되는 보편 기본소득은 '금수저' 청년들에게도 지급된다는 점에서 경제적으로 하위 계층에 위치한 청년들의 입장에서는 오히려 불공정하다고 느껴질 수 있다. 경제적으로 풍족한 청년 입장에서는 공정도 불공정도 아니지만, 하위 계층의 청년 입장에서는 불공정으로 느껴질 수 있다는 점에서 이들이 대변하는 것은 '금수저'의 공정성에 가까워 보인다.

젠더에 따른 공정에서는 두 후보 모두 명시적으로 '이대남'의 공정성을 대표한다. 윤석열 후보는 SNS를 통해 여성가족부를 폐지를 약속했고, 10대 공약 중 7번째에 "청년이 내일을 꿈꾸고, 국민이 공감하는 공정한 사회 – 여성가족부 폐지"를 내걸었다. 이재명 후보는 여성가족부를 존치하더라도 명칭을 '성평등부'로 수정해 성평등에 주안점을 두겠다는 발언을 이어 나갔다. 이는 모두 '여성'이라는 명칭을 내건 부처에 반감이 있는 청년 남성의 반페미니즘적 성향을 고려한 행보다. 여성가족부는 성별 문제에 국한되지 않고, 사회에서 배제된 다양한 층위의 사람들을 지원하는 부처인데(한기호 2022), 해당 부처의 폐지나 개편을 주요 공약으로 내세운다는 것은 '진정한 능력주의'를 기반으로 결과적 불평등을 당연시하는 청년 남성들의 공정성 의미를 수용한 것으로 보인다. 또한, 두 후보의 병사 봉급 월 200만 원 수준까지 인상, 윤석열 후보의 성범죄 무고죄 처벌 강화 등은 명백히 청년 남성들의 요구에 초점을 맞춘 공약들이다. 윤석열 후보가 일부 남성들이 피해를 보고 있다는 명목하에 주장한 성폭력 무고죄의 경우, 성폭력 무고로 유죄 판결이 선고되는 사례는 극히 소수다(윤덕경·김정혜·천재영·김영미 2019). 실효성 있는 정책이라기보다 '이대남'들의 마음을 사로잡기 위한 공약이었다. 이재명 후보는 SNS에 반페미니즘적 내용을 담고 있는 남초 커뮤니티 '디시인사이드'의 게시글을 공유했고, 이에 대해 "청년들의 절규를 전하고 싶었다"라고 설명했다. 해당 글의 내용은 페미니즘을 깨부수어 달라는 청년들의 요청에 응답하는 정치인을 지지하겠다는 내용이었다.

나아가 윤석열 후보는 원자력 기술 강화를 통해 환경보다는 개발을 중요시하는 2030 남성 세대의 담론을 적극적으로 수용하는 모습을 보여주고 있다. 청년 여성들이 공정하다고 생각하는 페미니즘 정책, 사회적 소수자에 대한 차별 금지, 다양성 존중 등에 대한 공약은 찾아보기 힘들다. 다만 이재명 후보 측의 경우, 뒤늦게 여성 유권자를 겨냥한 전략을 펼쳤다. 진보 성향의 유튜브 채널 '닷페이스'에 출연해 청년 여성들과 성평등에 관해 대화하고, N번방을 최초로 밝힌 추적단 불꽃의 박지현 씨를 더불어민주당 여성위원회 부위원장 겸 디지털성범죄근절특별위원회 위원장으로 임명했다. 과거 당 의원들의 성폭력 전력을 만회하고 당의 쇄신을 꾀하겠다는 의지를 보여준 것이다. 그러나 대통령 선거 이후 뚜렷한 변화는 보이지 않았다. 선거 이후 비상대책위원장에 발탁되었던 박지현은 6월 지방선거 이후 선거 패배의 책임을 지고 사퇴했다. 최근 인터뷰에 따르면, 박지현의 영입 당시 이재명 후보가 약속했던 '성범죄 피해자 원스톱 지원센터 전국 활성화 추진'은 전혀 지켜지지 않고 있다.

　마지막으로 거주지와 학력에 따른 청년 계층의 공정에 대해서, 이재명 후보는 "일자리가 경제이고, 복지"라며 디지털·에너지·사회서비스 대전환을 통한 일자리 300만 개 이상 창출, 임기 내 청년 고용률 5%p 상향 등을 약속했다(박소희 2022). 하지만 대체로 수도권 고학력자들에게 기회가 주어지는 대기업과 중소기업 간 일자리 격차, 대학 비진학자의 노동환경 개선 등에 대한 문제를 어떻게 다룰지는 미지수다. 어떠한 일자리가 어떤 지역에서 창출될지 구체적인 방안이 없는 상황에서 비수도권 및 대학 비진학 청년들은 또다시 소외된다. 또한, 그가 대전환 과정에서 노동자들의 소외나 노사 갈등을 막기 위해 '정의로운 일자리 전환'을 보장하면서도, 이것이 '큰 정부'를 의미하는 것은 아니라는 점을 확실히 하고 있다는 점이 흥미롭다. 경쟁시장에서 정부의 개입을 원하지 않는 '금수저' 및 '이대남'들의 공정성이 투영되는 것을 다시 한번 확인할 수 있는 지점이다. 윤석열 후보의 경우 청년 일자리 관련 정책에서 민간 주도 일자리 창출에 방점을 두고 있다. 그는 융합 산업 분야, 디지털 전환 등에 투자할 것이며, 미래 경쟁력이 있는 중소기업에 대한 지원을 아끼지 않겠다고 약속했다. 정부의 개입보다는 민간시장에 맡긴다는 점에서 능력주의의 경향이 드러난다. 또한, 이재명 후보의 경우와 마찬가지로 수도권과 비수도권의 불균형성 및 '대졸자'와 '고졸자'의 일자리 환경 차이를 고려하지 않은 두루뭉술한 공약이라는 점에서 지방의 대학 비진학자들이 주장하는 공정성의 의미는 찾을 수 없다.

'진정한 능력주의'의 포퓰리즘적 성격

　전반적으로, 정치권의 주요 정치인들이 달성하고자 하는 이 사회의 '공정성'은 능력주의를 의미하는 것으로 보인다. 이들이 주장하는 공정성이란 능력주의, 그것도 각자의 순수한 능력만으로 경쟁한다면 그것이 곧 공정이라는 '진정한 능력주의'라고 할 수 있다. 2030세대의 금수저이고, 남성이며, 인서울 대학을 졸업한 청년들의 요구가 정치인에 의해 대표되는 것 자체는 문제가 되지 않는다. 선거에서 한 표를 행사한 대한민국의 국민으로서 이들은 정치인을 통해 본인의 이해를 관철할 권리가 있기 때문이다. 그러나 '진정한 능력주의'에 기초한 공정성이 정치권에서 대표되는 현상에는 두 가지 문제점이 있다.

첫째, 대표하는 정치인의 방법이 포퓰리즘적이어서, 주류 청년 계층의 공정성이 대표되는 동안 나머지 청년 계층은 소외된다. 이들은 특히 청년세대를 젠더적 계층으로 양분화해 적대적 관계를 형성했다. 윤석열 후보는 청년 남성의 반페미니즘 정서를 이용해 청년 여성을 확실히 배척함으로써 지속적이고 전략적인 정치적 양극화를 추구했다. 자신을 지지하는 청년 남성 계층을 인민으로 규정해 그들의 이해관계를 관철하는 것을 최우선 요소로 삼되, 청년 여성을 반인민적 집단으로 상정해 남성과 여성의 적대적 관계를 형성한 것이다. 이재명 후보의 행보 역시 청년 여성과 남성 집단을 뚜렷하게 구별했다는 점에서 마찬가지라고 볼 수 있다. 나아가 윤석열 후보의 '여성가족부 폐지' 공약은 자유주의적 제도 무력화의 시작이 될 여지가 있다. 여성가족부 예산의 70% 이상이 청소년과 가족을 위한 정책에 사용됨에도 불구하고(권세진 2022), 단지 청년 남성 대부분이 반페미니즘을 공정이라고 여긴다는 이유만으로 행정부의 부처가 하루아침에 없어질 수 있다면, 이는 포퓰리즘의 시발점임이 자명하며 다원적인 사회로의 이행에 걸림돌이 된다.

두 대통령 후보 외에 '진정한 능력주의'가 곧 공정이라고 주장하는 이준석 전 국민의힘 당 대표 역시 포퓰리즘적인 면모를 보여주고 있다. 그는 반페미니즘 성향을 적극적으로 드러내며 청년 남성들의 폭발적인 지지를 받아 '0 선' 국회의원임에도 단숨에 제1야당의 대표 자리를 차지했다. 이러한 행보는 '이준석 현상'이라는 용어까지 만들어냈다. 이준석은 여성가족부 폐지 적극 주장, GS25 편의점 포스터 손가락 모양이 남성 혐오라는 남성 커뮤니티 의견을 수용한 SNS 글 작성, '정치적 올바름' 반대, 성별 할당제로 뽑혔다는 이유만으로 여성 장관 비판 등의 행보를 통해 '이대남'들을 적극적으로 대변하고 있다. 그가 주장하는 것이야말로 '진정한 능력주의'라고 볼 수 있다. 그는 정부가 개입하지 않는 무한 능력 경쟁이 공정하다는 주장을 통해 '이대남'과 경제적 상위 계층 그리고 고학력자만을 대표하는 것이다. 지속적이고 정치적인 전략을 통해 '젠더 갈등' 및 경제적 양극화를 초래하고 있으며, 소수 집단의 자유를 무력화하고자 하는 행동은 전형적인 포퓰리스트의 모습을 닮았다. 이러한 과정을 통해 특정 계층의 청년이 과대표 되는 동안, 경제적 하위 계층, 청년 여성, 비수도권의 저학력자들은 과소대표 된다.

둘째, '진정한 능력주의' 자체가 허상이다. '능력'이라는 것은 하나의 객관적인 잣대로 정의 내릴 수 없기 때문이다. 타고난 재능은 능력의 범주에 포함되는가? 어디까지가 '타고난' 재능이고, 어디까지가 후천적 노력을 통한 능력인가? 그렇다면 부모님의 재력, 나고 자란 환경 등도 능력이라고 할 수 있는가? 천재적인 두뇌를 타고났지만, 경제적 여건으로 인해 재능을 마음껏 펼치지 못하는 자는 무능력한 것인가? 이처럼 모든 이들의 출발점과 환경은 각기 다르므로 능력을 평가하는 하나의 기준을 만드는 것은 불가능하다. 애초에 불가능한 '완벽한 능력주의'를 쫓는 것은 경쟁의 과열과 함께 모두를 불행으로 이끄는 길이 된다.

'진정한 공정'이 아닌, '다양한 공정'으로의 노력

서두에서 던졌던 세 가지의 질문으로 돌아가 보자.

첫째, 공정을 주장하는 청년 계층은 과연 단일한가? 각기 다른 계층의 청년들이 생각하는 공정의 의미는 무엇인가? 'MZ 세대'로 불리는 2030 청년세대들은 결코 단일한 존재가 아니다. 이들을 각각 경제적 수준, 젠더, 거주지 및 학력으로 구분해 계층화했을 때, '금수저', '청년 남성'은 절차적 공정이 담보된다는 전제하에 개인의 합리적인 선택을 중시했고, 이에 대한 정부의 개입을 달가워하지 않았다. 반면 '흙수저', '청년 여성'은 정부의 개입으로 사회적 불평등을 겪는 계층에게 최소한의 이익이 배분되는 것이 공정이라고 여겼다. 수도권/비수도권, 고학력자/저학력자 역시 비슷한 의견이었지만, '대졸자'와 '고졸자'가 원하는 정부 개입의 형태는 내용상으로 다른 모습을 보였다.

둘째, 현 정치인들이 대변하는 청년의 공정함이란 어떤 계층의 것인가? 그들이 대표하는 것은 2030세대 중 경제적으로 상위 계층, 남성, 수도권, 대학을 졸업한 청년들의 공정함이다.

셋째, 정치인들이 경제적 상위 계층과 20대 남성의 '공정함'을 대변하는 과정에서 포퓰리즘으로 볼 수 있는 행위는 없는가? 완벽한 포퓰리스트라고 볼 수는 없지만, 정치인들이 내세우는 각종 공약과 정책을 살펴봤을 때 포퓰리즘적 성격을 띤다고 할 수 있다. 이는 이들이 대표하지 않는 청년들을 사회가 더욱 배제할 수 있다는 점에서 위험하다.

비록 능력주의가 보편적인 공정성으로 대표되고 있지만, 무한한 경쟁에서 비롯된 불안이 원동력이 되는 사회를 진정으로 원하는 청년들은 없을 것이다. 다양한 개개인을 고려하지 않은 채 능력주의를 공정으로 삼는 사회는 젊은 세대들에게 행복보다는 불안을 주입하는 사회가 될 뿐이다. 결국 지금의 능력주의 공정으로는 청년들이 원하는 '나의 행복을 보장하는 사회'를 만들 수 없다. 표면적으로는 대표되고 있는 것 같아도, 결국 다양한 계층의 청년이 바라는 각각의 공정은 그 어디서도 대변되고 있지 못하고 있다. 많은 시간이 소요되더라도, 당장은 가시적인 변화가 없는 것 같아도, 수많은 논의를 통해 청년들의 다층적인 목소리를 듣는 사회가 결국 '진정한 공정'을 완성할 것이다. 따라서 한국의 정치인들은 더 늦기 전에 '진정한 능력주의'의 허상에서 벗어나야만 한다. 그러한 점에서 샌델의 말이 더욱 인상 깊게 다가오는 요즘이다. "사회가 능력주의로 경도되어 일과 자아에 대한 자존감을 잃어버리고, '절망 끝의 죽음'으로 몰리지 않기 위해서는 서로 공동의 공간에서 공동선에 대해 끊임없이 논의해야 한다."(김상태 외 2021: 249)

이분법적 젠더론의 관점에서 바라본 청년세대의 불안 : 내러티브 기법을 활용해 들여다본 청년들의 설움

조성빈

한국 청년세대가 표출하는 불안의 양태와 불안감을 포착하기 위한 연구

한국 청년세대가 표출하는 불안의 양태

한 가지 고민을 해본다. 청년은 누구인가? 청년의 연령에 대한 기준은 여러 준거를 통해 결정될 수 있다. 청년에 대해 분석하는 국가기관 등에서는 만 20~39세로 정의하기도 하고, 연구자들은 20대로 정의하기도 하며, 어떤 이에게 청년은 (그의 나이가 얼마나 되었든) 자기 자신으로 정의될 수 있다. 따라서 나는 청년을 다음과 같이 정의한다. 청년은 이 글을 읽고 있는 그 누구든 될 수 있으며, 자신이 청년이라고 생각하는 모든 이에게 이 글의 분석 내용은 적용될 수 있다. 따라서 이 글은 청년을 일차원적 준거인 나이로만 판단하려는 목적을 지니지는 않는다. 나이로만 표현되는 청년세대가 느끼는 불안이 타 세대에게 없는 감정이 아닐뿐더러, 기존의 정치 어법으로 정의된 청년세대가 느끼는 불안을 같이 느끼며 삶을 살아갈 수도 있다. '젊은이'로 표상되는 청년세대의 불안은 전통적 기성세대에게 적용되기도 하기 때문이다. 다만 자신 스스로를 청년으로 정의하는 모든 사람이 청년일 수 있다는 주장의 연장선에서, 현실적 문제로서 이 글을 쓰는 나는 '나'를 청년으로서 존재하게 하는 주변부의 영향을 받아 이를 중심으로 이야기를 전개한다. 그렇기에 이 글은 20대를 대상으로 한 연구적 성격의 에세이로, 특정한 집단의 이야기이지만, 점차 그 내용이 전개되며 물감이 번지듯 확장되어 이 글을 읽는 모든 독자에게 비로소 '나'의 이야기가 된다.

한국 사회 청년세대의 불안은 단순한 '불안'의 감정뿐 아니라, 좌절과 분노로 점철되어 있다. 특히 사회에 의해 정의되는 '청년'들은 끼인 세대로 경제적 어려움을 겪으며 자신의 처지에 대한 불안을 표하고 있다. 경제적 어려움을 바탕으로 한 청년세대의 불안은, 이를 넘어 세대 간 갈등과 젠더 갈등, 소수자를 향한 혐오로 이어지고 있다. 자신들이 마땅히 차지해야 할 자리를 능력이 부족한 어떤 이들로 채워지고 있다는 오해 속, 청년세대는 방황한다. 그러나 청년세대에서 발생하는 폐단과 오해를 청년 각자의 탓으로 돌릴 수는 없다. 이는 제도의 문제이고, 사회의 문제이며, 우리 현실 정치의 문제다. 청년들에게는 많은 것들이 요구되는바, 윗세대에서는 청년들의 무게감에 대해 역설하고, 아랫세대에서는 청년들을 일종의 '어른'으로 파악하며 그들을 보며 성장한다. 한편 현실 정치 속에서 정치인들은 청년들의 표심을 얻기 위해 각종 공약을 내놓고, 이를 지키지 않음으로써 현실 정치로부터 청년들의 눈을 돌리게 한다. 또는 이를 지키더라도 청년들이 원하지 않는 방향으로 교묘하게 왜곡해 정책을 결정함으로써, 청년들을 속이며 자신의 지역구의 표심을 얻으려 한다. 이런 정치적 현실 속에서 자신을 지탱해줄 무언가가 없다는 불안, 그 감정은 좌절과 분노로 발현되고, 특히 분노는 자신과 비교 가능하다고 판단하는 대상에게 향한다. 비교 가능성의 측면에서 과거의 영광과 현재의 불행을 대비하며 드러나는 세대 갈등, 다른 성별과의 차이 및 차별이 가시화되며 나타나는 젠더갈등 등이 그 예라 하겠다. 통합적 관점에서 청년세대의 불안정성을 구성하는 요소들이 청년들의 행복감에 미치는 영향을 분석한 한승현·임다혜·강민아(2017: 114)는 희망감과 미래 무망감으로 청년들의 행복에 미치는 요소를 측정했다. 이들은 청년들의 행복에 영향을 미치는 불안정성의 요소를 건강 상태와 가구 소득수준, 사회적 지지의 결핍과 통제 권한의 부재라는 점을 밝힌 바 있다. 이 요소들은 청년 개인이 해결할 수 없는 문제로, 말하자면 청년세대가 현재 느끼는 불안은 전 사회가 책임져야 할 많은 것들을 책임지지 않은 결과라 할 것이며, 청년들은 사회의 무책임함에 환멸을 느끼고 이에 대한 불안과 좌절, 분노로써 타인을 공격하고 자기 삶을 한탄한다. 그리고 이와 같은 행동 양식은 또다시 청년세대의 '잘못'으로 여겨지며 청년세대를 더욱 자극하는 사회적 기제가 됨으로써 악순환으로 나타난다.

내러티브 방법을 통해 보는 젠더 갈등

여기서 나는 청년세대의 불안이 발현된 결과로서 발생하는 '젠더 갈등'에 초점을 맞춘다. 전술했듯이 청년세대가 느끼는 불안의 발현 종류는 많은 것으로 나타나지만, 청년세대의 불안을 정의하고 분석하는 데에는 여성과 남성을 구분해 각각이 느끼는 불안과 그 외의 심리적 영향들을 분석할 필요성이 존재하고, 두 젠더 간 긴장감과 갈등을 포착할 필요성이 존재하기 때문이다. 다원화된 사회 속에서 다양한 이해 집단들이 얽히고설켜 자신들의 요구를 외치는 이 순간, 우리는 청년세대를 마냥 나이로만 구분할 수 없고, 각각의 외침을 듣고 이에 관한 고민을 해야 한다. 특히 젠더 갈등은 비교적 최근 점화된 사회적 갈등으로 그 심화 정도가 다른 갈등에 비해 심하다고 판단된다. 이 에세이에서 내가 주목하는 젠더 갈등은 이분법적인 젠더 관념을 기준 삼아 여성과 남성을 구분하고, 이를 바탕으로 그들 각각의 삶의 애환이 담겨 있는 이야기에 주목한다. 청년들 각각의 삶의 애환을 담은 이야기를 기술하기 위해 나는 내러티브 연구 방식을 채택함으로써 이 원고의 성격을 반(半) 에세이, 반(半) 연구보고서로 규명해 이야기의 풍부함을 곁들여 보다 와닿는 글을 작성하고자 한다. 내러티브 연구 방법이란 일종의 이야기 진술 기법으로, 개인의 생애를 탐색하고 추적함으로써 사회적 문제를 탐구하기 위해 활용되는 질적 연구 방법이다. 내러티브 연구 방법은 연구 참여자의 성장 환경 및 경험을 연구자와 연구 참여자가 함께 시간의 흐름에 따라 짚어가며 역행하는 일종의 경험 추적 연구 방법이라 할 수 있으며, 이에 연구 참여자의 깊이 있는 경험과 감정을 끌어낼 수 있다. 내러티브 연구 방법은 이야기의 힘에 집중한다. 내러티브 연구 방법에서 사용하는 스토리텔링 기법은 주요 사건이라 칭할 수 있는 기억 및 기록으로 형성된다. 이야기가 가장 기억나는 경험을 상술하듯 주요 사건들을 언급하는 내러티브 연구 방법은 결국 가장 기억나는 사건과 인상을 반영한다(Webster & Mertova 2017: 163). 나는 개인의 삶을 구성하는 환경적 요인이 모두 다를 수 있음에 주목하고, 젠더 간 인식 및 경험, 동일 젠더 내에서의 다양한 의견 및 경험을 탐구하기 위해 페미니즘(Feminism)에 우호적이라고 스스로 정체화하는 남성과 여성 각각 두 명, 비우호적이라고 정체화하는 남성과 여성 각각 한 명, 크게 신경 쓰지 않는다고 정체화하는 남성과 여성 각각 한 명을 섭외해 1:1 대면 면담을 진행했다. 각자의 삶 속 이야기에 집중하기 위해 개방형 질문을 택했고, 필요한 경우 추가적인 질문을 함으로써 연구에 효과적인 답을 들을 수 있었다. 개방형 질문은 이 원고의 선행 문헌 탐구에서 나타난 소주제를 구체화해 사용했다. 예를 들면 "불안의 경험 중 가장 오래된 기억은 무엇입니까?, 구직 단계 또는 구직 후에는 어떤 어려움을 겪으십니까?" 등의 질문으로 내용을 구체화했고, 각 연구 참여자가 처한 상황에 맞게 질문을 유동적으로 활용했다.

이 연구의 연구 참여자 모집 장치는 가능한 한 다양한 의견을 듣기 위해 설계되었을 뿐, 편견을 강화하기 위한 목적이 아니기 때문에 면담 내용 인용 시에는 페미니즘에 대한 옹호도 정도는 표기하지 않았다. 이어지는 내용은 먼저 탐색한 문헌의 주장을 제시하고, 이에 연구 참여자들이 공통으로 답한 내용 또는 주제에 적합한 내용을 발췌해 인용하는 방식의 기술 방법을 활용해 작성했다.

한국 청년세대 불안의 원초 기제와 일차적 발현으로서 심리적 갈등

작금의 청년세대가 느끼는 주된 불안은 '경제적 불안', 즉 취업과 관련한 불안임은 주지의 사실이다. 왜 청년세대는 이토록 불안해하는 것일까? 그 원인을 찾기 위해서는 청년들이 자라온 삶의 환경을 성찰해야 한다. 청년세대의 공통점이 취업에 대한 불안이라면, 청년세대의 성장 환경의 공통점을 추적해 발견 및 성찰함으로써 그 원인을 찾을 수 있을 것이다. 이런 점에서 모든 청년이 직간접적으로 경험한 제도는 학습에 관한 것이라 할 수 있으며, 이는 교육으로도 표현될 수 있다. 이 공통점을 바탕으로 생각해봤을 때 청년세대 불안의 근본적 원인은 교육에 있을 수 있다.

교육은 모든 이에게 희망감을 주는 것이어야 한다. 또는 희망을 찾을 방법을 가르치는 것이어야 한다. 그러나 근대 학교 제도의 탄생부터 지금까지 한국 교육은 학생들에게 좌절만 주고 있다. 성공보다는 실패의 경험을 가르침으로써, 청년들은 서로 협력할 생각보다는 경쟁할 생각을 먼저 하게 된다. 청년들은 학벌의 중요성을 강요하는 사회에서 살아가며 누군가를 밟고 올라야만 획득할 수 있는 '좋은' 대학 간판을 위해 치열한 입시 경쟁을 치른다. 이르면 초등학교, 늦으면 고등학교부터 시작되는 입시 경쟁 속에서, 학교는 또래 학생과 협력하고 서로 도울 것이 아닌 어떻게 하면 살아남을지를, 어떻게 하면 경쟁에서 승리할지를 교육한다. 학교 교육으로부터 이미 경쟁의 모든 요소를 학습하고 경쟁에서의 승리를 위한 요건을 갖춘 청년들은 능력주의를 내면화하고 불안의 감정을 안은 채 성인이 된다. 이들은 타인보다 더 나은 삶을 살기 위해 노력하고, 그 노력 속에는 누군가를 이겨야 한다는 의식이 가득 차 있다. 더 좋은 대학을 나와 학벌을 획득하고, 더 나은 직장에 취직하기 위한 사투 속에서 불필요한 잡음이 발생한다. 아니, 이는 어쩌면 불필요한 잡음이 아니라 청년세대의 불안감을 극적으로 표현하는 장치일 수 있다. 임윤서(2018: 113)는 청년세대의 삶을 생존(survival)으로 보기도 했다. 청년들은 각자도생의 시대에서 도태되지 않고 살아남기를 꿈꾸는 자들로서, 생존이 급선무가 되어 스스로 변화시켜야 하는 행위자가 되었다. 그리고 그 변화를 강요한 것은 우리의 교육이다.

"제가 그러니까 재수했잖아요. 현역 때 H대에 갈 성적이 나왔는데 수능으로. 근데 이제 저는 솔직히 H대 만족했거든요. 저는 좀 만족했는데 부모님이 "내가 그러려고 너 이렇게 공부시킨 줄 아냐?"라고 말씀하시면서 못해도 A대. A대도 사실 성에 안 찬다는 식의 말씀을 하셨고, 나중에 이제 한 20세 넘어서 술을 마시거나 할 때 약간 그런 이야기가 나오면 부모님 목표는 SKY*였다는 것을 좀 알 수 있었죠."(박서함[가명], 만 23세, 남성, 대학생, 2022.

---

* 서울대학교, 고려대학교, 연세대학교의 영문 명칭의 앞 글자를 따 만든 일종의 은어다. Seoul National University, Korea University, Yonsei University의 앞 글자 하나씩을 따 SKY라고 한다. 이는 이중의 의미를 갖는 은어로, 첫 의미는 단순히 앞 글자를 딴 줄임 말 정도가 되지만, 정상에 가고자 하는 인간의 욕망이 담긴 '하늘'이라는 뜻의 의미로도 활용되어 우리나라 학벌주의를 매우 노골적으로 보여주는 표현이기도 하다.

"(좋은 대학에) 사실 내가 나 스스로 가야겠다라고 생각하지 않아도 너무 당연한 이미 … 만들어진. 사회적으로 만들어져 있는 가치였기 때문에 나는 그것을 따르지 않으려면 내가 그것 말고 더 확실한 성공할 수 있는 대안을 만들어서 제시해야 했는데, 사실 그러기에는 또 배짱이 없기도 했고 계획도 없었고 아는 것도 많이 없었고. 그래서 어쩔 수가 없었죠. 다른 것을 하면 … 내가 세상을 바꿔야 하니까. …(중략)… 동생의 남자친구도 동생이랑 같은 상황에 부닥쳐서 (취업) 준비하고 있어요. 동생 남자친구도 차근차근 준비하고 있는데, 동생은 그것을 진심으로 응원하고 축하해주고 격려해주기가 너무 어렵다는 거예요. 같은 상황에 부닥쳐서."(황영선[가명], 만 23세, 여성, 대학원생, 2022. 07. 14. 면담)

박서함(가명) 씨는 고등학교 시절부터 부모님의 압박을 받으며 학업 생활을 지속해왔다. 이는 그가 재수할 때까지도 이어지는데, 그의 부모님은 그에게 'SKY'를 원한다고 명확히 표현했다. 한편 이는 박서함 씨만의 경험은 아니었다. 황영선(가명) 씨는 고등학교 시절 성적이 떨어지자 기숙사에 있던 본인에게 부모님이 전화를 걸어 '빨래도 하지 말아라' 등의 성적 압박을 받았다. 또한 박서함(가명) 씨와 황영선(가명) 씨 모두 일종의 '좋은 대학'에 대한 인식이 자리 잡혀 있었으며, 박서함(가명) 씨는 어느 정도 수준에서는 만족했으나 황영선(가명) 씨는 그저 갈 수 있는 가장 좋은 대학을 원했다. 황영선(가명) 씨는 자신이 사회를 못 바꾸니 이 사회에 적응하자는 식의 사회 순응형 태도를 보이기도 했다. 한편, 이 둘은 좋은 대학에 가기 위해 경쟁이 필수적이라는 사실을 인지하고 있었다. 현 교육제도는 그 자체, 즉 제도적으로 이미 학생들의 경쟁을 강요하지만, 비제도적으로도 사람들의 문화 속에 깊숙이 침투해 간접적으로도 경쟁을 강요한다. 그 결과, 황영선(가명) 씨 동생의 상황과 같이 비슷한 처지에 있는 친밀한 사이의 사람에게도 일종의 질투심과 비교의식을 느끼게 한다.

한국의 청년에게는 그들을 괴롭히는 공통적인 불안 요인들이 있다. 그 요인 중 유년 시절부터 가장 강력하게 작용하는 것은 경제적 요인일 것이다. 학벌을 위한 경쟁도 결국 "좋은 대학 가면 성공한다"라는 어른들의 말에 영향을 받기 때문이다. 기성세대가 보기에는, 그리고 실제로도 이전 세대들보다 청년세대가 살아가는 이 시대는 풍요로운 시대이지만, 청년들의 삶은 풍요가 아니라 '가난'으로 표현된다. 한국 청년세대가 경험하는 '가난'은 총체적이다(임윤서, 2018: 113). 또한, 이 가난은 물리적인 가난만을 의미할 뿐만 아니라, 마음의 가난까지도 의미한다. 청년세대 중 여성과 남성 모두 경제적 불안을 느낀다는 것은 확실하다. 따라서 경제적 요인을 포함해, 기타 불안을 주는 요인 중 강력하게 작용하는 요인들을 확인해본다. 다만 그 정도와 나머지 불안의 요인은 상당히, 또는 미묘하게 다를 수 있다.

포토보이스 기법을 통해 대학생들의 불안 경험을 분석한 임윤서(2018: 130)의 면담 내용 중 다음은 현 상황을 잘 설명한다. "불안은 사회적인 게 크다고 생각해요. 애초에 문제가 다 해결되어 있고 그런 상황이면 … 불안을 느낀다는 것 자체가 주변의 영향을 받는다는 것 같아요. 불안이라는 게 내부에서 일어나는 것은 좀 뭔가 이상한 인식인 것 같은데요."(연구 참여자 A) 그러나 무한경쟁 속에서 청년들은 자신들의 불안과 불행을 해소하기 위해 타인을 공격하거나 배제하기도 하고, 사회 전반의 구조적 문제를 쉽게 접하고 탓할 수 있는 젠더 문제로 환원하고, 젠더 분리를 통해 이분법적으로 인식한다. 경제적 불안을 해소하기 위해, 또는 사회적 불안을 느끼는 과정에서 청년세대는 여러 집단으로 나누어진다. 그 과정에서 집단의 분리뿐만 아니라 집단 간의 배척, 집단적 차별이 발생하기도 한다. 비교 대상(object of comparison)을 찾는 행위는 차별을 판단하는 데 핵심적(이준일 2021: 331)이기에, 청년세대 가운데에서도 비교 대상을 찾는 것은 차별의 핵심을 찾는 데에 중요한 기준이 된다. 여러 집단으로 나뉘는 경우는 계층적 이해관계, 각 개인의 사정 등이 포함되겠으나 청년세대를 집단으로 봤을 때는 젠더 간 차이와 갈등이 가장 심한 것으로 생각된다.

한국 청년 여성의 불안 요인

이 글의 핵심은 젠더에 따라 느끼는 감정의 요인 및 정도의 차이를 포착하는 것인바, 청년세대 여성이 느끼는 불안감의 요인은 다음과 같이 분류할 수 있다.

구직의 어려움으로 인한 불안

취업으로 인한 불안은 청년세대 공통으로 느끼는 불안감이라 설명할 수 있지만, 여성과 남성이 느끼는 불안감의 정도는 다를 수밖에 없다. 현대 사회에서 여성이 차별받고 있음은 다 아는 사실이나, 가시적인 차별은 이제 그 자취를 감추고 있다. 이는 취업시장(Job Market)에서도 마찬가지로 가시적, 즉 제도적으로는 여성에 대한 차별이 사라졌다고 말할 수 있다. 그러나 아직 취업시장에서는 비가시적이면서 미묘한 차별이 남은 것이 현실이다. 청년세대 노동시장 진입 단계에서의 성별 임금 격차를 분석한 유정미(2017: 114)는 성별 소득 격차가 청년세대 고용 젠더 격차의 심각성을 가장 극적으로 나타내고 있다고 주장한다. 이들에게는 청년세대이기 때문에 느끼는 불안과 함께, 여성이기 때문에 당할 수 있는 차별에 의한 불안이 공존한다. 이준일(2021:

306)에 따르면 차별은 첫째, 차이가 없는 동일한 비교 대상에 대해 차등적으로 대우하면서 정당한 근거가 없는 경우(합리적 이유 없이 같은 것을 다르게)를, 둘째, 차이가 있는 상이한 비교 대상에 대해 동등한 대우를 하면서 합리적 이유가 없는 경우(합리적 이유 없이 다른 것을 같게)를 의미한다고 논증했다. 청년 여성들이 구직 과정 및 이후에 겪는 차별은 첫째의 차별에 가깝다.

"음 … 그 불안(취업 후 여성 차별에 대한 불안)이 있었기 때문에 제가 결정적으로 공무원이라는 직업을 좀 더 택한 부분도 있고요. 사실 지금 공무원을 이제 잠시 쉬고 대학원에 진학할까 생각해요. 그래서 이제 박사 과정까지 생각하는데, 그 이후에 제가 다시 공무원으로 돌아갈지, 아니면 그 박사 과정을 갖고 새로운 직업을 가질지를 선택하게 될 것 같아요. 근데 그때도 이 이슈가 중요한 고민이 될 것 같아요. 제가 음 … 프리랜서로 일하면서 아이를 기르는 것과 공무원으로서 고용의 안정성과 육아휴직을 보장받고 일하는 것이 얼마나 다른지 좀 알기 때문에요."(한사람[가명], 만 22세, 여성, 공무원, 2022. 07. 13. 면담)

"일하면서는 되게 만족하는 게, 우리 회사가 지금 6명 중 1명 빼고 다 여자예요. 그래서 아주 나이스한 환경에서 일하고 있고요. 근데 그것을 되게 행복해하는 제가 사실 조금 슬퍼요. 제가 이야기했어요, 다른 사람들한테. 저는 회사가 너무 좋아요. 왜냐하면 여자들밖에 없어서요. 그게 제게 너무너무 큰 메리트고, 여자들끼리 일하는 게. 제가 사실 프리랜서를 결심하게 된 이유는 사실 저는 남성 대표에 대한 그런 공포랑 불안이 있어요. 왜냐하면 제가 알바를 할 때 그런 대표(아르바이트 직장에서 일상적으로 성희롱하던 대표)를 만났지, 그 성희롱하는 그 A사 대리점 직원도 만났지, 그러니까 제가 좀 이것을 지금 알바인데도 이렇게 말하기가 힘든데, 나중에 직장생활 할 때 이런 일을 당하면 저는 어떻게 해야 하는지 되게 고민인데, 이것을 제가 개인으로 해결할 수 있는 것도 아니고. 사회가 바뀌기를 언제 기다려요. 그래서 저는 누구 남자 대표나 남초 회사나 그런 데 가지 말고 그냥 혼자 벌어 먹고 살아야지 이렇게 생각해서 사실 프리랜서를 하려고 했었어요."(김가람[가명], 만 26세, 여성, 직장인, 2022. 07. 06. 면담)

한사람(가명) 씨는 구직 단계에서부터 비교적 성별 간 차별이 없거나 낮다고 여기는 공무원 임용을 생각해 기업 취직과 공무원 준비를 고민하던 중 공무원을 선택했고, 이후에도 면담 내용에 드러나듯 육아휴직 등으로 인한 경력단절 등을 고민하며 기업 취직에 대해서도 깊은 고민을 하고 있었다. 이는 차별의 첫째 기준인 '합리적 이유 없이 같은 것을 다르게' 취급하는 현 사회의 문제를 정확히 보여준다. 여성과 남성의 업무 수행 능력 등이 신체적 능력을 활용하는 특수한 경우를 제외하고는 전무함에도 불구하고(실제로 한사람 씨 또한 여성과 남성의 성별 구분이 불요한 직종에 속해 있다), 여성이라는 이유로 차별받을 것을 우려해 공무원을 선택했다는 점에서 차별의 첫째 기준을 충족한다고 할 것이다. 육아휴직 등으로 인한 경력단절의 경우에도 남성에게도 해당함이 마땅하나, 실제 현실은 육아의 부담을 여성에게 몰아주는 경향이 있고, 육아휴직을 여성과 남성 모두 사용하더라도 여성만이 경력단절을 경험하는 경우가 많다. 그 때문에 취업 후에도 여성은 첫 번째 차별의 기준을 충족하는 성차별의 대상이 되고 있다고 말할 수 있다. 김가람(가명) 씨는 남성들이 많은 집단에서 업무를 보는 것에 대한 큰 두려움이 있어 회사 취직을 고려하지 않고 프리랜서의 삶을 희망했지만, 우연한 기회로 여성들이 많은 집단에서 업무를 볼 수 있었다. 김가람 씨가 프리랜서를 희망해왔던 것과 현재 여성들이 많은 집단에서 근무하는 것에 만족하는 (김가람 씨의) 태도는 남성들로부터 많은 성폭력*과 대상화를 당한 결과로써 생기는 방어기제라 하겠다.

유정미(2017: 114-139)는 차별적 보상으로 남성이 이익을 보는 정도(남성 프리미엄)와 여성이 불이익을 받는 정도(여성 패널티)를 전제로 연구를 진행한 바 있다. 실제로 해당 연구에서 자료로 활용한 『대졸자직업이동조사(GOMS)』를 통해, 유정미는 성별 변수를 포함한 전체 분석에서 여성은 남성보다 10.8%p 임금을 적게 받는 것으로 분석했다. 심지어 임금 수준이 가장 높은 전공계열이라도 약 10%p는 여성의 임금이 남성보다 낮다는 점은, 여성이 취업시장에서 남성보다 차별받고 있음을 의미한다. 구직 후 여성들은 경제적 요인 외에도 다양한 성차별을 경험하고 있다. 여성들은 여성이라는 생물학적 이유만으로 취업 등 경제적 영역에서 부당한 대우를 받는 가시적 성차별 및 성희롱과 같은 명백하고 가시적인 성차별뿐만 아니라, 성차별이 거의 사라졌다는 그릇된 인식하에서 은밀하면서도 모호한 방식으로 변모하고 있는 성차별까지 경험하고 있다(한국여성민우회 2017; Sue 2010[김예은·연규진 2018: 500]에서 재인용).

사회적 시선에 의한 불안

사회적 시선은 '여성'에 대한 사회적 시선을 의미한다. 이는 여성성을 강요하는 사회적 잣대를 포함하는 개념으로, 불과 몇 년 전 청년 여성들 사이에서 널리 공유되었던 단어인 '시선 강간'을 포함한다고 할 것이다. 시선 강간이라는 표현은 남성들이 여성들의 외형 및 외모를 보고 평가하는 행위를 의미하는 것으로, 예를 들어 남성들이 특정 여성의 머리부터 발끝까지를 눈짓으

* 나는 성폭력의 위계를 나누는 것에 반대한다. 성폭력의 위계를 나누는 이들은 성폭행, 성추행, 성희롱의 순으로 성폭력의 위계를 나누어 판단하지만, 나는 성폭력은 그 위계를 구분하지 않아도 모두 범죄이고 윤리적 문제가 발생하는 것이라 보고, 모든 종류의 성폭력을 '성폭력'이라 기술한다.

로 본다든지, 이를 다른 남성들과 공유하며 평가하는 등의 행동을 의미한다.

"그런 것도 있잖아요. 일베에서 쓰는 드립 같은 것들, 예를 들어 운지라든가 뭐 ~노라든가. 그런 거를 자연스럽게 쓰는데, 이제 저는 그게 좀 쓰는 거 자체가 굉장히 꺼려지거든요. 그런 거를 쓰면서 깔깔 웃는 분위기라든가. 제가 들었던 정말 충격적인 말 중 하나가, 같이 24세였던 사람이었는데, "근데 저희 세대에서는 이런 말 쓰는 게 하나의 문화 아닙니까?" 사람 비하하는 것이 "그냥 재미있어서 그냥 쓰는 문화죠"라는 말을 들었을 때 굉장히 큰 충격을 받았거든요. 왜냐하면 저는 한 번도 살면서 그런 말을 써본 적이 없거든요. 그런 말이 어떤 식으로 나왔는지를 아는데, 그런 것을 하나의 문화, 우리끼리 그냥 웃고 즐기기 위해 쓰는 용어라고 말을 하는 것 자체가 굉장히 저한테는 낯설었는데, 사람들이 거기에 대해서 딱히 뭔가 이상하게 생각하지 않는다는 것이 저한테 굉장히 큰 충격이었고 ⋯ 그리고 흔히 남자들끼리 있으면 나오는 여자에 관한 이야기들이나 그런 게 좀 ⋯ 이것은 군대 있을 때 이야기인데요. 군대 있을 때 이제 같이 아이돌 뮤비 같은 것을 보면 뮤비 같은 거 보면 그런 이야기를 많이 하죠. 몸 평가부터 시작해서 얼굴 평가라든가 이런 것을 굉장히 자연스럽게 합니다. 쟤는 통뼈여서 살이 잘 붙는 체형이니, 쟤는 자고 일어나면 붙겠너라는 것부터 시작해서 ⋯ 약간 성희롱 같은 발언들이 많죠. 근데 제가 굳이 거기에 말을 얹고 싶지 않아요. 그러다 보니까 자연스럽게 그런 대화를 안 하게 되는 것도 있고, 그래서 제가 불편해서 피하는 것도 있는 것 같아요."(박서함[가명], 만 23세, 남성, 대학생, 2022. 07. 01. 면담)

여성들은 왠지 모르게 낯선 남성이 접근할 때 경계한다. 특정 남성이 그 여성들에게 어떠한 피해를 줄 의도를 지니고 있지 않을 때도 여성들은 낯선 남성들이 접근하는 것을 차단하려 한다. 이와 같은 현상에 대한 원인은 잦은 성적 대상화에서 찾을 수 있다. 여성들이 밤거리를 조심스럽게 다니는 행동, 치마를 입었을 때 계단을 오르며 치마 뒤편을 가리는 행동, 노출이 있는 의상을 입었을 때 몸을 가리는 행동, 늦은 밤 귀가할 때 가족에게 데리러 와 달라고 부탁하는 행동, 술을 마시더라도 자신이 안전하다고 느끼거나 안전하게 기댈 수 있는 동행과 술을 마시는 행동 등은 대부분 여성이 경험적으로 느낀 성폭력으로부터 비롯된 것이라 할 수 있다. 또는 자신이 경험하지는 않았더라도 여성들 사이에 그런 경험이 공유되며 스스로 단속하는 행동 일부라고 할 것이다. 또한, 사회적 시선으로부터 여성들은 여성성을 강요받게 된다. 여성으로서 순종적일 것, 드세지 않을 것, 반대하지 않을 것, 남성의 말에 따를 것, 기타 지인들과의 갈등에서도 고상한 말을 사용해 문제를 해결할 것, 항상 몸을 단정히 할 것 등이 여성들에게는 요구된다. 그중 가장 강력한 여성성의 요소는 결국 외모였다.

"아빠가 이제 되게 딸바보인데 딸이 예뻤으면 좋겠나 봐요. 예쁘게 꾸미고 다니고 화장도 하고 좀 예쁜 옷도 입고 다니고 했으면 좋겠나 봐요. 압박을 하는 것은 아닌데 항상 집에 가면 계속 옷 사준다고 하면서 되게 예쁜 옷 입는 데 엄청 많이 데려가고 그러기도 하고. 필라테스나 헬스장 같은 것도 아빠가 나서서 먼저 몇 kg 감량 이런 걸 목표로 이거 하면 끊어주겠다, 이런 식으로 제안을 먼저 하기도 하고 …(중략)… 성인이 되고 오랫동안 사귀었던 남자친구가 있었는데 그분이 … 저는 원래 되게, 사실 원래라는 말을 붙이기가 어렵긴 한데. 저는 제가 추구하는 것은 좀 편하고 뭔가 나를 꾸미지 않고 있는 그대로 보여주는 그런 관계를 원했는데 뭔가 되게 본인이 원하는 여성상 ⋯ 여자 친구에 나를 자꾸 맞추려고 해서 저한테 이제 예쁜 옷 좀 입고 다니고 좀 꾸미고 다니고 이런 것을 좀 요구를 많이 했었죠. 저한테."(황영선[가명], 만 23세, 여성, 대학원생, 2022. 07. 14. 면담)

"근데 뭔가 미디어의 여성성과 남성성이 딱 정형화된 모습이 비치면 여성 대부분이 그거에 영향을 받아서 자기 외모를 가꿔야겠다고 생각을 하는 것 같은데, 남성은 뭔가 그런 모습이 별로 안 보이는 것 같은? ⋯ 제 친구는 대학교 1학년 때 입학해서 그때는 딱 외모를 엄청나게 신경 쓸 시기잖아요. 근데 걔는 처음에 진짜 예쁜 연예인들을 보면서 울었대요. 왜냐하면 본인이 아무리 성형해도 여기까지 못 가겠구나 싶어서. 남자들이 그렇게까지 생각할까 싶으면 절대 아닐 것 같거든요."(주말[가명], 만 22세, 여성, 대학생, 2022. 07. 07. 면담)

생존에 대한 불안

한국 여성 청년들은 또 다른 불안에 직면한다. 앞서 전술했던 것과는 어찌 보면 차원이 다를 수 있는, 가장 강력한 불안의 기제인 '생존'에 대한 불안이다. 증오범죄로 명명된 2016년 강남역 살인사건을 기점으로 여성들의 사회적 생존과 물리적 생존에 대한 불안이 급증했다. 증오범죄란 장애, 인종, 종교, 성적 지향, 성별, 성별 정체성 등에 근거한 적대 또는 편견이 동기가 된 범죄를 뜻한다(홍성수 2019: 93). 이때 여성 청년들은 "나도 범죄 대상이 될 수 있다"라는 공포에 휩싸이게(홍성수 2019: 95) 되었다. 기존에도 자신 또는 다른 여성들이 당한 성추행과 미묘한 성차별로 불안감을 느끼던 여성들은 해당 사건을 계기로 자신이 물리적인 죽임마저 당할 수 있음을 느꼈고, 이것은 여성들에게 생존 그 자체에 대한 불안을 느끼게 했다. 비단 강남역 사건뿐만 아니라 현재도 빈번히 일어나는 데이트 폭력, 가정 폭력 등은 여성들이 생존해야 하는 방법을 강구하게 만들고, 그들은 남성 속옷을 자취방에 놓거나, 남성 신발을 자취방에 놓거나, 항상 남자친구가 있다고 거짓말을 하는 등 자신들을 지키기 위한 전략을 찾기 시작했다. 또한 특기할 만한 점은 면담을 진행한 총 8명 중 5명이 성폭력 피해 경험이 있다고 밝혔는데, 이 중 여성은 4명 모두 성폭력 피해 경험이 있다고 진술했다.

"고등학교 1학년 때 저녁 무렵에 그렇게 늦은 밤도 아니었는데, 아파트 단지를 걸어가는데 어떤 남성이 따라와서 같은 동에 사는 남학생 친구인 줄 알았어요. 그래서 동에 들어가면 쟤가 인사를 하겠지, 여느 때처럼 이렇게 생각했는데 그 애가 아니었고, 그리고 그 사람이 되게 후다닥 뛰어 올라가서 제가 엘리베이터 버튼 1층 버튼을 누르고 기다리는데, 2층 계단에서 저를 노려보면서 서 있었어요. 근데 꿈쩍도 안 하고 정말 죽일 듯이 노려보더라고요. 그래서 제가 엘리베이터 버튼을 누르면 계단을 뛰어서 따라 올라올 것 같다는, 복도식이 아니어서 그나마 다행이었지만 그 생각에 너무 무서웠는데 그래도 집에 오빠가 있으니까 저는 제 층을 누르고 집에 들어갔고, 나중에 어른들이랑 같이 CCTV를 확인했는데 우리 단지 밖에서부터 따라왔더라고요. 거리를 계속 유지하면서. 그래서 그때 공포를 많이 느꼈고, 대학교 1학년 때도 학교 근처 번화가에서 새벽 4시까지 공부하고 기숙사 올라가는 길에 같이 카페 옆에 앉아 있던 남자가 카페에서 번호를 물어보지 않고, 그 새벽에 카페에서 뛰쳐나와서 번호를 물어본 적이 있었어요. 제가 남자친구가 없었지만 있다고 거절했는데도 계속 쫓아왔고, 그리고 또 사라졌다가 다음 골목에서 뛰어나와서 "번호 달라고!"라고 소리를 질렀어요. 그래서 너무 무서워서 편의점으로 도망을 갔고, 그래서 동기 오빠를 불러 부탁해서 기숙사에 들어갔어요. 그 두 가지가 너무 생존의 위협을 느꼈어요. …(중략)… 네. 그래서 112 앱도 핸드폰에 깔았어요. 위치 추적이 되는 거. 밤에 혼자 다니면 늘 좀 무섭긴 하죠. 경계하죠. 밤에 혼자 들어갈 때는 노래를 안 듣죠."(한사람[가명], 만 22세, 여성, 공무원, 2022. 07. 13. 면담)

"예를 들어서 연애사를 두고 본다면 남성 친구들 같은 경우에는 "찾아갈까?" 만약 헤어진 상황이에요. "찾아갈까?"라는 이야기를 많이 하고 여자분들은 "찾아올까 봐 무서워"라는 이야기를 많이 하는 것 같아요. 진짜 정말 단적인 예로 보면 그래서 여자는 피해를 받는 입장에서 내가 이러면 어떡할까, 아니면 반대로 남자분들은 이렇게 해볼까, 좀 더 이런 상황이 있는 것 같아서 여자분들이 좀 더 피해자가 되는, 그런 불안에 떠는 경우를 더 많이 본 것 같아요. …(중략)… 아까 데이트 폭력에 대해서 조금 이야기를 못했던 것 같아요. 그냥 단적인 예로 찾아갈까 무섭다고 말하는 여자인 친구들이 많다고 말씀드렸는데, 그 친구들이 데이트하면서 비언어적으로 이제 신체적인 폭력이나 언어적인 폭력이나 그런 것에 있어서 자기도 모르는 부분이 있더라고요. 내가 폭력을 당하고 있다는 사실 자체를. 여성분들은 그래서 신체적으로 당한 걸 말씀을 드리면 차 안에 가둬놓고 때린다든지, 계단에서 헤어지자고 말했는데 계단에서 민다든지 … 이런 부분도 있고 아니면 언어적으로는 "너는 나 없으면 안 돼. 너 나 없으면 돈 없잖아"라는 식으로 뭔가 가스라이팅을 해서 제가 알려준 적도 몇 번 있는 것 같아요."(신재호[가명], 만 24세, 남성, 스타일리스트, 2022. 07. 04. 면담)

한국 청년 남성의 불안 요인
한국 남성 청년들도 불안을 느끼기는 마찬가지다. 그러나 그 정도와 불안은 여성의 것과 종류가 다를 수 있고, 또 다른 차원의 불안을 느낄 수 있음을 확인할 수 있다. 이들은 역차별 등과 관련해 공정성에 대한 강한 열망이 있는데, 이는 남성 집단이 여성과 남성의 사회적 권력 위계를 동등하게 바라보고 있기 때문이다. 동등한 위계 시선하에서는 공정성에 대한 인식이 대두되는데, 그 이유는 공정성과 관련된 인식 및 열망은 불리한 상황에 부닥쳐 있다고 느끼는 사람들에게 자신들에 대한 내적 보호 요인으로 작용하기 때문이다(Dzuka & Dalbert 2002; Otto, Boos, Dalbert, Schöps, & Hoyer 2006[안계한·김민희 2020: 458-459]에서 재인용). 이와 같은 공정성 인식을 통해 후술할 역차별 인식에 대한 이해도 깊어질 수 있다. 청년 남성들의 젠더 인식을 생애 경험을 바탕으로 분석한 추지현(2021: 175-181)에 따르면, 보수형 청년 남성은 기존의 남성성 등에 대해 반감이 없고, 변혁지향형 청년 남성은 젠더 관계의 부정의를 문제 삼고 있지는 않으며, 역차별의 문제에 대해서도 문제 제기를 크게 하고 있지 않다. 한편 같음지향형 청년 남성은 시혜적 수단으로서 페미니즘은 괜찮지만, 이해적 수단으로서 페미니즘은 잘못되었다고 생각하며 남성을 비난하는 여성들의 "피해 의식"을 반박한다. 그러나 한편으로는 사회적으로 남성이 여성보다 더 큰 권력을 쥐고 있다는 분석에도 불구하고, 청년 남성 또한 경제적 차원에서는 소수자로 분류됨이 마땅하다. 한국 남성 청년들이 느낄 수 있는 사회적 불안감에 대한 분류는 다음과 같이 기술될 수 있다.

구직의 어려움으로 인한 불안

청년세대의 불안 요인들을 가르는 기준이 젠더라고 했을 때, 기실 구직의 어려움으로 인한 부분은 여성과 남성이 느끼는 불안감이 비슷하다고 할 수 있다. 청년 남성도 여성과 똑같이 구직에 대해 불안감을 느끼고, 자기 삶을 살아갈 때 방황을 할 수 있다. 그러나 남성에게는 후술하겠으나 가부장적 남성성의 요구가 사회적으로 기대된다. 이는 남성이라면 당연히 멀쩡한 직업이 있어야 하고, 누군가를 책임질 수 있어야 하며, 가장의 역할(특히 경제적인 지원)을 다할 것이 요구된다. 사회가 점점 발전하며 "여자(여성)들은 '다른 사람들을 위한 존재'라는 자신들의 낡은 귀속 역할을 벗어 버리고 새로운 사회적 정체성을 찾아야 하지만, 남자(남성)들에게는 경제적 안정성을 바탕으로 독립적으로 생활을 꾸려야 하는 것과 같은 낡은(오래된) 역할의 정체성이 일치한다.* '직업인'이라는 전형적인 남성의 역할에서 경제적 개인주의화와 근육질의 역할 행위가 결합한다(Beck 1997: 188)"라는 울리히 벡(Ulrich Beck)의 주장은 이를 뒷받침한다고 하겠다. 이런 차원에서 청년 남성 세대는 구직에 대한 압박감을 크게 느낄 수밖에 없다. 더욱이 입대라는, 청춘을 짓밟는 징병제 속에서 여성들보다 늦게 사회에 진출한다는 불안감은 더욱 크게 압박으로 작용할 수 있다.

> "사회적으로 이제 남성에게 기대하는 것은 가족부터 예를 들면, 좀 가정적이고 책임감 있고, 밖에서 노력도 많이 해서 안정적으로 만들고. 경제적인 책임감이 뒤따라야 하지 않나 생각하고 … 남성한테는 가정적이고 밖에서 경제적인 여유도 주고 집안을 편안하게 한다면, 반면에 여성에게는 경제적인 활동도 하고 싶은 것을 물론 막을 수는 없는 거고 헌신적이고 그런 차이가 있지 않나 싶어요."(민준[가명], 만 26세, 남성, 취업준비자, 2022. 07. 12. 면담)

---

* 시대가 변하면서 여성에게는 더 이상 가정에서 가사노동만 할 것이 요구되는 것이 아니라 자기 자신을 위한 삶을 살 것이 요구되는 반면, 남성에게는 여전히 가정을 책임져야 할 경제적 가장으로서의 역할이 요구된다는 뜻이다. 이에 대해서는 많은 논란이 있을 수 있겠으나, 여기서는 남성에게 초점을 맞추어 여전히 근대적인 모습이 요구되는 남성의 모습만을 생각하면 좋겠다.

"뭔가 옛날부터 이렇게 굳어져 온 것으로는 남자랑 여자가 부부가 되었을 때 여성은 거의 집안일을 맡아서 하는 게 좀 굳어져 온 관례인 것 같고, 남자는 밖에 나가 일해서 돈을 버는 게 일반적이지 않을까요. 지금의 사회적 시선으로는."(황영선[가명], 만 23세, 여성, 대학원생, 2022. 07. 14. 면담)

사회적 시선에 의한 불안

청년 남성 세대는 여성이 여성성을 강요받는 현상과 마찬가지로 남성성을 강요받는다. 그러나 여성의 사회적 시선과는 달리, 남성이 느끼는 사회적 시선은 남성성과 잠재적 성범죄 가해자라는 낙인적 인식 등에 의한 것이다. 청년 남성들은 듬직할 것, 신체적으로 건장할 것, 힘이 강할 것, 책임감이 강할 것, 경제적 능력이 충족될 것 등이 요구된다. 남성은 다른 남성이 요구되는 '남성성'을 갖추지 못할 경우, 남자답지 못하다거나 여자 같다는 등의 혐오 표현을 가하고, 심한 경우 '게이 같다'라는 혐오 표현을 일삼기도 한다. 여성과 남성 모두 젠더와는 전혀 관계없는 성별 고정관념이 적용됨으로써 이에 대한 고통을 느끼고, 이를 충족하지 못한다는 불안을 느끼게 된다.

"저는 유치원 때부터 여자 친구들이 되게 많았어요. 사람들이 '되게 아들인데 딸 같다. 이게 딸 같은 아들이다'라고 말할 정도로 되게 사람들이 말하는 여성스러운 부분이 많아서 그런지 항상 여자 친구들이 많았어요. 그러다가 이제 중학교에 가서 그때는 남녀를 나누어서 노는 시기라고 생각해요. 근데 그때도 저는 여전히 남자 무리 집단에 속하지 못하고 있었어요. 그게 남자 무리에서는 아무래도 조금 제가 생각하기에 과격하고 신체적으로 움직이는 게 더 많고, 그런 것들이 많이 요구되었어요. 근데 저는 어렸을 때부터 그렇게 크지 못하다 보니까 그런 게 너무 어색해서 놀지를 못하겠더라고요. 그래서 계속 여자들이랑 놀았는데 중학교 2학년 때 여느 때와 다름없이 쉬는 시간에 여자 친구들을 만나러 갔는데 한 남자애가 딱 그러는 거예요. "너 또 여자애 만나러 왔어?" 이렇게 말을 하는 거예요. 친구 만나러 갔지, 했는데 너 "고추 없지?" 딱 이렇게 말을 하는 거예요. 그래서 거기서 저도 화를 냈죠. 왜 이러는데 했더니 그냥 너 맨날 여자랑 놀잖아. 이런 식으로 말해서 … 그때는 그냥 내가 고추가 없다고 해서 화가 났는데, 지나고 나서 보니까 그것도 내가 그냥 여자랑 논다고 해서 내가 여성스럽다고 생각했고 그것이 놀림의 대상이 될 수 없는데 그걸로 놀림을 받았으니까 이제는 차별이 되었구나, 그것은 차별이었구나라고 생각이 많이 들었고."(신재호([가명], 만 24세, 남성, 스타일리스트, 2022. 07. 04. 면담)

그리고 특이하게도, 이와 같은 남성성의 강요는 남성 스스로 가하는 폭력이기도 하다. 다음의 면담 내용은 남성 스스로 남성성을 강화하고, 다른 남성에게 남성성을 강요하고 있다는 주장을 보완해줄 수 있다.

"그런데 어쨌든 개인적으로 생각했을 때는 남성에게 요구하는 역할은 있지만, 여성에게는 딱히 없고 사회적으로는 둘 다 이렇게 있다. 근데 이 둘의 차이는 뭔가 차별이라고 말할 만한 거라거나 그런 것은 아닌 거죠. 그냥 차이?"(민준[가명], 만 26세, 남성, 취업준비자, 2022. 07. 12. 면담)

더불어 사회에 의해 남성들은 잠재적 성범죄 가해자로 낙인찍히기도 한다(김종민 2022; 배정원 2022). 일부 남성들이 여성들에게 성범죄를 저지르거나 그에 준하는 가해를 했다는 이유로 청년 남성들은 자신들이 전부 잠재적 성범죄 가해자로 낙인찍히는 것에 대한 불안을 지닌다. 그들은 남성으로 태어났을 뿐 여성에게 어떠한 가해를 가하지 않았더라도 여성들에게 불안감을 주는 요인 그 자체가 된다. 그러나 문제는 성범죄 가해의 많은 경우 이미 남성이 가해자임이 공공연한 사실이 되었기에, 여성의 입장에서는 경계하는 것이 당연하다는 것 또한 알고 있다. 그러나 청년 남성들에게 이 문제를 해결할 방안은 없고, 이와 같은 상황은 그들에게 불안을 주는 요인이 될 수밖에 없다.

역차별적 의식에 의한 불안

현재까지 우리 사회의 도덕 감정은 여성을 남성의 부정태 내지는 변형태로 추락 및 변형시키는 악한 관습에 익숙해져 있었다(최종렬 2018: 11). 그러나 청년 남성들은 역차별에 의한 불안과 그에 따른 분노 역시 여성보다 강한 것으로 생각된다. 특히 청년 남성들은 여성할당제 등 여성에 대한 평등적 대우가 많아질수록 역차별의식을 많이 느낀다. 여기서 역차별감정은 실제로 역차별당하고 있음을 의미한다기보다는, 남성들이 여성에 대한 혜택이 많아질수록 자신들의 자리를 빼앗기고 사회에서 밀려남으로써 버려진다는 감정의 총화를 의미한다. 남성 청년들은 자신들의 부모 세대에서 발생했던 가시적이고 폭력적인 성차별은 이미 해소되었고, 이제 젠더 평등이 이루어졌다고 생각하는 경향이 있다. 그러나 차별은 여전히 존재하고, 이를 시정하기 위한 노력 또한 현재진행형이다. 그 과정에서 청년 남성들은 역차별의식을 느낀다. 역차별의식에 의해 남성들은 자신이 기존에 누리던 지위 등을 빼앗길까 걱정하거나, 자기 능력으로 획득할 수 있는 재화를 여성들에게 빼앗길까 우려한다. 이러한 감정은 자신들의 전 세대에 있었던 여성들에 대한 차별을 자신들의 탓으로 돌리려는 듯한 인상과 결합해 결국 남성 청년들은 자신들이 역으로 피해자가 되었다는 인식을 하게 된다. 실제로 남성이라는 이유로 가졌던 이익들에 대해 남성 편향적 관점이 반영된 결과다. 청년들이 해결할 수 없는 문제들이 산재한 현실 속에서 남성 청년들은 탓하고 비난할 대상을 찾아야 했고, 무의식적으로 성에 의한 특권, 위력을 이용해 접근이 쉬운 젠더의 문제로 사회적 문제를 치환하고 있다.

"솔직히 그런 것은 있죠. 예를 들어서 제가 제 사례는 아니지만, 로스쿨 여대라든가 약대 여대 같은 경우에는 이게 "형평성에 있어서 좀 애매할 수 있지 않은가?"라고 생각하는데, 그렇게 설치하는 나름의 이유가 있을 거니까. 그거에 대해서 어떻게 보면 진짜 그렇잖아요. 누군가가 들어가는 대신 누군가는 못 들어가는 거니까 비슷한 성적을 받고도. 그런 거에 대해서는 애매하지 않으냐는 생각이 들기도 하는데."(비스타[가명], 만 23세, 남성, 대학생, 2022. 07. 06. 면담)

"이제 지역할당제는 제가 느끼기에는 여성할당제와 달리 필수라고 생각하고, 여성할당제는 특이 현상이라고 생각해요. 왜냐하면 사실 엄청 오래된 이야기이긴 하지만, 도시 집중화 현상은 되게 옛날부터 일어났었잖아요. 모든 기업이 서울로 몰리고. 그렇다고 해서 서울만 개발할 수는 없지 않습니까? 이제 지방 균등도 있어도 되고, 지방이 계속 사람이 줄어간다는 것은 항상 뉴스로 나오고. 이제 그런 의미에서 사실 지방의 인프라가 서울만큼 좋은 것도 아니고 지역할당제라는 게 이제 지방에서 지방 취업하는 것도 있고, 지방에서 서울 취업하는 것도 이렇게 되게 다양하게 있는데, 이제 사실 지방에서 있는 사람들이 서울에서 이렇게 경쟁하는 사람들이랑 달리 조금 학업도 부족한 것 같고, 대학교 입학도 보더라도. 이제 그런 부분에서는 우리나라가 약자를 보호해주는 저소득층과 약자를 보호해주는 것과 같이 좀 같은 느낌으로 생각하고 있는데 반면에 여성할당제는 조심스럽긴 한데, 여성이 사회적 약자는 아니어서 …(중략)… 보통 사회적 약자라고 생각하는 것은 그냥 신체적인 차이는 사실 생물학적 차이라고 생각하거든요. 남자랑 여자랑은 생긴 것부터 정말 다르잖아요. 신체적으로 똑같지는 않잖아요. 반면에 사회적이라고 생각한다면 여자가 사회적 약자가 아니라는 생각을 뒷받침하자면 지금 우리나라에서 여성의 사회적 진출을 막는 제도적인 문제가 있나요. 아니면 법이 그런가요. 그런 것은 아니라고 생각하는 거죠. 사실 여성도 남성과 똑같이 공개 채용, 경력 채용을 다 똑같이 지원할 수 있고 뭐 못하는 직군이 있는 것도 아니고. 오히려 남성보다 스펙트럼이 더 넓으면 넓다고 말할 수 있지 적다고 말하긴 좀 어려울 것 같아요."(민준[가명], 만 26세, 남성, 취업준비자, 2022. 07. 12. 면담)

"어 … (여성할당제가) 누가 느끼느냐에 따라 다를 것 같은데, 남성이 느끼기에는 역차별이라고 생각될 수 있을 것 같아요. 제가 그런 제도가 있는 기업에 취업하면 한다고 해도 좀 불편할 것 같은 느낌? 뭔가 진짜 능력이 있어서 뽑혔다기보다는 이런 혜택이 있어서 여기는 여자를 이만큼이나 뽑아야 하기 때문에 내가 뽑힌 게 아닐까, 만약에 동등하게 경쟁했다면 떨어졌을 수도 있지 않을까, 그런 생각을 했을 것 같아요."(황영선[가명], 만 23세, 여성, 대학원생, 2022. 07. 14. 면담)

"군인은 상황적으로 봤을 때는 힘들 수 있지만 어쨌든 그 시작은 그 사람들이 국민이기 때문에, 그러니까 사람으로 대접받았기 때문에 사실 무기를 나라에 의해서 부여를 받은 거고, 어떻게 보면 (그것은) 의무이자 권리죠. 옛날에는 여자들한테 총검을 쥐여주면 … 사람들이 사람 취급하고 국민 취급하지 않았으니까 여자를 군인으로 세우지 않았고, 제가 생각했을 때는 그래서 어쨌든 이 시작 자체가 이 사람들을 국민으로 인정하는 상징이라고 생각해요. 그리고 어쨌든 군대가 전쟁이 발생하면 이 사람들은 자기를 지킬 무기가 있고, 전쟁이 사실은 군인과 군인 사이에 일어나야 하는데 엄청난 민간인들이 피해를 보잖아요. 민간인들이 사망하거나 성폭행당하거나. 근데 거기로부터 어쨌든 그 사람들은 훈련받고 무기를 사용할 수 있으니 군인 자체가 약자는 아니다. 오히려 기득권이라고 생각을 하는 편이에요. 군대가 사회적으로 국가에서 기득권이다. 근데 거기에 일부를 담당하는 그 군인들도 지금 그 처한 상황은 부당할 수 있지만 … 그들이 소수자는 아니다. 약자는 아니다. 힘들지만 힘들고 부당할 수 있지만 그 군인이라는 신분이 약자는 아니다."(김가람[가명], 만 26세, 여성, 직장인, 2022. 07. 06. 면담)

이처럼 여성에게 추가적인 조치, 즉 우대 조치를 해주는 정치의 현실을 보며, 남성들은 여성보다 남성이 차별받고 있다고 느낀다. 이들에게 중요한 것은 고차원적인 논리를 통한 합리화 내지 정당화보다는 당장 자신이 처한 현실에서 자신이 역으로 차별받고 있다는 의식이다. 대개 남성들은 차별이 윗세대의 문제라 파악하기 때문에 자신이 속해 있는 세대에서는 발생하지 않거나 발생하더라도 무시할 정도라고 여기게 된다. 따라서 청년 남성들에게 여성 우대 조치에 대해 언급하는 순간, 이들은 어쩌면 자신의 존재를 향한 위협을 간접적으로 느낄 수 있다. 앞의 두 연구 참여자가 보인 '형평성', '약자성' 등의 문제는 그들 자신도 민감하게 느끼지만, 결국 자신이 피해자라는 인식 앞에서는 오히려 적극적으로 논해야 할 문제가 된다. 반면 여성들은 남성들이 사회적 약자라 생각하지는 않았다. 황영선(가명) 씨는 여성할당제라는 여성 우대 조치에 대해 그 취지 자체에는 공감하고 있었으나 한편으로는 자기 능력이 저평가될 수도 있다는 우려를 내비치기도 했다. 또한 김가람(가명) 씨는 남성 중에서도 다수의 청년 남성이 경험하는 징병제도에 대해 진술하며 군인이라는 신분이 약자가 될 수 없고, 군인은 국민이라는 지위를 부여받은 특권층 정도로 여기기도 했다. 이처럼 남성 역차별에 관한 인식은 남성과 여성의 인식이 상이하다. 남성들은 자신들이 사회적 약자 또는 피해자라고 진술하거나 반대로 역차별을 주장하는 남성들을 오히려 이해하지 못하겠다는 반응을 보이기도 했다. 여성들은 적어도 남성은 사회적 약자가 아니라고 진술하거나 오히려 여성이 사회적 약자라고 주장하면서 남성들이 모든 영역에서 우위를 점하고 있다고 주장하기도 했다.

한국 청년세대 불안의 이차적 발현으로서 좌절과 분노

한국 청년세대의 불안은 단순한 불안에서 끝을 맺지 않는다. 이들은 불안을 표출하는 방식으로 좌절과 분노를 택했다. 이것이 의식적으로 택한 것인지, 무의식적으로 표출된 것인지는 쉽게 답할 수 없으나, 전술한 불안 감정으로 인해 청년층이 젠더 간 분리 및 갈등을 일으키고 있음은 자명하다. 특히 여성성과 관련해 여성들은 남성에 의한 일방적 폭력에 갇혀 있고, 남성성과 관련해 남성들은 자학적 폭력에 갇혀 있다. 윤지영(2016: 230)은 분노를 정의하며, 분노는 부조리한 현실에 굴종하거나 견디기보다, 이러한 질서를 뒤흔드는 질문을 생산해 자신보다 강자이자 다수인 이들에게 해당 질문을 배출해 일상의 안온함을 깨뜨리는 행위라 주장한다. 그러나 이러한 분노행위의 양식은 여성과 남성의 결집력에서 차이가 드러나는 것으로 보인다. 이 장에서는 이와 같은 현상에 대해 청년세대가 느끼는 불안 감정과 연계해 그 원인과 행동 양식을 논증한다.

한국 청년 여성의 좌절과 분노

앞서 청년 여성들이 느끼는 불안의 요인으로 ① 구직의 어려움으로 인한 불안, ② 사회적 시선에 의한 불안, ③ 생존에 대한 불안을 제시했다. 이러한 불안을 표출하는 방식으로 여성들은 때로는 좌절하며 회피하고, 때로는 분노를 표출하는 생존 전략 방식을 택했다. 성차별을 경험한 여성은 분노를 느끼기도 하는데, 이는 자신에 대한 모욕적인 반응에 대처할 때 주로 일어나는 감정이 분노이기 때문이다(김예은·연규진 2018: 500). 이와 같은 좌절과 분노는 성범죄 사건과 관련해 모든 남성이 가해자라는 인식의 일반화 및 혐오감의 노출, 여성성의 강요에 대한 분노, 노동 기회에 대한 박탈 또는 노동 과정에서의 차별감, 자신들의 상황을 이해하지 못하는 남성에 대한 분노로 이어진다. 유시민(2017: 99)은 사회주의를 현실에 적용해 현실사회를 비판하며 다음과 같이 말했다. "해고된 노동자가 겪는 생활고는 '착취당하지 못하는 고통'이다." 그러나 이분법적 젠더론의 관점에서, 청년 여성들이 취업시장에서 차별받고 있다면, 이들은 착취당할 권리조차 빼앗겨버린 이들이라 할 수 있다. 청년 여성들은 청년 남성들에 '대항'하기 위해 미러링이라는 방식을 택하거나, 페미니즘의 영향을 받아들여 여성성을 거부하기 위해 탈코르셋을 한다거나, 여성들의 결집력을 보여주는 집회 등을 열기 시작했다. 비가시화되었던 불안이 좌절로 이어지고, 그 좌절은 분노로 이어져 표상화된 것이다. 이와 같은 분노는 결국 사회 문제로 이어졌고, 현실 정치에서도 젠더 갈등의 문제를 다루기 위한 노력을 계속하고 있다. 그런데도 여성들의 분노는 사그라지지 않고 있으며, 오히려 정치권에서 표심을 위해 청년세대를 겨냥한 공약을 내걸어 오히려 그것을 자신들에 대한 농락 정도로 여기기도 한다.

"물리적 집회. 시위. 그거 나가서 그거를 외치고 행진하거나 그런 … 그냥 혜화역이고 … 혜화역이 뭐였지. 편파 수사였나. 그런 거 많았지. 편파 수사, 낙태죄. 그리고 공부하고 싶어서 학회를 들어갔었고, 대학에서 하는 성평등 교육추진단 그거 했었고. 그리고 지금은 교지 단체에 들어가서 활동하고 있죠. 여성주의(여성학 강의)를 들었죠. 근데 우리 학교는 딱히 여성학 강의가 많이 안 열려서. 편파 수사나 아니면 막 스쿨미투 같은 거 있었을 때 교육청에 제대로 처벌하라 이런 것도 있었고, 지금 윤지선 교수님 논문 투고 금지 판정에 관해서 재결정하라는 민원도 넣었습니다."(주말[가명], 만 22세, 여성, 대학생, 2022. 07. 07. 면담)

한국 청년 남성의 좌절과 분노

앞과 더불어 청년 남성들이 느끼는 불안의 요인으로 ① 구직의 어려움으로 인한 불안, ② 사회적 시선에 의한 불안, ③ 역차별적 의식에 의한 불안을 제시했다. 청년 남성들의 가장 큰 불만은 역차별적 의식에 관한 것으로서, 이들은 온라인 커뮤니티 등을 활용해 여성을 줄기차게 공격하거나 여성에 대한 '특혜'를 준다고 생각하는 공공기관들을 공격하기 시작했다. 이에 정치권은 여성제도, 가족제도, 다문화가정제도 등 개인의 삶의 중추적인 기능을 수행하는 여성가족부를 폐지한다는 포퓰리즘적 공약을 내세웠다.

청년 남성들은 기존의 젠더 관계에서 기울어졌던 관계를 재건하려는 노력을 역차별로 느끼며 이에 대해 분노하고 있으며, 남성성의 강요에 대해서는 여성과는 달리 거부하기보다는 이를 수용하거나 오히려 타 남성을 공격하는 도구로 사용하고, 자신들을 성범죄자를 바라보는 듯한 시선에 대한 불안 및 분노를 표출하고 있다. 청년 남성들은 성 관계 속 기울어진 불평등성을 수정하려는 여성할당제 등 가시적인 평등화 현상에 대해서는 역차별적 인식을 느끼고 있으며, 그 인식의 공격 대상을 사회의 차별 현상이 아닌 정부 내지는 여성의 탓으로 돌리고 있다. 연구 참여자들의 말을 통해서도 알 수 있듯, 남성은 여성을 사회적 약자로 보기보다는 본인과 동등한 위치에 있는 경쟁자로 파악하기도 한다. 가장 중요한 지점은, 자신을 경쟁의 구도에 넣는 순간, 차별 구조는 더 이상 신경 쓸 수 없는 문제가 되어 이들에게는 오히려 여성 우대정책 등에 반기를 드는 일이 오히려 신념을 행하는 정의로운 행동으로 격상된다는 것이다. 비스타(가명) 씨의 경우는 여대 내에 있는 로스쿨, 약대 등을 형평성의 차원에서 지적한다. 전국 25개 로스쿨 중 여대는 이화여자대학교 하나이고, 전국 37개 대학의 약대 중 여대는 4개 대학(이화여자대학교 포함)이다. 이들은 헌법적 차원에서 고등교육의 자율성이 보호된다는 사실과는 무관하게, 심지어 저 4개 대학이 모두 사립이라는 사실과는 무관하게, 특정한 전문적 자격을 부여하는 곳에는 그 자율성을 훼손할 정도로 공정성이 중요하다고 믿는다. 민준(가명) 씨는 지역인재전형과 여성할당제 문제를 다른 차원에서 접근해야 한다고 주장하는데, 지역인재전형은 국가 영토 전체의 균형적인 발전을 꾀하므로 필수적이고 효율적인 정책이라고 주장한다. 반면 여성할당제는 '합리적 이유 없이 같은 것을 다르게' 대하는 차별 조건을 충족하는 여성 우대정책이라 비판하며, 이는 효과적이기도 효율적이지도 않다고 진술한다. 또한, 청년 남성들은 1년 6개월이라는 20대 청년들의 청춘을 앗아가는 징병제에 대해서 정부에 대한 비판과 시정을 요구하는 것이 아닌, 오히려 여성들도 징병의 대상이 되어야 한다며 함께 고통을 받자는 식의 태도를 보이기도 한다.

"근데 그 대화(군인 시기 군대 내부 병사들의 대화)를 맨날 들어보면, 내가 지금 여기서 썩고 있는데 걔네(여성 일반을 지칭)는 밖에서 여행 다니고 놀고먹고 이 좋은 날씨를 즐기고 한강에 가고 그런 게 화가 나니까 걔네도 와서 이런 것을 한번 겪어봐야 하지 않겠냐는 이야기를 하는 것 같아요. 그 근거가 아마 이거인 것 같은데, 그러니까 내가 지금 못 누리는 것을 걔네는 지금 누리고 있으니까 그러니까 내가 2년 동안 내가 포기해야 하는 것들, 그리고 군대 내에서 있는 군대 내에서(도) 차별이 있죠. 그러니까 간부와 병사들 간의 차별이라든가 이런 거를 느꼈을 때 나만 억울하게 이런 거를 굳이 안 왔으면 안 느껴도 될 거를 와서 이제 느끼게 되는데, 걔는 안 느끼지 않냐는 식의 좀 억울함을 많이 호소하는 것 같긴 해요."(박서함[가명], 만 23세, 남성, 대학생, 2022. 07. 01. 면담)

청년 남성들이 이러한 반응을 보이는 것은 결국 현 사회가 한쪽 성별에 편향되어 있지 않다고 느끼는 인식에서 출발한다. 청년 남성들은 자신들도 똑같이 경쟁했고, 징병제로 인해 오히려 패널티를 받았다고 생각하며, 자신들이 잠재적 성범죄 가해자로 몰리는 것에 대해 불만을 표한다. 그러나 남성들이 여성들과 다른 점은 무엇인가? 청년 남성들은 여성들과 달리 결집력을 발휘하지 못하고 있다.

"그냥 저는 사실 차별을 당한다고 해서 그렇게 관심 있는 편도 아니고, 그런 것도 감수하는 게 조금 오히려 남성성이라는 생각도 있는 사람이라서 … (차별 해소를 위해) 적극적으로 뛰어들 의향은 없을 것 같아요."(민준[가명], 만 26세, 남성, 취업준비자, 2022. 07. 12. 면담)

이와 같은 현상이 청년 여성이 느끼는 불안감의 정도보다 낮아서 그런 것인지 확인할 길은 없으나, 한 가지 확실한 것은 청년 남성들은 스스로 가둬놓고 있다는 것이다. 징병제에 대해서 미필 청년 남성들은 징병제 폐지를 외치는 반면, 군필 청년 남성들은 안보의 문제를 제기하며 징병제의 필요성에 대해 외친다. 그리고 남성들은 이른바 맨박스(Manbox)*에 갇힌다. 즉 본인 스스로를 남성성에 가둔다. 적극적으로 움직이지 않는 것이 남성적이라고 믿기 때문이다. 결과적으로 이들은 여성들보다 결집력도 갖추지 못한 채로 온라인 커뮤니티 등에서, 또는 표를 던짐으로써 자신들의 분노를 개인적으로만 표출한다. 젠더 갈등은 여성에게 죄책감과 공포감의 파토스를 불러일으켜 결국 침묵과 동조의 에토스로 빠져들게 만든다. 반면, 남성이 자기 연민과 여성 비하라는 파토스를 불러일으켜 결국 남성 우월감과 여성 멸시와 무시의 에토스에 젖어 살도록 만든다."(최종렬 2018: 24) 남성들이 분노의 활을 여성에게 겨냥하는 이유라 하겠다. 그러나 이것이 과연 남성만의 탓이라 할 수 있는가? 우리는 이를 고민해야 한다.

우리 사회 청년세대의 불안과 좌절, 분노의 생김새

글을 맺으며, 우리 사회에 청년세대의 불안, 좌절과 분노에 대해 통합적으로 제시하고, 우리 사회의 근본적인 문제를 제시하고자 한다. 청년세대는 여성과 남성으로 나뉘어 서로 대립하며 불안을 자기 자신을 비관하는 좌절로, 상대 젠더에 대한 분노로 표출하고 있다. 그리고 각 요소는 유기적으로 연결 및 결합해 어느 하나를 분리해 생각하기는 어렵다. 자기 자신을 갉아먹고 상대방을 공격하며 결국 스스로 자멸을 예고하는 것이다. 청년세대에서 젠더 간 갈등과 반목으로 서로를 압박하는 상황 속에서, 우리 공동체는 오염된다. 여성이 사회적 약자로 존재할 수밖에 없는 이 사회에서 공동체성이 강조될 수밖

* 해당 용어는 토니 포터(Tony Porter)가 발간한 책 『맨박스: 남자다움에 갇힌 남자들』에서 사용된 용어로, 현재 많은 페미니스트 사이에서 가부장제를 비판하고 남성성으로부터 남성들을 구출하기 위해 활용되고 있다.

에 없는 이유다. 현재의 경제적인 구조의 변화나 비혼의 증가, 페미니즘의 흐름 속에서도 여성을 비롯한 소수자에 대한 배제로 이어지는 근대적 헤게모니 남성성은 공고하다. 또한 강인함, 여성의 통제 등과 같은 기존의 '남성성의 상징'을 남성문화 일부로 사고하는 인식도 여전히 강하게 자리 잡고 있다(김순남 2021: 159-160). 이 글을 꿰뚫는 한 가지 관점은 페미니즘이었다. 따라서 여성이 느끼는 피해감과 남성이 느끼는 역차별의식을 중심으로 글을 서술할 수밖에 없었다. 그러나 이와 같은 현상을 남성의 탓으로 돌릴 수는 없다. 과연 우리는 젠더 갈등의 근본적인 문제에 대해 고민해본 적이 있는가? 이것이 과연 생물학적 성, 또는 사회정치학적 젠더만의 문제인가? 나는 이 문제의 근본적인 원인을 전술했듯, 경쟁만을 부추긴 우리 교육의 문제에도 있다고 판단한다. 경쟁만을 가르치고 과도한 열등감만을 교육하는 학교에서 청년세대는 다른 이들을 이해하기보다는, 자신의 처지를 비관하는 데에 익숙해져 있다. 지금 청년세대는 다른 이들을 이해할 만한 여력이 없다. 한창 청춘을 보내야 할 청년세대는, 청춘을 포기하고 청년이라는 이름의 짐을 들고 있을 뿐이다. 그들에게 현실에서는 희망이 존재하지 않는다.

　이 글은 다음과 같은 한계를 지닌다. 첫째, 청년세대의 목소리를 생생하게 전하려 노력했으나 오히려 두 젠더의 입장을 '대변'해주지는 못했다는 인상을 남긴다. 후속적으로 연구가 진행된다면, 한쪽의 입장을 대변하는 목소리도 필요할 것으로 생각한다. 둘째, 청년세대를 이분법적 젠더론의 관점에서 구분함으로써 두 젠더에 속하지 못하는 소수자 청년세대의 목소리를 반영하지 못했다. "안과 바깥, 가진 자와 갖지 못한 자, 원주민과 이방인, 남성과 여성. 예외 없이 서로를 빼닮은 이 같은 이분법이야말로 차별과 배제를 낳는 구조적 토대임"을 주장한 단단 외(2019: 12)의 의견과 같이, 혹여나 이 글이 또 다른 차별을 낳는 것은 아닌지 모르겠다. 셋째, 구체적인 문제 제기 후 정치 철학적 문제해결 방안을 제시하지 못했다. 이에 대한 논의는 후의 연구에서 진행하기로 한다. 푸코(Foucault)는 "권력은 생산한다. 권력은 실재를 생산한다"라고 말했고, "권력관계가 도처에 있다"라고 주장했다(Ball 2019: 14). 푸코의 주장처럼 권력관계는 어디에나 존재하고, 이를 해결할 수는 없다. 다만 이 원고는 청년세대의 목소리를 청년 입장에서 최대한 전달하려 했으며, 각자의 울분과 설움을 반영하고자 했다. 이 글은 불안을 느끼고 방황하는 청년들의 굴욕스러운 상황에 대한 노래요, 문제상황을 해결할 수 있는 이들에 대한 외침이다.

2부

정치적인 반오십의
이야기

명씨네를
아십니까

김민준

폐관을 앞둔 극장

서울 지하철 4호선 명동역에서 내려 7번 출구로 나오면 흰 슬레이트로 외벽을 감싼 고층 건물이 시야를 가득 채운다. 구석으로 난 출입구가 건물 규모에 맞지 않게 앙증맞다. 내부로 들어오면 밝은 외관과 달리 조명이 어둑해 스산한 기운이 감돈다. 1층에 입점해 있던 의류점은 문을 닫았고, 점포 입구 대신 가벽이 설치되어 출입을 막고 있다. 공실이기는 다른 층도 마찬가지다. 적막한 공기가 코로나 이후 활기를 잃은 명동의 상황을 짐작하게 한다.

그런데도 여전히 이곳을 다니는 사람들이 있다. 10층과 11층을 지키고 있는 작은 영화관 때문이다. 명동역 씨네라이브러리, 줄여서 '명씨네'라고도 부른다. 차분한 분위기와 비교적 덜한 팝콘 냄새가 보통의 영화관과는 사뭇 다른 인상을 준다. 여기는 내가 서울에서 자취를 시작하고서부터 자주 찾았던 곳이기도 하다. 영화에 취미를 들이고부터는 격주에 한 번꼴로 이곳에 와 영화를 보곤 했다.

영화를 좋아하는 서울 거주자라면 이곳의 이름을 한 번쯤 들어보거나 가봤을 것이다. 5개의 상영관과 작은 도서관으로 이루어진 명동역의 이 극장에서는 독립예술영화를 전문적으로 상영한다. 멀티플렉스 운영사가 직접 운영하는 극장 중 상영관 전부가 독립예술영화 전용관인 곳은 여기가 유일하다. 일반 영화관에서 빠르게 내려간 영화, 애당초 일반 상영관에서 상영되지 않던 영화를 이곳에서는 만날 수 있다. 줄곧 사람들 입에 오르내리는 옛날 작품을 재개봉하기도 한다.

명씨네 같은 전용 극장에서 상영하는 독립예술영화는 보통 예술적 표현에 비중을 두는 편이다. 제작 예산이 적은 경우가 비교적 많아, 영화인들이 첫발을 내딛는 귀한 채널이 되기도 한다. 다만 흥행에 성공하는 경우가 드물어 멀티플렉스의 일반 상영관에는 걸리지 않거나 빠르게 내려가곤 한다. 개봉하는 독립예술영화 수가 적은 것은 아니다. 영화진흥위원회 영화관입장권 통합전산망에 따르면, 2021년 극장에서 개봉한 1,934편의 영화 중 507편이 독립예술영화로 분류된다.

이 작품들을 수용할 수 있는 독립예술영화 전용관은 2022년 기준 전국을 통틀어 69개다. 우리나라에서 운영되는 스크린 3,398개 중 단 2%만이 독립예술영화를 꾸준히 상영하는 셈이다. 극장 개봉 영화 중 26%가 독립예술영화라는 점을 감안하면 작은 비중이다. 독립예술영화를 틀어주는 상영관 수가 절대적으로 부족한 우리나라에서, 명씨네에서 운영하는 5개 전용관의 의미는 실로 남다르다.

개인적으로도 이곳은 가뭄의 단비 같은 극장이었다. 서울에 올라와 혼자 살며 적적할 때마다 볼거리를 찾았는데, 그게 영화에 취미를 붙이는 계기가 되었다. 종종 내려받거나 OTT를 구독해 영화를 감상했지만 극장에서의 체험과는 본질적으로 달랐다. 쉬는 날이면 괜찮은 영화를 찾아 멀티플렉스와 독립영화관 여러 군데를 다녔고 그러던 중 명씨네를 알게 되었다. 독립예술영화를 상영하는 극장치고는 많은 상영관 덕에 영화 두세 편을 연달아 보는 게 습관이던 나는 이곳을 줄기차게 다녔다.

그러던 2020년 가을, 명씨네가 예고 없이 영업을 중단했다. 코로나 팬데믹이 장기화해 운영의 어려움을 겪으면서다. 다행히 다음 해 봄이 오기 전에 다시 개관했지만, 관객이 부쩍 줄어든 것을 체감할 수 있을 정도였다. 재개관 이후에도 극장 내에서의 거리두기는 한동안 유지되었다. 더욱 쾌적한 환경에서 영화를 볼 수 있게 되어 관객 입장에서 득이었으나, 예전 같지 않다는 인상이 짙었다. 얼마 지나지 않아 예감은 실제가 되었다. 2022년 7월, 한 기사에서는 명씨네가 폐관 수순을 밟는다고 보도했다. 이를 두고 일각에서는 예술영화의 침체를 우려하는 목소리가 나왔다.

8월의 어느 주말 점심 녘, 폐점을 앞둔 명씨네를 가고자 마지막으로 명동을 찾았다. 어김없이 7번 출구를 찾아 지하도 쇼핑센터를 지나쳤다. 코로나는 이곳의 풍경마저 바꿨다. 복도까지 빼곡하게 K-pop 굿즈를 진열해놓던 가게는 줄었고, 문을 열지 않는 상점들이 한둘씩 늘어갔다. 코로나 확산이 한창이던 때는 지하도상가 재입찰 반대 현수막이 걸려 있기도 했다. 전 국민이 희생하고 감내한다는 팬데믹. 그 전국적 위기에 가장 먼저 위태로워지는 것은 작은 것들이었다.

영화관으로 향하는 길, 뉴스에서는 연세대 청소·경비 노동자 집회와 관련한 소식이 들려온다. 청소·경비 노조를 상대로 손해배상 소송을 제기한 당사자는 다름 아닌 재학생이다. 집회 소음으로 학습권을 침해당했다는 것이 청구 취지다. 관련해 시민 목소리를 듣고자 대학가를 찾은 한 언론의 현장 인터뷰에서는 "(학생 수십 명이) 한 시간에 150만 원을 쓰고 수업을 듣고 있는 건데 시급 400원을 올려 달라고 공부를 방해하는 것은 좀 받아들이기 힘들다"라는 의견이 나온다.

익숙한 길을 따라 도착한 영화관은 폐관을 앞두고 있어서인지 어딘가 적적하다. 고른 영화는 〈애프터 양〉이다. 한국계 미국인이자 이 영화의 연출자인 코고나다(Kogonada) 감독은 자기 작품에 이방인으로서 겪어야 했던 정체성 고민을 투영시키곤 한다. SF 장르인 〈애프터 양〉 역시 비슷한 결이었다. 중심인물인 '양'은 이른바 '테크노 사피엔스'로 사람과 외양이 똑같지만, 알고리즘에 따라 행동하고 사유하는 존재다. 〈애프터 양〉은 양이 작동을 멈추어버린 뒤, 양을 문화 전승자 '세컨드 시블링스'로 들였던 어느 가족이 그를 떠나보내는 이야기를 다룬다.

폐관이 예고된 명씨네의 사정이 이 영화에 대한 감상을 더 의미심장하게 만든다. 더욱이 이곳으로 향하던 길에 마주한 소식들이 덧대지며 봇물 터지듯 여러 의문이 터져 나온다. 먼저 떠나야 했던 존재가 있다면 그 이별은 어떤 의미일까. 남아 있는 존재는 어떻게 이별을 안고 살아가야 할까. 어떻게 해야 우리는 공존할 수 있을까.

구분 짓기라는 익숙한 방법

〈애프터 양〉의 세계에는 떠나는 존재와 남아 있는 존재, 다시 재생된 존재가 뒤섞여 서식한다. 각자의 양태는 서로 다르다. 누군가는 인간이며 다른 누구는 테크노 사피엔스이고, 또 다른 이는 클론으로 태어났다. 외연은 다를 것이 없다. 그런데도 화면 속 그들과 화면 밖 우리는 누가 어떤 존재인지 용케 구분해내려 한다. 오프닝 시퀀스의 가족 댄스대회를 보고 있으면 이런 생각이 든다. '누가 테크노 사피엔스고, 누가 호모 사피엔스 사피엔스인가.'

영화는 양의 부재로 시작한다. 댄스대회에서 탈락하자 아내 키라(조디 터너 스미스, Jodie Turner Smith), 남편 제이크(콜린 파렐, Colin Farrell), 딸 미카(엠마 찬들위자야, Emma Tjandrawidjaja)는 춤을 멈추고 볼멘소리로 서로 핀잔을 나눈다. 하지만 양(저스틴 H. 민, Justin H. Min)은 대화에 끼지 못한다. 어딘가 잘못되었는지 춤을 멈추지 않는다. 고장난 것이다. 그렇게, 다를 것 없어 보이던 이 네 식구가 구분되어 보이기 시작한다. 키라, 제이크, 미카와는 다른 존재로서 양이 부각된다.

제이크는 영화의 존재들을 구분 지으려는 관객의 입장을 대변하는 인물이다. 그는 인간 이외의 존재와 가까이 지내기를 꺼린다. 양이 고장 나자 제이크는 처리해야 하는 일이 늘어 부담인 양 난감해한다. 다음 날 고장 난 양을 포대자루처럼 둘러업는 제이크는 양을 인간과 동일선상에 놓고 생각하지 않는 모습이다. 클론에 대해서도 마찬가지다. 딸 미카가 옆집 쌍둥이와 놀고 있다는 이야기를 듣자 제이크는 그들이 클론이지 않으냐며 난색을 표한다.

그는 형태에 본질이 깃들어 있다고 생각하는 쪽이다. 차(茶)를 업으로 삼고 있는 것은 그런 제이크의 성격을 반영한다. 제이크는 차에 입문하게 된 계기가 '차의 목적' 때문이라고 고백한다. 순수한 형태에서 완전한 의미를 발견하는 것에 매료된 사람이다. 그가 차 가루를 팔지 않는 것은 어찌 보면 당연할 수 있다. 찻잎이라는 차의 원형에서 우러나와야 진정한 향과 정취를 느낄 수 있다고 생각할 테니 말이다.

영화 도입부를 보며 자연스레 익숙한 구분법이 상기된다. 나와 너, 우리와 너희. 선 긋기는 어린 시절 습득한 법칙이다. 축구를 하든, 피구를 하든 공이 있느냐는 중요하지 않았다. 둥글게 뭉친 유인물, 찌그러진 깡통, 공을 대체할 수 있는 것은 많았다. 그보다 필요한 것은 나의 맞은편에 설 상대였다. 나와 대치될 네가 있어야 게임이 된다. 그래서일까. 〈애프터 양〉의 이미지들이 기억 저편에 숨은 본능을 자극한다. 인간과 테크노 사피엔스를 구분할 수 있게 되자 드는 감정은 안도감이다. 중심인물인 양이 죽음을 맞이했는데도 불구하고.

이 잔인한 아이러니에도 영화는 희망을 건다. 기대하는 희망은 '기억'에 있다. 인물들은 다른 이의 기억을 따라가며 자신의 기억을 재구성한다. 그 심리적 여정에서는 서로가 서로에게 접목(椄木)한 흔적들이 은은히 포착된다. 이들은 각자 흑인, 황인, 백인, 테크노 사피엔스, 클론으로 생의 뿌리가 다르다. 하지만 기억이라는 줄기를 공유한다. 그 줄기는 공생의 이유가 된다. 서로가 접목했던 순간들을 기억에서 길어 올리면서, 인물들은 자신의 입장을 수정해간다.

그래서 이 영화에서는 기억과 함께 '목격'이 중요하다. 기억은 스크린에 영사되며 기록이 되고, 목격이라는 방식으로 관객에게 전이된다. 그 자체가 접붙이는 과정이다. 목격을 통해 기억 위에 덧대진 기억은 나와 상대의 조직이 서로에게 틈입해가도록 한다. 목격된 기억에서 클론과 테크노 사피엔스는 어떻게 존재하는가. 코고나다 감독은 '누가 인간이 아니냐?'라고 묻는 우리에게 '중요한 것은 무엇이냐?'라고 되묻는다.

기억 위로 포개지는 기억

〈애프터 양〉에는 두 가지 형태의 기억이 있다. 하나는 양이라는 인물의 기록으로 남은 기억이다. 양은 유기체의 특성과 기계적 특성을 동시에 갖고 있다. 인간처럼 신체가 부패하지만, 테크노 사피엔스로서 그의 내적 경로는 인간의 것과 다른 체계로 묘사된다. 정확한 작중 설명은 없으나 고도로 발달한 인공지능으로 보인다. 그의 기억은 가슴 중심부에 있는 저장장치에 기록으로서 보존된다.

기억이 저장된다는 사실이 밝혀지는 것은 고장 난 양을 수리하려고 복개하면서다. 가슴 중심부에서 외장하드가 발견된다. 스파이웨어인 줄로 알았던 그 장치는 양의 기억 저장장치였다. 양은 매일 3초의 순간을 녹화해 짧은 영상을 남긴다. 품어지는 의문은 기억을 저장하는 기준이 무엇이냐는 것이다.

제이크는 양의 기억 저장장치를 집으로 가져와 홀로 시청한다. 마치 영화 속 영화처럼 비추어진다. 양의 기억은 숲을 이루어 제이크의 눈앞에 펼쳐진다. 궁극의 차에 온통 담겨 있으리라 생각했던 그 숲이다. 이제 그는 기억의 숲을 이루는 수풀을 하나하나 살펴보기 시작한다. 제이크의 시선을 따라 영사되는 양의 기억은 그 자체로서, 무엇을 기준으로 저장되었는지를 가늠하게 한다.

한편, 〈애프터 양〉에서 다루는 기억의 다른 형태는 양의 부재를 체험하는 가족들의 기억이다. 가족 구성원 각자는 서로의 방식으로 양을 기억한다. 양과 가까웠던 동생 미카는 양을 몹시 그리워하며 하루빨리 그가 돌아오길 바란다. 반면, 미카의 어머니 키라는 양의 빈자리를 대비해야 한다는 생각이다. 그간 고된 일로 바쁜 미카와 제이크를 대신해 양이 미카를 양육했던 듯하다. 키라는 이제 양의 공백을 본인이 채워야 한다고 제이크에게 말한다.

무엇을 기억할 것인가, 어떻게 기억할 것인가, 왜 기억해야 하는가. 양의 메모리 박스에 저장된 영상들은 채 몇 초에 지나지 않는 '장면'이다. 가족사진을 찍으려 기다리는 가족들, 초록과 하늘이 선히 담긴 풍광, 바람에 돌아가는 처마 밑의 풍경, 릴리슈슈의 이름이 적힌 티셔츠를 입고 거울 앞에 선 자신. 양의 기록은 그렇게 참으로 작은 순간들로 구성되고 특징지어진다. 테크노 사피엔스라는 그의 기록은 인간의 기억법과 무척이나 닮았다.

코고나다 감독은 영화적인 방식을 통해 양의 기록을 기억으로 복원해놓는다. 제이크와 키라가 떠올린 기억에는 자기다움을 구하려는 양의 모습이 들어와 있었다. 제이크는 부엌에서 홀로 차를 우리며 생각에 젖는다. 이윽고 양과 함께 차를 마시던 순간을 떠올린다. 기억 속의 제이크는 양에게 자신이 차에 입문한 계기를 소개한다. 그건 영화였다. 언젠가 봤던 영화의 등장인물은 차에 '비 내린 뒤 숲속의 모든 것'이 담겨 있다고 말했다. 제이크는 여기에

감명을 받아 차를 업으로 삼게 되었다.

기억 속의 양은 제이크에게 "제게도 차가 그냥 지식이 아니었으면 좋겠어요"라고 말한다. 행여 인간처럼 감정을 갖고 싶다는 사무친 갈증 탓은 아니었을까. 다행히도 이 해석은 이후 에이다(헤일리 루 리처드슨, Haley Lu Richardson)의 말을 빌려 차단된다. "너무 인간적이지 않아요? 다른 존재는 모두 인간을 동경한다는 생각이요." 더 적당한 해석은, 양이 테크노 사피엔스라는 존재 자제로서 차의 의미를 찾고 싶었다고 보는 것일 테다. 그렇다면 양이 지식 너머의 것을 바라던 이유는 인간다움이 아니라 자기다움을 실현하기 위해서가 된다.

키라도 양과의 기억을 떠올린다. 양의 방을 찾은 키라는 책상 앞에 앉아 양이 만든 나비 표본을 물끄러미 살핀다. 그 자리는 기억 속에서 양이 앉아 있던 자리다. 끝 이후에 시작이 있다고 생각하느냐고 묻는 키라의 질문에 양은 답한다. "나는 괜찮아요. 끝에 아무것도 없다고 해도요." 인간적인 통념과 별개로 양은 이미 자기 생각을 만들어왔던 것은 아닐까. 제이크와 키라의 기준은 양을 바라보는 하나의 창일 뿐, 양은 이미 인간이라는 단일한 관점으로는 파악할 수 없는 존재였던 것일지 모른다.

이들의 회상 사이사이 반복되는 양의 기억은 그의 자기다움을 한껏 선명하게 한다. 영사된 제이크와 키라의 기억 위에 양이 포착한 순간의 기록이 포개져, 마치 되감기라도 하는 듯 다른 톤의 같은 장면이 반복된다. 양의 기록과 다른 가족의 기억 중 무엇이 그 순간을 정확히 묘사하고 있는지는 중요하지 않다. 다만 제이크와 키라가 자기 감상으로 기억을 남겼듯, 양이 기록으로 저장해둔 순간이 다른 무엇도 아닌, 자신의 기억이었다는 것만은 분명하다.

기억과 기록에 관한 이 이야기는 후반부에 이르러 예상을 빗겨 나는 방향으로 전개된다. 며칠 쓰지 않은 거의 새 제품이라던 양에게는 '알파 메모리'라는 이름으로 저장된 오랜 기록이 있었다. 우연히 알파 메모리 폴더를 발견하게 된 제이크는 자신 가족과의 기억이 담긴 '감마 메모리'를 압축시키고 알파 메모리를 재생하게 된다. 그렇게 감상하게 된 양의 과거 기억은 이내 제이크나 관객 모두에게 충격을 안겨준다.

재생된 영상의 첫 장면에는 한 남자아이가 있다. 알파 메모리의 가족은 미카 가족이 그랬듯 중국인 입양아를 보육하기 위해 양을 구매한 것처럼 보인다. 양이 기록한 남자아이의 표정은 진짜 부모가 누구냐고 묻던 미카의 표정과 닮아 내내 어둡다. 이윽고 남자아이는 성인이 되어 양부모 곁을 떠난다. 영화는 이 순간을 바라보는 양의 시선을 핸드헬드*로 처리하며 감정적 동화를 일으킨다. 양의 시선에 비친 양어머니의 눈에는 아이가 떠나간 뒤의 슬픔이 유독 크게 서려 있다.

남자아이의 빈자리를 채운 존재는 에이다를 닮았다. 실제 그 사람은 에이다가 자기 고조할머니라고 생각하는 자, 즉 클론인 에이다의 원본이다. 에이다의 원본이 양어머니를 살피고서부터 양이 기록한 영상에는 그녀가 들어오게 된다. 그리고 이미 감마 메모리에서 양이 기록한 에이다를 봤기에 우리는 알고 있다. 에이다의 원본과 만났던 그때처럼, 양이 같은 구도로 에이다의 모습을 담았다는 것을 말이다. 감마 메모리에 저장된 에이다는 양을 바라보다 무대로 시선을 옮긴다. 알파 메모리 속의 에이다의 원본 역시 마찬가지다.

알파 메모리는 꽤 긴 시간 영사된다. 이로써 언제까지나 미답으로 부유할 것만 같던 조각들이 맞추어진다. 알파부터 감마까지의 가족들은 동양인 입양아에게 중국 문화를 이해시키기 위해 양을 구입했지만, 실상 양에게는 중

* 핸드헬드(handheld)는 카메라를 삼각대에 장착하지 않고 손에 들고 촬영하는 기법이다. – 편집자 주.

국에 대한 기억이 없다. 전승을 통한 접목에 실패해서일까. 알파 메모리 속의 양은 자신의 동생(didi)을 떠나보낸 적이 있다. 미카에게 동양인의 정체성을 알려주기 위해 고민했던 것은 지난날의 실패에 대한 무의식적인 자책일지도 모른다. 한편 양은 압축된 기억에 이끌려 에이다를 찾았다.

서로 접목해 공존하는 존재들

〈애프터 양〉에서 기억은 시선을 거쳐 영사된다. 누군가의 기억이란 그자가 본 순간이다. 양은 눈에 담긴 그대로의 모습을 기록했고, 제이크는 자신의 사유 경로를 따라 조립하고 재구성한다. 그 위로 두 개의 시선이 더해진다. 제이크를 비추는 화자의 시선, 그리고 최종적으로는 관객의 시선이다. 요컨대 영화에서 제이크는 양을 본다. 그런 제이크의 시선을 빌려 화자 역시 양을 알게 된다. 관객으로서 우리는 스크린 앞에 앉아 양을 담은 제이크를 담은 영화의 시선을 통해 양의 메모리를 감상하게 된다.

이 과정에서 굴절을 떠안는 것은 오롯이 자신의 몫이다. 진실이 저편 어딘가에 있을지 모른다. 물론 제이크의 생각처럼, 양은 인간과 동일하게 생각할 수 없을 존재일지도 모른다. 다만, 4개의 렌즈를 거쳐 굴절된 후에야 비로소 이미지와 마주하는 관객으로서는 이렇게 생각하는 게 자연스럽지 않을까. '내적 회로의 차이가 의식의 존부(存否)를 담지한다고 보기 어렵다. 불가해한 무의식의 세계는 여느 존재에게나 있다. 보통의 인간이 그렇듯 이들의 현재가 무의식에서부터 발로한다는 사실만큼은, 굴절된 이미지들에서 우리가 발굴할 수 있을 것이다.'

코고나다 감독이 바라보는 '존재'의 의미가 한껏 부각된다. 인간이란 무엇인가, 그리고 영화는 어떻게 작동하는가. 시선은 이미 굴절된 것을 본다. 우리가 생각하는 표층, 그러니까 '의식의 세계'는 이미 빛의 산란이나 왜곡으로 달리 보일 수 있다. 주목할 것은 그 아래의 터전이다. 오늘의 정체성은 '문화'나 '인종', '자본' 또는 '존재 형태'로 규정되지 않는다. 기원을 찾기 위해서는 감정의 출발선, 즉 저 너머의 것을 좇아야 한다.

암묵적으로 제이크는 테크노와 클론이 인간과 다르다고 여겼다. 여기에는 그들이 의식할 수 없는 존재이기 때문이라는 생각이 전제된다. 그 상념에 균열이 가기 시작한 것은 양의 영상 기록을 보면서다. 기록은 수 초 단위로 편집되어 있고, 그 기준은 양의 인상이다. 어떤 장면을 삽입할 것인지를 결정하는 양의 본능적 인상이 순간을 포착하고, 포착된 순간들이 모여 영화를 이룬다. 그래서 코고나다 감독에게 영화적 선택이란 즉, 존재의 확인법이다.

미카 이야기를 해보자. 이 작은 아이에게는 습관이 하나 있다. 오밤중에 일어나 물을 마시곤 한다. 그래서 양이 고장 나기 전까지 미카는 '오빠(gege)'라며 양을 불러 함께 물을 뜨러 가곤 했다. 양이 멈추어버린 이후 제이크는 새벽까지 양의 기록을 보다가, 홀로 물을 마시러 나온 미카를 보게 된다. 그러고는 미카의 습관을 알게 되고서 왜 양에게 물을 떠 달라고 하지 않느냐며 의아해한다. 여기에 미카가 답한다. 자기는 직접 물을 떠 마시는 것이 좋다고.

아마 미카는 양의 무의식을 본능적으로 수용했던 인물일 것이다. 영화에서는 미카가 친구들의 물음에 고민하는 모습이 나온다. '가족이란 무엇인가. 나는 어디서 왔는가?' 하는 미카의 고민에 함께하는 존재가 양이다. 양은 과수원에서 미카에게 접목에 대해 알려준다. 뿌리에 관한 질문의 답을 아이러니하게도 줄기에서 찾게 된다. 미카는 그것을 사랑으로 느낀다. 그렇기에 미카에게 양은 수단이 아니다. 미카에게 양은 필요한 존재였지만 도구로서가 아니라, 자신과 동행하는 자로서다.

그래서 미카는 가족 누구보다도 양을 가장 인간적인 방식으로 떠나보낼수 있다. 양이 멈추어버린 이후 미카는 가까운 자의 죽음을 애도하는 사람처럼 행동한다. 누구보다 강렬하게 양을 그리워하고 눈물 흘릴 줄 안다. 그리고 누구보다 빠르게 양과의 기억을 정리한다. 영화의 끝에 미카가 양의 방을 찾아가 독백한다. '고마웠다'라고. 미카는 양을 위해 흔쾌히 감정을 내던졌고, 그건 양과의 상호작용 이상도, 이하도 아니었다.

접붙이기 위한 지난한 과정

〈애프터 양〉의 SF적인 요소는 우리 삶과 유리되어 있지 않다. 기술이 진일보한 세계를 그리고는 있다. 그렇지만 인물들은 여전히 인간적인 고뇌에서 해방되지 못한 상태다. 진화한 세계는 오히려 '테크노 사피엔스'와 '클론'을 창조하면서 새 모습의 갈등을 배태했다. 반복적이다. 현실의 이들은 시대에 따라 농노, 빈민, 장애인 등 여러 이름으로 불렸다.

한편, 이 공상 과학적 세계에는 동양의 문화와 서양의 문화가 혼재한다. 미카는 고추장을 만들 줄 안다. 키라는 일본 유카타 풍의 옷을 입고, 제이크는 허기를 달래기 위해 일식집을 찾는다. 서로 다른 피부색이나 문화는 크게 문제가 되지 않아 보인다. 〈애프터 양〉의 세계는 '의식' 차원에서 일정한 성숙을 이루어 어느 정도의 합의를 마친 상태라고도 할 수 있겠다.

합의에 끼지 못한, 배척되는 자들이 눈에 밟힌다. 코고나다 감독은 양과에이다를 통해 이들의 이야기를 전하려 한다. 도식적인 합치에서 벗어나고싶어 한다. 융화되고 조화를 이룰 필요까지는 없다. 한 세계에서 어엿한 존재로서 공생하기 위해 무엇이 필요할까. 사회적 맥락에서 〈애프터 양〉은 이물음을 끌어내고 답을 찾아가는 영화다.

이 영화의 카메라는 관조적이다. 객관적 쇼트를 통해 영화 속 장소를 공간화한다. 만들어진 공간에는 여러 인물의 기억이 개입된다. 이로써 관객에게 적극적인 감상을 유도하고 있다. 레퍼런스로 삼고 있는 〈릴리 슈슈의 모든 것〉의 주관적인 카메라 워킹과는 사뭇 대조된다. 이와이 슌지(岩井俊二)의 핸드헬드가 〈애프터 양〉에서는 양의 기록에만 묻어 있다. 이미 양이라는 존재가 화면 내 시점으로 역할하고 있어서가 아닌가 짐작해본다. 한편, 기계적으로 조립된 사회를 조망하는데 카메라의 적극적인 개입은 거추장스러운 것이었을지도 모른다.

'After Yang'이라는 제목에서부터 알 수 있듯, 부재에서 존재의 기억을 길어 올리는 영화다. 이때의 기억은 도식적인 회상과는 거리가 멀다. 침전하도록 우울한 감정이고, 날아갈 듯 따뜻한 감각이다. 그래서 기억은 파편으로 부유하고, 그것을 끌어모아 하나의 영화로서 영사하게 되는 것이다. 그렇게 기록된 기억은 영화가 됨으로써 현재를 이룬다. 현재 내가 보고 있는 것, 나와 접목되는 것이 중요하다고 〈애프터 양〉에서 말하는 것만 같다.

그런 점에서 근래 명씨네에서 접했던 다른 영화들이 떠오른다. 특히 기억을 보관하고 상기한다는 점은 마이크 밀스(Mike Mills)의 〈컴온 컴온〉과 닮았다. 〈컴온 컴온〉에서 중요한 매개체로 녹음기가 소개된다. 조니(호아킨 피닉스, Joaquin Phoenix)의 직업적 특성을 내재한 소재이기도 하다. 조니는 디트로이트, LA, 뉴욕, 뉴올리언스 등 미국 등지를 돌아다니며 어린이들과의 인터뷰를 진행한다. 인터뷰는 듣는 작업이다. 그리고 녹음은 들은 소리를 기록하고 보관하기 위한 작업이다.

이 영화에도 〈애프터 양〉에서처럼 예측하기 어려운 희망이 있다. 조니의 녹음기에 관심을 두게 된 제시(우디 노먼, Woody Norman)는 직접 녹음기를 들고 주변의 소리를 담기 시작한다. 기차가 지나가는 소리, 아이들이 보드장에서 보드와 인라인스케이트를 타는 소리. 제시는 누군가 자기 말을 들어주길 바라지만, 실은 주변 소리에 누구 못지 않게 관심 많은 소년이다. 더 분명히는, 누구보다도 주변의 소리를 품어내려 하기에 그에 상응하는 대화가 필요한 아이였다.

조니는 제시와 작별하고서 녹음기를 틀어본다. 컴온, 컴온, 컴온, 컴온. 이들의 희망은 위로에서 나온다. 다만, 둘은 서로를 가여워하지 않는다. 단지 서로의 말을 사랑하고 웃어주는 법을 아는 사람들이다. 이는 둘 간의 관계가 쌓여가며 더 커지는 능력이다. 서로에게 접붙여가는 과정은 〈애프터 양〉에서 그리는 공존법과 닮았다.

최근에야 정식 개봉한 구로사와 기요시(黒沢清)의 〈큐어〉에서는 미스터리라는 정반대의 장르를 통해 유사한 이야기를 한다. 마미야(하기와라 마사토, 萩原聖人)가 최면을 통해 살인을 교사하는 데에는 정범이 가지고 있던 윤리관을 해체하는 과정이 필요하지 않다. 반복하며 에둘러 가는 여러 물음은 끝내 이 질문에 귀착한다. "당신은 누구인가." 마미야는 물음으로써 상대로 하여금 내면의 검은 물을 게워내도록 산파할 뿐이다. 이 영화에서 그리는 세계에선 이로써도 살인이 성립된다.

살인이 일종의 구토 행위이기 때문일 것이다. 목구멍까지 차오르는 신물은 뱉어낼 수밖에 없다. 마미야에게 교사당한 정범들은 한결같이 왜 죽이게 되었는지를 진술하지 못한다. 그저 "그래야 할 것 같았다"라는 비어 있는 대답만 돌아온다. 공허하기는 안구 또한 마찬가지다. 마음의 창이라지만 이들의 눈에서는 감정이 감지되지 않는다. 올라오는 음식물을 토해내듯 본능적인 행위만이 남는다. 그 결과는 X자 상흔의 불가해한 이미지다.

X자는 생존일 수도, 죽음일 수도 있다. 자신의 생존이자 타자의 죽음이다. 무엇이 되었든 X자로 목과 가슴을 긋는 행위로는 사회인으로서의 정체성을

모두 끊어내게 된다. 작중 등장하는 4번째 살인범인 의사는 공중화장실에서 피해 남성의 얼굴 가죽을 벗긴다. 의사로서의 소명은 일시에 소각된다. 이전의 2번째와 3번째 살인범 역시 마찬가지다. 교사와 경찰이었던 이들은 각자 자기 아내와 동료를 죽이기에 이른다.

이처럼 구로사와는 무의식의 해방을 끔찍한 살인의 풍경으로 그려낸다. 그러나 이들 정범이 살인을 저지르기까지는 영화에 포착되지 않은 지난한 시간이 있었음을 전제해야 할 것이다. "아무리 최면에 걸려도 본인의 기본적인 윤리관이 변하지 않는다"라는 사쿠마(우지키 츠요시, 氏木毅)의 조언이 방증한다. 마미야의 라이터는 사실 이들 마음속의 화약고에 불을 지피는 도구가 아니었을까. 폭발할 만큼의 가연성 물질이 모인 것은 일상 전반에 걸쳐서다.

구로사와는 이들이 겪어온 일상의 불화를 놓치지 않고 어떻게든 담아내려 한다. 4번째 살인자의 경우 여성 의사로서 감내해야 하는 스트레스가 누적된 것으로 보인다. 환자를 진찰하는 모습을 보여주는 데 신(scene)을 할애한 것은 이를 설득력 있게 보여주기 위함이다. 진료를 받던 환자가 그녀에게 대담하다며 대뜸 추켜 세운다. 의사의 의연한 반응은 오히려 상황을 더 불균질적으로 보이게 한다.

그래서 마미야의 최면은 계기다. 기이한 불협화음을 견디는 것보다는 살인이라는 영화적 상상력이 가미된 행위가 도출되는 편이 나아 보이니 말이다. 최면을 통한 교사는 살인을 매개로 불균질이 해소된 상황으로 나아가도록 한다. 그러므로 의사가 살인으로서 끊어낸 것은 접목된 줄기가 아니다. 오히려 반대다. 가지치기와 살인 사이의 인과관계는 재설정되어야 한다. 즉, 〈큐어〉에서는 접목된 줄기가 모두 끊어진 뒤의 위태로운 인간 군상을 묘사하고 있다.

다시 어릴 적 기억으로 돌아가 본다. 대치하던 나와 너는 사실 없었다. 공을 차고 게임을 하며 함께했던 너와 나만이 있을 뿐이다. 그때의 기억을 향유하고 있는 지금의 나처럼, 상대 역시 그 순간을 기억할 테니. 이 사실을 망각하면 서로 배제하고 배제될 뿐이다. 그런 세상에는 갈등하는 일도 없다. 다투는 것 또한 함께 있음이 전제되어야 가능하다. 뒤늦게 '뿌리'를 대조해 보려는 것은 위태롭다. 함께 겪어온 그 길에서 앞으로 공존해야 하는 이유를 충분히 찾을 수 있어야 한다.

〈애프터 양〉에서는 배제되는 존재들을 다룬다. 배제되는 이들은 자리를 지키는 자들과 비교에 하염없이 작아서 거슬리기만 할 뿐, 온전한 주체로 받아들여지지 않는다. 섬세한 점은 배제되어오던 존재가 실은 배제될 이유 없는 '동등한 존재'라고 말하며 쉽게 지위를 승격시키지 않는다는 것이다. 오히려 코고나다 감독은 우열 관계를 허문다. 대결하거나 분투하는 방식을 통해서가 아니다. 기억을 되감으면서 서로가 서로에게 접붙여진 흔적들을 포착해낸다. 공존해야 하는 이유를, 공존했던 기억에서 찾는다.

포스트 팬데믹의 가지치기

불행히도 〈애프터 양〉에서 걱정하는 풍토가 지금 우리 사회에 퍼지는 모양이다. 코로나는 우리 사회의 구성원들이 서로 접목해오던 그동안의 시간을 지워버리려 한다. 팬데믹은 불가결한 거리두기를 요구하면서 나와 너의 교류를 어렵게 한다. 비단 정부의 사회적 거리두기 방침에 관한 이야기가 아니다. 신뢰와 협력이라는 사회적 자본을 지키는 것이 힘들어졌다. 양의 기억 저장장치 같은, 기적을 가능케 하는 메타포를 우리 세계에서도 찾을 수 있을까.

팬데믹이 끝나갈 무렵인데도 보이지 않는다. 팬데믹 동안 시중에 풀린 통화량, 코로나 종식을 바라는 기대심리는 물가상승의 원인으로 작용한다. 누적된 원죄도 함께 돌려받는 중이다. 기후변화는 국제 곡물 가격을 상승시켰고, 우-러 전쟁은 유가 상승을 부추긴다. 코로나가 종식된들 산적한 과제는 여전히 미답으로 남을 테다. 안정을 되찾지 못한 일상은 서로 믿음을 저버리게 하고, 마치 기회처럼 보이는 달콤한 유혹으로 사람들을 현혹할 것이다.

국내 현안으로 좁히면 문제가 더 부각될 뿐이다. 내 편만 신뢰하는 게 익숙해졌다. 저쪽은 이제 내 기억 속에 없는 존재다. 진보와 보수, 부자와 빈자, 여성과 남성. 도리어 접목했던 부위를 가지치기하고 있다. 대화는 곧 변절이다. 민들레니 수박이니, 내 편만 선명히 남기려는 메시지들만이 공중을 떠돌고 있다. 정치사회의 양극화를 초래하던 부동산은 거품이 꺼져, 자신 없이 걸었던 '영끌족'의 혼란을 가중하는 중이다.

이렇게나 경직된 사회에서는 구성원 일부가 소거되길 강요받는다. 먼저 도려내지는 부위는 작고 주변부적인 쪽이다. 제거되어도 당장은 부담 없기 때문이다. 일상에서 이들을 수도 없이 목격한다. 〈이상한 변호사 우영우〉가 인기를 끌기 전까지 뉴스에서 장애인을 소비하는 방식은 '불법시위 세력'이었다. 여당 대표와의 토론에도 관철은커녕 검수되는 사안조차 없었고, 이들은 다시 시위에 나서야 했다. 시민들의 불편은 치명적인 약점이었다. 의제가 무엇이냐는 상관없었다. 충돌하는 장면만이 노출될 뿐이었다. 악순환이다.

하청노동자들에게 남은 선택지는 많지 않다. 팬데믹 이후 구조조정이 필요하던 대형 항공사에서 하청업체 직원은 가장 손쉬운 해고 대상이었다. 중앙노동위원회에서 부당해고 판정을, 행정소송에서는 부당해고 판결을 받았음에도 아시아나케이오 노동자들은 한동안 일자리를 되찾지 못했다. 남은 것이라곤 상처 난 몸과 마음뿐이었던 이들은 지친 무릎을 이끌고 오체투지 운동을 벌였다. 이들의 스피커에 〈컴온 컴온〉의 녹음기를 가져다 댈 사람이,

기어이 〈애프터 양〉의 알파 메모리를 상영할 사람이 있기나 할까.

영화광으로서 지켜본 극장의 위기 역시 근본적으로는 다르지 않다. 거리 두기가 해제되었다고는 하나, 관객 수가 코로나 이전 수준으로 돌아갈지는 미지수다. 일반상영관을 기준으로 지난 3년 새 주말 요금은 15,000원까지 올랐다. 영화를 고르는 관객들의 기준은 더 까다로워진다. 이른바 '극장에서 볼 만한' 영화를 찾기 시작했다. 비싼 돈 주고 귀한 시간을 버릴 수 없다는 생각이다. 팬덤이 두터운 마블 시리즈가 힘쓰지 못하는, 좀처럼 보기 드문 광경도 벌어진다.

한편 OTT는 영화관의 완벽한 대체재가 되었다. 코로나 국면의 관람료 상승이 OTT 플랫폼의 확장을 부추겼다. 극장에서 살아남지 못한 영화는 며칠 내 OTT 시장으로 향한다. 소비자 입장에서는 OTT 시장에 빠르게 풀릴 영화들을 굳이 비싼 가격에 극장에 가서 봐야 하는 이유가 없다. 이는 '영화관에서 봐야 하는 영화'의 허들을 높인다. 2인 기준 30,000원은 OTT 두어 달치 구독료와 맞먹는다. 아쉬운 선택으로 돈을 날릴 바에는 OTT에서 다양한 콘텐츠를 즐기는 것이 낫다는 것이 합리적인 관객들의 선택이다.

이 환경에서 가장 먼저 배제되는 부류는 독립예술영화다. 스펙터클을 기대하기 힘든 탓이다. 모름지기 극장에서 볼 만한 영화라면 웅장해야 하지 않느냐고 생각하는 관객을 비난할 수는 없다. 비합리적인 측은 15,000원이라는 적지 않은 비용과 2시간 남짓의 자기 시간을 바쳐 예측불허의 선택을 하는 쪽이다. 문제는 독립예술영화를 선택하는 게 비합리적이지 않도록 할 방법이 있었다는 것이다. 과도한 요금 인상은 불가결했나. 애당초 스크린 운용에 장기적인 복안이 있기나 했나.

명씨네가 폐관 위기에 처한 데에는 이 바람을 견디지 못한 탓이 크다고 한다. 한 관계자의 언론 보도와의 인터뷰에 따르면, 영화관 전체 매출이 코로나 이전으로 회복한 것과 달리 독립예술영화 매출액은 반토막이 났다고 한다. 독립예술영화가 가장 먼저 외면받으리라는 것은 기정사실 아니었나. 효율성을 재고하려는 기업의 생리를 부정하려는 의도는 아니다. 다만, 전체 영화에서 독립예술영화가 갖는 중요성과 비중을 무시할 수는 없다.

명씨네는 접목의 흔적이었다. 일반적인 독립예술영화관과 달리 명씨네는 CJ CGV라는 대기업의 자본이 투입된 영화관이었다. CGV 아트하우스 측은 2015년 명씨네를 비롯해 독립예술영화 전용관을 늘렸다. 작품성 있는 영화를 발굴해 한국 영화의 지속가능성을 확보하겠다는 이유에서다.

2019년 말에는 CGV 아트하우스는 투자·배급을 접고 상영관을 확대하는 방향으로 사업을 전환했다. 명씨네의 경우 5개 상영관이 모두 독립예술영화 전용관으로 운영되었다. 상업성을 좇는다고 비판받던 멀티플렉스가 장기적 관점에서 영화 산업을 보조하겠다는 선순환 의지를 보였다. 영화사라는 거시적인 틀에서 서로 공존하는 방법을 모색하는 일이었다.

폐관 소식이 더욱더 위기로 다가온다. 물론 영화관 하나의 존부에 생태계가 흔들릴 일은 만무하다. 하지만 이 또한 일종의 가지치기로 귀결되지 않을까 우려스럽다. 이미 독립예술영화 전용관 사업은 축소되거나 위기를 겪고 있다. CGV는 대학로 등지에 있던 전용관을 철수했다. 팬데믹 동안 홍대의 KT&G 상상마당 시네마는 휴관과 개관을 오가며 문을 닫는다는 이야기가 돌기도 했다.

그렇지 않아도 현재 극장 산업의 구조는 독립예술영화에 열악한 환경이다. 거듭되는 위기는 열악한 환경을 더 열악하게 만든다. 결과적으로 극장 상영과 플랫폼 상영의 경계에 있는 영화는 극장을 포기할 것이다. 기획 단계의 영화는 제작이 연기될 것이다. 영화가 영화다울 기회를 잃어간다. 극장의 어둠을 경유해 관객과 접촉하는 '그 모습 그대로'의 영화가 되는 것이 특별한 일이 될지 모른다.

폐관하지 않는 그 공간을 나서며

영화가 끝나고, 왔던 길 그대로 극장을 빠져나왔다. 두어 시간의 러닝타임 동안 달라진 것은 햇볕을 따라 길어지는 그림자밖에 없다. 명동 거리와 역사는 여전히 한적한 분위기였다. 활기를 찾았다지만 아직 회복되었다고 말하기는 어려운 정도다. 연세대 청소·경비 노동자에 대한 재학생의 소 제기를 두고 논란이 이어지기도 마찬가지다. 학교 커뮤니티에서는 '시급 400원' 인터뷰이의 발언을 두고 조소가 섞인 찬반론이 벌어진다.

지금 당장 할 수 있는 일이나 제안할 만한 방안이 없기에 더 애달프다. 전염병이 전에 없던 위기를 만들어냈다. 공동체 구성원 사이의 척력은 점차 강해진다. 절벽에 매달려 있는 존재들이 절벽 아래로 제일 먼저 밀려난다. 다음은 경계 끝자락에 간신히 서 있는 자들이다. 서로 연대하고 공존했던 기억은 온데간데없다. 남아 있는 것은 일신 하나 영위하려는 강력한 생존본능이다. 이 굴레에서 양극화는 홀로도 자생할 수 있다.

지속된다면 언젠가 생존본능이 일상이 되는 날이 올 것이다. 그때면 앙상한 뿌리만 남는다. '너는 어디서 왔는가, 나는 어디서 왔다' 꺼낼 수 있는 질문은 서로의 본적을 묻는 것밖에 없다. 어디 접목했던 사실은 경력으로 취급하지 않는다. 내 편이 될 사람과 아닌 사람으로 구분하고 솎아내는 것만이 위험을 추려내는 방법이다. 전례 없는 비극이 우리 사회를 집어삼킨다면, 이로부터 시작된 것일 터이다.

버틸 수 없다. 그러니 이제껏 쌓아온 사회적 자본을 복원시키자. 접목해왔던 기억을 돌이켜 생각해보자. 인간과 테크노 사피엔스를 구분하는 매의 눈이 있다고 한들, 양의 마음을 알아차리는 데 도움이 되었나《애프터 양》). 마미야의 최면에 걸리지 않을 자신이 있는가《큐어》). 구별 짓기는 지금 우리에게 필요한 가치를 제공해주지 않는다. 너와 나를 구별 지어서 맺은 결실은 언젠가 또 다른 구분법으로 쪼개질 것이다.

그런 앙상한 정치를 바라지 않는다. 앙상한 영화도 바라지 않는다. 앙상한 사회는 더군다나 바라지 않는다. 가지치기를 그만할 때다. 바람에 부러질 것 같은 가지가 있다면 아래를 지지대로 받쳐주시라. 몸소 치지 않아도 알아서 내쳐지는 가지가 있다면 다시 주어다가 접붙여주시라. 과수원의 나무와 다르게 우리 사회에서 중요한 것은 '큰 과실'만이 아니다. 육하원칙 중 나머지 다섯 요소인 '누가', '언제', '어디서', '어떻게', '왜'도 채워져야 한다. 이것들이 없으면 열매는 곯아버린다.

8월의 어느 날, 다시 뉴스가 들려온다. 명씨네가 폐관 위기를 면했다는 소식이다. 영업 종료까지 일주일을 채 남기지 않고 내려진 결정이다. 나름의 희소식이다. 다만 앞으로의 존재 방식이 도리어 쓸쓸함을 남길지도 모르겠다. 보도에 따르면 명씨네의 독립예술영화 전용관은 기존 5개에서 2개로 줄어들 방침이다. 아무쪼록 실험적인 영화가 설 자리는 줄어든다.

우리 사회와 대중문화는 그간 밟아온 접목의 순간들을 지켜낼 수 있을까. 포스트 팬데믹 시대의 과제는 아마 복원하고 재생하는 과정에서 벌어질 세밀한 쟁점들일 것이다. 유적을 발굴하고 전시하듯 섬세한 주의를 요한다. 해낼 수 있을까. 내가 지금 딛고 경험하는 세계, 뉴스에서 연일 보도하는 세계와는 멀게만 느껴진다.

대학생입니다.
그런데 정치학을 전공하고 있습니다

김소영

우리는 왜 정치를 불신하게 되었을까?

몇 년 전, 대학 입시가 끝나자 할머니께서 물으셨다.

"소영이가 고려대학교에 합격했다고? 그래, 과는 어딘데?"(함박웃음)

"정치외교학과요."

정적이 흘렀다. 할머니는 다시 물으셨다.

"거 … 가서 데모하고 빨간 줄 그어지는 거 아녀?"

반은 맞고 반은 틀린 말이었다. 대학 입학 후 숱하게 많은 '데모'에 참여한 것은 맞지만, '빨간 줄'이 그이지는 않았다. 요즘은 시대가 바뀌었다며 안심시켜드렸지만, 할머니는 여전히 나를 걱정하신다.

정치외교학과 학생임을 밝혔을 때 벌어지는 에피소드는 지금부터 시작이다. 입학한 지 두 달 만에 구한 첫 아르바이트의 사장님은 "정치외교학과면 마피아 게임 잘하겠다!"라며 신기해하셨다. 아마 '정치인 = 거짓말 잘함 = 정치외교학과 학생 = 거짓말이 필수인 마피아 게임 마스터' 정도로 생각하신 것이 아닐까 싶다. 정말 못 한다고 몇 번을 말씀드렸음에도 그럴 리가 없다며 의심의 눈초리를 거두지 않으셨다. 진료받으러 방문했던 한 병원의 의사 선생님은 전공을 물어보시더니, 정치외교학과라면 우리나라 정치에 대해 어떻게 생각하느냐며 당신께서 생각하는 한국 정치의 문제점을 늘어놓으시기도 했다. 그날 의사 선생님으로부터 나의 질병에 대한 의학적 판단보다 우리나라 정치에 대한 주관적 분석을 더 많이 들었다. 이 외에도 "나중에 정말 정치할 거야?"라는 반응부터 "우리나라 정치가 참 엉망인데, 해결책은 뭐라고 생각해?"라는 다소 진지한 의문까지, 답변하기 곤란한 질문이 이어진다. 비슷한 경험을 한 정치외교학과 학생은 한둘이 아닐 것이다. 오죽하면 정치학 전공자에게 정치인을 할 것이냐고 묻는 것은 지질학자에게 돌이 될 것이냐고 묻는 것과 같다는 말까지 생겼을까. 같은 과의 친구는 명절마다 친척들에게 '색깔 빼고', '객관적인' 정치에 관한 평가를 해달라고 요구받는다고 한다. 처음에는 당황했지만, 이제는 익숙해져서 웃고 넘길 수 있는 일이 되었다.

다만 정치외교학과 학생으로서 느끼는 고충이라며 가볍게 넘기기에는 마음속 한구석이 꽤 씁쓸하다. 대부분의 한국인이 가지고 있는 한국 정치에 대한 혐오감이 고스란히 느껴지기 때문이다. 정치학을 공부하는 학생에게 쏟아지는 높은 관심에는, 정치는 기본적으로 남을 속이는 일이고 우리나라의 정치는 문제가 많아서, 그렇기에 정치인은 좋은 선택이 아니라는 부정적인 인식이 내재해 있다. 내가 강의실에서 배웠던 정치는 사람들이 함께 살아가면서 발생할 수밖에 없는 갈등을 해결하는 타협과 조정의 예술이었다. 공동체에서 필수적인 요소이며, 그렇기에 사회를 더 나은 곳으로 만들 수 있는 긍정적인 가능성을 가진 것이 정치였다. 그런데 이러한 반응을 마주하다 보면 이론적으로 배웠던 정치와 현실 정치 사이에서 큰 괴리감을 느낀다. 솔직히 말해, 나만 해도 우리나라의 정치 뉴스를 접할 때마다 짜증이 나거나 아예 관심을 두고 싶지 않다는 생각을 자주 한다. 그래서 생각하게 된다. '왜 나는 정치학을 전공한다는 사실을 굳이 말하지 않게 되었을까?' 즉, '우리는 왜 정치를 불신하게 되었을까?'

정치 혐오를 부르는 혐오 정치,
그중에서도 여성 혐오(misogyny)

'우리'의 정치 혐오 근원에 대한 의문에서 시작했지만, 사실 너무 거창하다. 이보다, '나는 왜 정치에 대해 혐오감을 느끼게 되었을까?'라는 화두가 거칠지만 솔직한 이야기의 시작이 될 수 있을 것 같다. 앞서 고백했듯이 정치학을 전공하며 정치 자체가 아름답다고까지 생각했던 나 역시도 대부분의 사람이 그러하듯 현실 정치에 대해 혐오감을 종종 느껴왔기 때문이다.

정치 혐오감의 이유에 대한 답은 명확하다. 혐오의 정치가 정치 혐오를 부르고 있다. 현재의 한국 정치가 이용하고 있는 '혐오'란, 사전적으로 '미워하고 꺼림', '싫어하고 미워함'으로 정의된다. 하지만 사회에 존재하는 혐오는 단순히 미워하는 감정으로 설명될 수 없을 정도로 복잡하다. 개인적인 감정이 아닌, 구조적인 권력 문제로 발현되기 때문이다. 이런 문제를 조정하는 것이 정치의 역할인데, 현재의 정치는 오히려 혐오감을 조성하고 있다. 정치인들이 유권자를 선동하는 '땔감'으로 삼고 있는 혐오감에는 지역감정, 학벌주의, 장애인 혐오, 성 소수자 혐오 등 여러 가지가 있으나, '20대 여성'이라는 정체성을 가진 내 관점에서 주목하고 있는 정치 혐오는 정치권의 여성 혐오다. 현 한국 사회 자체도 그렇지만, 정치 역시 '여성 혐오의 밭'이라 해도 과언이 아니다.

대놓고 "여자는 집에서 아이를 키워야지"라는 식의 남녀 차별 시대는 아닐지언정, 여전히 여성이 수많은 위험과 차별을 겪으며 살아가는 시대는 맞다. 이것이 어떻게 여성 혐오가 될 수 있는지 의문이 들 수 있다. 여기서 여성 혐오란 '생물학적 여성만을 대상으로 한 싫음' 이상을 의미한다. 여성 혐오를 단어 그대로 이해하는 것을 넘어 가부장적이고 성차별적인 맥락과 함께 생각해야 한다(백지연 2017; 7). 따라서 여성 혐오란 여성 및 남성을 향한 구조적 성차별 맥락을 담고 있는 각종 행동과 상황을 의미한다. 이렇게 넓은 외연으로 정의되는 여성 혐오에 대해서는 조금이라도 반여성적인 것들이 모두 여성 혐오로 취급된다는 비판의 목소리가 있지만, 경험상, 다소 과하다시피 조심해야 할 필요가 있다고 생각한다.

여성 혐오는 현재까지 내가 가장 직접적으로 체감하는 대표적인 구조적 혐오다. 비록 약 23년의 짧은 인생을 살았지만, 여성이기 때문에 겪었던 일들이 많다. 기분이 좋았거나 이득이 되는 일들은 아니었다. 이 글의 서두에 등장했던 정치외교학과에 입학하게 된 사실을 할머니께 알리는 상황에서, '데모'에 대한 걱정 다음으로 들은 이야기는 "정외과? 그것도 여자가…"였다. 상처가 되는 말이었고, 내가 손녀가 아니라 손자였다면 반응이 달랐을까 싶었다. 그래도 할머니가 살아오신 세상은 '여자가 정치하는' 시대는 아니었으니, 충분히 이러한 반응이 나올 수 있다고 생각했다. 다만 어머니와 친척 어른께서 "정외과에는 너처럼 워낙 기 센 여자애들이 많아서 남자들이 기를 못 펴겠다"라고 말씀하셨을 때는 적잖게 충격을 받았다. 여학생들이 워낙 야무지다는 칭찬이었다고 말씀하셨지만, 그 칭찬이 남학생들이 "기를 펴지 못하는 것"의 걱정으로 이어진다는 것은, '나는 아무리 뛰어나도 결국 남성의 앞길을 막지 않을 정도의 여성이어야 한다는 거야?'라는 생각을 불러일으키기에 충분했다. 이런 사고방식은 옳지 못하다고 따지는 나에게 어른들께서는 농담도 못 하냐고 하셨지만, 농담은 듣는 사람이 기분이 좋아야 농담이다. 이는 기분이 나쁜 정도를 넘어서서 능력 있는 여성에 대한 이 사회의 평가 방식을 노골적으로 드러내는 발언이었기에, 스스로의 미래가 걱정되기 시작했다. 남성의 뛰어난 능력을 칭찬할 때 여성의 '앞길'에 대한 걱정이 뒤따르는 경우는 보지 못했다. 조금 다르지만 비슷한 예로 남동생은 공대 진학을 희망하는 고등학생인데, '남초'인 학과에 진학하는 것에 대해 "남자애들밖에 없어서 연애하기 힘든 것 아니냐?"라는 농담 섞인 우려는 들어봤어도, "남자애들이 많아서 여자애들이 기죽는 것 아니냐?"라는 식의 걱정은 들어보지 못했다.

물론 개인적 차원에서는 악의가 없다는 것을 잘 알고 있다. 하지만 구조적으로 뿌리 깊게 자리 잡은 여성 혐오를 접하는 순간, 개인이 어찌할 수 없다는 무력감을 느끼게 된다. 그 정도는 상대방에게 악의가 없을수록, 상황이 사소할수록 더 심하다. 아르바이트를 하면서 '요즘 여대생'처럼 꾸며 달라는 요청을 받은 적이 있다. 중학생 친구들을 대상으로 공부를 조언해주는 영상을 찍는 일이었는데, 나름대로 단정한 셔츠와 맨투맨 등을 입고 촬영에 임했지만, 특별히 여성 출연자인 나에게는 '귀걸이, 화장, 20대 같은 느낌의 옷'이 요구되었다. 조심스럽게 문제를 제기하자 담당자분께서는 윗선에서 지시된 사항이며, 전체 학생들에게 부탁하는 내용이라고 해명하셨다. 나에게는 '갑'이었던 담당자도 결국 당신의 '갑'의 요구에 따를 수밖에 없었던 것이다. 여기서 '을'끼리의 논쟁은 실익이 없었다. 나는 돈을 벌어야 했고, 열심히 분칠해서 '갑'을 만족시키는 데에 성공했다. 다만 지시 사항이 모두에게 전달된 내용이라면, 남성 출연자들도 화장하고 귀걸이를 했을까 싶어 유심히 관찰했지만, 당연하게도 그런 일은 없었다.

주위에서 보고 들은 일도 있다. 대부분 사회에 진출하면서 겪은 차별이나 안전에 대한 위협이다. 친구의 대학교에서는 취업을 위한 교수님의 추천서를 받을 수 있는 학생이 한정적인 상황에서, 성적이 높은 선배가 여성이라는 이유만으로 추천서를 받지 못했다고 한다. 해당 추천서는 그 선배보다 성적이 낮은 남성 동기에게 돌아갔다. 교수님의 이러한 결정 이유는, '남성은 가장이 되어야 하므로 취업이 더 급하기' 때문이었다.

여성의 안전에 대해서도 할 말이 많다. 아버지께서는 나에게 "우리나라만큼 안전한 나라가 없다"라며 자랑스러워해도 된다고 말씀하시지만, 그것은 아버지가 남성이기 때문에 할 수 있는 말이다. 각종 통계자료가 한국이 다른 국가보다 치안이 좋다는 것을 증명하기에, 종종 한국 여성이 느끼는 안전에 대한 공포심은 실체가 없는 것으로 취급된다. 최근의 뉴스만 봐도 성폭력, 데이트 폭력, 가정 폭력 등 여성을 향한 범죄는 끝이 없다. 여성 친구들끼리 모이면 우리는 서로의 밤길을 걱정하고, 이성 애인이 생긴 친구에게는 데이트 폭력을 조심하라며 조언한다. 밤늦게 귀가하는 것, 외박하는 것, 혼자 해외여행을 가는 것 등이 아들자식에게는 세상 경험을 할 수 있는 기회일지 몰라도, 딸자식에게는 부모님에게 걱정거리를 안겨주는 일이 된다. 개인이 조심한다고 해결되는 문제가 아님에도 여전히 어머니는 해 질 녘에 내가 집 밖에 있을 때마다 일찍 귀가하라고 당부하신다. 부모님의 걱정을 이해하지 못하는 바는 아니다. 조심해서 나쁠 것은 없으니까. 그저 내 노력으로 범죄의 표적이 되는 것을 막을 수 없는 노릇인데, 나의 안전이 위협받고 행동반경이 제한되는 것이 억울할 뿐이다. 지방 출신인 나는 대학생이 되자마자 홀로 상경해서 통금 시간을 지킬 필요가 없었지만, 통금이 매우 이른 시간, 이를테면 저녁 9시이거나, 여행 가는 것을 부모님께 반드시 허락받아야 하는 여성 친구들을 주변에서 흔히 볼 수 있다.

이뿐만이 아니라 여성에게는 일상생활 곳곳이 조심해야 할 것투성이다. 여성의 평범한 일상은 종종 '포르노'로 전락한다. 고등학교 시절에는 우리 학교 남학생이 화장실을 이용하는 여학생을 창문 너머로 몰래 촬영한 사건이 있었다. 이 사건을 경찰에 넘기거나 공론화시켜야 한다고 주장하는 학생들을 향해 학생 주임 선생님은 창창한 남학생의 앞길을 막을 수는 없는 노릇이라며, 가해자와 피해자를 대면시켜 합의를 끌어내고 사건을 종결시켰다. 가해자 개인이 '악마'이고, 피해자는 운이 나빴다고 생각하기에는 학교, 아르바이트 현장 등에서 비슷한 일을 겪은 여성들이 주변에 너무 많다.

물론 이러한 구조적 여성 혐오가 단순히 여성만을 표적으로 삼는 것은 아니다. 대학 입학 이후 찾아뵈었던 고3 시절 담임선생님께서는 당시 공무원 시험을 준비하겠다는 나에게 "공무원이 여자가 하기에는 나쁘지 않은 직업"이라며 잘 생각했다고 말씀하셨다. 이 대목에서도 '내가 남성이었다면 뭐가 달라졌을까?'라는 질문을 던지게 되는데, 남성이었어도 달라지는 것은 없다. 여성이 하기 좋은 직업이란 '각종 차별로부터 안전하고, 임신해도 잘릴 일이 없으며, 육아하기도 비교적 수월한' 직장이라는 의미가 함축되어 있다면, 남성이 하기 좋은 직업이라는 것도 존재하기 때문이다. '가장'으로서 아내와 자식을 잘 먹여 살려야 하는 것이 여전히 잔재하는 남성으로서의 이상적인 역할이다. 이것이 표면적으로는 남성 개인에게 혜택을 주는 명분으로 사용되지만, 그렇다고 해서 이러한 '맨박스'가 억압이 아니라고 할 수는 없다. 여전히 젠더가 한 개인의 사회적 역할 규정에 큰 부분을 차지하고 있는 현실에 답답함을 느낀다.

성별 이분법적 구도를 경계하지만, 여성으로서 겪는 문제들은 단순한 불편함, 억압, 기분 나쁜 문제로 끝나지 않는다는 점에서 여성으로서의 목소리를 높이게 된다. 당사자인 여성은 생명의 위협을 느끼고, 사회적으로 생존하는 것에 어려움을 겪는다. 심지어 이는 일평생 계속된다. 원인은 개개인의 인성 문제가 아닌, 사회 구조적으로 뿌리 깊게 자리 잡은 여성 혐오다. 과거에 비해 성차별이 많이 완화되었다고 평가받는 이 시대의 대학생으로서 보고 겪는 일이 이 정도인데, 본격적으로 사회에 진출하면 얼마나 더 많은 일을 겪을지 두렵다. 오늘 아침 뉴스에서 성폭행 피해를 당한 여성이 내가 되지 않으리라는 보장이 없다. 경력단절을 겪는 여성이 미래의 나일 수도 있다. 정치학을 공부하면서 정치에 관심이 많은 학생이기 이전에, 스스로가 여성으로서 살아가야 한다는 점에서 정치권이 여성 문제를 어떻게 해결하려고 노력하고 있는지, 여성을 어떻게 생각하고 있는지, 정치권의 여성 혐오적 문제는 없는지 관심이 많다. 나의 개인적인 경험을 차치하고서라도, 우리나라 국민의 절반이 여성이므로 국민을 대리하고 있는 정치인이 결코 무시할 수 없는 문제라고 생각한다. 그러나 오늘날 한국의 정치는 정반대의 모습을 띠고 있다. 오히려 여성 혐오를 적극적으로 이용하고 이를 부추기는 것이다.

'청년' 담론에서 사라진 여성

지난 대통령 선거에서 이슈 중 하나는 '젠더 갈등'이었다. 여성가족부를 폐지하느냐, 마느냐로 뜨거운 논쟁이 이어지는 동안 부처 개편을 위한 진지한 검토는 찾아볼 수 없었다. 애초에 해당 부처의 성격, 문제점과 개선점, 방향성 등을 고려한 논의가 아닌, 표를 위해 만들어진 이슈였기 때문이다. 정치권은 이를 청년세대의 남성과 여성의 대립으로 몰아갔고, 둘 중 어느 쪽의 표를 가져올지 궁리했다. 국민의힘은 전자를, 더불어민주당은 갈팡질팡하다가 울며 겨자 먹기로 후자를 선택했다. 실제로 대다수의 청년 남성 유권자는 국민의힘을, 청년 여성 유권자는 더불어민주당에 표를 던졌다. 대통령 선거가 끝난 이후, 남은 것은 양분된 국민 그 이상도, 그 이하도 아니었다. 애초에 정치권과 언론에서 '젠더 갈등'이라는 말이 쉽게 나오는 현실에 대해 실망감을 느낀다. 기울어진 운동장에서 '갈등'이 성립할 수 있는가? 남성과 여성으로 양분되는 두 세력 간의 '갈등'이 문제의 본질인가? 장애인을 향한 차별을 '장애인과 비장애인의 갈등'이라고 표현하지 않는다는 점만 고려해도 '젠더 갈등'이라는 말이 참 이질적으로 느껴진다.

사회의 여성 혐오적 맥락을 전혀 읽지 못하는 정치인들도 많다. 2021년 5월, 〈한국경제〉 인터뷰에서 이준석 전 국민의힘 대표는 여성 혐오나 차별은 "망상에 가까운 피해 의식"이며, "여성의 기회 평등이 침해받는 이슈가 있다면 얼마든지 목소리를 낼 것이다. 다만 특정이 가능한 이슈여야 한다. 2030 여성들이 소설과 영화 등을 통해 본인들이 차별받고 있다는 근거 없는 피해의식을 가지게 된 점도 분명히 있다고 생각한다"*라고 발언했다. 원래 차별은 교묘하다. 차별을 겪고 있는 국민의 삶에서 이슈를 특정하고 이들을 대변하는 것이 정치인의 역할인데, 청년의 이익을 대변하는 대표적인 정치인이 기본적인 역할에 대해서도 무지하니 가슴 깊은 곳에서 정치에 '관심을 끄고 싶다'라는 정치 혐오감이 스멀스멀 피어오른다. 여성 혐오적 발언을 지적받을 때마다 이준석 전 대표는 '나는 여성을 미워한 적이 없어'라는 식의 논리로 아니라고 반박했다. 이는 그가 혐오의 구조적 맥락을 전혀 이해하지 못하고 있음을 방증한다. 청년세대 담론의 선두주자라고 여겨지는 정치인이 이럴진대, 다른 정치인이라고 크게 다를 리 없다. 더불어민주당 이재명 의원의 "여사친" 발언만 봐도 그렇다. 대선 주자들의 청년 공약을 다룬 JTBC 인터뷰에서 그는 "지금 청년세대는 기회를 얻을 수가 없는, 그 단 한 번의 기회를 얻기 위해서 동료, 친구들 또는 여자 사람 친구와 격렬하게 경쟁해야 하는 그런 상황"**이라고 표현했다. 배우와 여배우, 군인과 여군 등 많은 단어가 그렇듯이, 정치권에서의 '청년' 역시 기본적으로 남성을 가리키는 용어로 사용되었다. 이후 이재명 의원은 생각이 짧았다며 사과했지만, 정치권의 '청년'에는 여성이 없거나, 뒤늦게 고려된다는 사실을 확인하기에 충분했다.

언론과 미디어가 정치권의 여성을 그리는 방식

각종 언론과 미디어가 여성 정치인 또는 남성 정치인의 여성 배우자를 다

* https://www.hankyung.com/politics/article/2021050787367
** https://www.joongang.co.kr/article/25004533

루는 방식에도 여성 혐오적 시각이 잔재한다.

　여성 정치인은 으레 사회로부터 훌륭한 정치인이자, 따뜻한 '아내'이자, 좋은 '엄마'일 것을 요구받고, 이러한 요구를 인식한 그들은 스스로 '아내와 엄마'라는 정체성을 부각해 대중에게 자신을 각인시킨다. 이러한 양상은 정치인들의 예능 출연에서 잘 드러난다. 김대중, 안철수 등을 시작으로 정치인의 예능 출연이 긍정적으로 평가받기 시작한 2010년대 초반, 2012년 제18대 대통령 선거를 앞두고 박근혜 후보와 문재인 후보가 SBS 토크쇼 〈힐링캠프〉에 출연했다. 새누리당 비대위원장을 지냈던 박근혜 후보는 중학교 시절 비키니 수영복을 입은 사진을 공개하고 노래를 불렀다. 젊은 시절의 사진이 공개되자 "남학생들의 대시도 많았을 텐데?"라는 질문이 이어졌고, 쑥스러워하는 박근혜 후보의 모습과 함께 "숙녀(?)의 프라이버시"라는 자막이 달렸다. 문재인 후보는 특전사 시절 사진을 공유하며 격파 시범을 보였다. 이후 아내와의 러브스토리, 노무현 전 대통령과의 이야기, 인권변호사로서의 삶 등이 이어졌다. 두 정치인이 걸어온 길이 다름을 고려하더라도, 정치인의 성별에 따라 다루는 내용이 크게 달라진다는 것을 알 수 있다. 언론은 이들의 예능 출연을 두고 "각각 친근하고 소탈하거나, 강하고 믿음직스러운 이미지를 연출하기 위한 수단으로 정치 예능을 적극 활용"했다고 평가했다. 문재인 후보를 두고는 "예능 토크쇼 첫 출연에도 불구하고 애교 만점 아내와 동반 출연해 부부애를 과시"*했다는 평가도 있었다. 여성 후보자는 '친근하고 소탈'한 이미지를 위해 비키니 사진을 공개했고, 남성 후보자는 '강하고 믿음직스러운' 이미지를 위해 '애교 만점 아내'와 동반 출연한 것이다.

　약 10년이라는 시간이 흐른 지금은, 크게 달라졌을까? 그렇지 않다. 여

---

* https://www.interview365.com/news/articleView.html?idxno=15616

성 정치인의 모습에는 항상 '아내'와 '엄마'로서의 모습이 함께 강조된다. 남성 정치인도 '남편'과 '아빠'로서의 모습을 비추는 것은 마찬가지이기는 하나, 여성 정치인의 경우와 그 양상이 달랐다. 2021년, 부부 일상을 보여주는 취지의 TV 조선 〈아내의 맛〉 예능 프로그램에는 정치인 나경원, 박영선, 오세훈 부부가 출연한 적이 있다. 오세훈 부부의 일상은 오세훈을 중심으로 전개되었다. 오세훈이 아침상을 차리는 모습, 아침 운동, 부부의 러브스토리에서 오세훈이 아내의 마음을 얻기 위해 어떤 행동을 했는지 등이 주요한 내용이었다. 반면 동일한 프로그램에서 박영선 부부의 일상에서는 박영선을 향한 남편의 내조가 집중적으로 조명되었다. '같이 놀아 줄 아내가 없어서' 향상된 남편의 그림 실력, 퇴근하는 아내를 기다려주는 '스윗한 남편', 비혼주의였던 박영선의 마음을 남편이 어떻게 돌렸는지 등이 그 내용이다. 박영선의 배우자가 바쁜 아내를 위해 청소도 한다고 하자, 패널들은 "장관님은 뭐 하세요?"라고 묻고, 자막은 "청소도 남편이면 장관님은 뭐 하세요?"라며 웃음을 유도한다. 박영선의 집안은 집안일을 남성이 도맡아 하는 특이한 케이스임을 부각함과 동시에 남편을 추켜 올리는 것이다. 집안일을 거리낌 없이 하고, 일하는 정치인 아내를 돕는 남편들의 모습에는 "이런 것도 할 줄 아세요?", "한두 번 해본 솜씨가 아니네"와 같은 패널들의 아낌없는 칭찬이 뒤따른다. 오세훈의 경우, 한술 더 떠, 본인이 아침을 차리는 횟수가 점점 더 많아지는 것 같다며 투정 섞인 말을 내뱉기도 한다. '점점 더' 아침을 차리는 횟수가 많아진다는 이야기를 할 수 있다는 것은, 남성이 아침을 요리하는 것이 지극히 선택적이고 칭찬받아야 마땅한 행위라는 생각이 내재해 있다는 의미로 해석된다.

물론, 예능 출연자들은 여성 정치인에게도 칭찬을 아끼지 않는다. 하지만 여성 정치인에게는 외모, 양육자로서 해야 할 역할, 절약하는 모습 등 전통적인 여성상에 입각한 모습을 칭찬하기에 바빴다. 〈아내의 맛〉 78화에서 나경원의 등장과 함께 모든 패널은 나경원의 외모를 칭찬하기에 바빴다. 나경원이 세수하는 모습이 등장하자, 패널은 "원판이 좋네, 원판이 좋아"라고 칭찬하고, 기초 화장품 제품을 아껴 쓰는 모습을 알뜰하다고 이야기한다. 어린 시절 사진이 나오자 "공부도 잘하는데 완성형 미모"라는 멘트가 자막으로 등장한다. 또한, 나경원은 본인이 애교가 없다는 것을 단점이라고 털어놓는다. 이에 패널들은 "예쁜데 애교까지 많으면 너무 사기"라며 그를 위로한다. 여성 정치인에게 애교가 없는 것이 왜 단점이 될까? 그녀는 '정치인'이기 이전에 '여성'이자 '아내'이기 때문이다. 패널들은 "(나경원이 애교가 없어서) 그러니까, 딸이 애교를 다 하잖아"라는 말을 통해, 나경원에게 '여성 정치인'으로서의 모습이 아닌, 가정적인 '아내'로서의 모습을 요구한다.

남성 정치인의 현대적인 남성상을 부각하는 동시에 여성 정치인의 전통적인 여성상에 주목하는 모습은 참으로 대조적이다. 정치인 본인의 행동에 초점이 맞추어진 남성 정치인과는 달리 여성 정치인의 경우, 본인의 행동보다 배우자의 행동이 더 주목받고, 배우자를 통해서 본인에 대한 평가가 이루어지는 것이다. 남성 정치인을 향한 평가는 여성 배우자의 탈전통적인 모습을 조명하는 방식으로 이루어지지 않는다. 예능에 출연한 남성 정치인은 본인이 프로그램의 주인공이 된다. 반면 여성 정치인에 대한 평가는 남성인 남편을 통해 이루어진다. 특히 오늘날의 예능 프로그램은 정치인의 성별이 무엇이든 남성 측의 '탈가부장적'인 모습에 초점이 맞추어져 있다. 이에 따라 여성에 대한 평가는 결국 '남편 잘 만났네'로 귀결될 수밖에 없다. 실제로 〈아내의 맛〉에서 오세훈에게 '아내 잘 만났네'라는 평가는 없지만, 박영선은 지금의 남편과 "결혼 잘하셨다"라는 칭찬을 듣는다. 여성의 미덕에는, 그가 정치인임에도 불구하고, 남편을 잘 만나 좋은 결혼생활을 하는 것까지 포함되는 것이다. 여성 정치인을 향한 긍정적인 평가가 남성인 배우자의 탈가부장적인 모습에서 비롯되는 것은 여성이 여전히 주체가 아닌 객체에 머물러 있다는 느낌을 지울 수 없게 만든다. 이처럼 남녀 정치인 모두 '부부 동반 예능 출연'이라는 대등한 전략을 사용하는 것처럼 보이지만, 구체적으로 이를 그려내는 방식은 젠더적인 차원에서 다른 것이 현실이다.

여성 정치인이 출연하는 모든 예능 프로그램이 그들의 남성 배우자에만 초점을 두는 것은 아니다. tvN의 〈인생술집〉 프로그램은 〈아내의 맛〉과 상당히 다른 양상을 보여주었다. 2018년 3월 8일에 방영된 〈인생술집〉 제61화에는 나경원 의원과 박영선 의원이 함께 출연했다. 해당 방송은 두 국회의원의 정치 입문 계기, 정치를 하기 전의 커리어, 지역구 의원으로서 했던 일 등에 초점을 맞추었다. 무엇보다 정치를 하는 데 있어 여성으로서의 고충에 대해 짧게나마 언급하고, 정당이 다른 두 의원이 여성 정치인으로서 서로를 응원하는 듯한 모습은 상당히 인상적이었다. 대부분의 이야기가 나경원의 딸이나 박영선의 남편을 중심으로 이루어졌던 〈아내의 맛〉과는 상반되는 모습이었다. 그러나 〈인생술집〉 프로그램 역시 여성 정치인을 '정치인'으로서만 본 것은 아니었다. 나경원 의원을 소개하는 부분에서 국내 최초 여성 외교통상위원장이라는 사실과 함께 '얼굴만 이쁜 국회의원? NO'라는 자막이 달렸고, "법정에서 대시를 받았다고요?"라는 질문을 시작으로 두 의원의 러브스토리와 함께 남편의 이야기가 빠지지 않고 들어갔다. 이들을 정치인으로서 존중하면서도, 로맨틱한 사랑 이야기를 가진 '여성'이라는 점을 빼놓지 않고 부각했다.

남성 정치인의 여성 배우자나 가족 구성원을 조명하는 방식도 흥미롭다. 주로 남성이 대통령을 해왔던 한국에서는 영부인으로서의 여성 배우자가 언론의 주목을 받아왔다. 이 영부인의 역할이라는 것에 대한 대중의 평가는 다소 이중적이다. 아내로서 대통령이 된 남편을 내조해 국가의 위상을 드높여야 하는 한편, 검소해야 한다. 역대 영부인들은 언론에 의해 의상이 너무 비싼 것은 아닌지 검열받았다. 고(故) 전두환 전 대통령의 배우자 이순자 여사는 취임식 때부터 화려한 옷차림으로 입방아에 자주 오르내렸다. 문재인 전 대통령의 배우자 김정숙 여사는 순방 때 입었던 옷이 총 몇 종류인지, 가격이 얼마인지 '논란'에 휩싸였고, 윤석열 대통령의 배우자 김건희 여사 역시 저렴한 옷을 입으면 '싸 보인다'라고, 고가의 옷을 입으면 서민을 이해하지 못하는 여자라며 조롱당한다. 영부인들은 대중들 사이에서 검소하게 영부인 역할을 잘 해내는 '성녀'가 되거나, 사치나 일삼는 '창녀'로 이분화된다. 정치권에서 비판해야 하는 대상이 여성일 때 비판의 방식으로 어김없이 여성 혐오적 언행이 채택되는 것이다.

헌정사상 최초로 탄핵당했던 박근혜 전 대통령을 향한 비판의 목소리에도 여성 혐오를 찾아볼 수 있다. 첫 '여성 대통령'이었던 박근혜의 과오와 실패는 곧 여성 정치의 실패로 여겨졌다. 국민의당 박지원 의원은 향후 100년간 여성 대통령은 꿈도 꾸지 말라며, 여성들을 향해 으름장을 놓았다. 박근혜 전 대통령 이전에 각종 법률을 위반하거나 심지어 헌정주의를 무너뜨린 남성 대통령을 향해 '이래서 남자가 대통령을 하면 안 돼'라는 평가는 들어보지 못했다. 탄핵 당시 고등학생이었던 내 주위의 반응도 대체로 비슷했다. 어른들은 "역시 결혼도 안 하고, 아이도 키워보지 않은 여성 정치인은 평범한 여성의 삶을 이해하지 못하니까 제대로 정치하기가 쉽지 않아"라며, 박근혜 전 대통령이 '결혼하지 않은' 여성임에 주목했다. 그가 결혼하지 않은 남성이었어도 '이래서 결혼도 안 하고, 아이도 안 키워본 남자는 정치하면 안 돼'라는 평을 들었을까? 역대 대통령 중 아이를 키우는 데에 있어 주 양육자인 남성 대통령은 없었지만, 그 사실이 이들의 정치 인생에 흠이 되지는 않앉다. 대다수의 한국 여성들에게 지워진 이중부담, 즉 여성은 직업인이면서도 아내 또는 어머니 역할까지 완벽히 수행해야 한다는 인식을 확인할 수 있다. 또한, 박근혜 전 대통령을 향한 정치 풍자는 그의 여성성, 특히 여성으로서의 육체를 노골적으로 비하하는 방식으로 이루어졌다. 이구영 화가가 그린 풍자화 '더러운 잠'은 박근혜 전 대통령을 나체로 누워 있는 여성으로 표현했다. 홍성담 씨는 정치권력을 풍자하는 방식으로 박근혜가 박정희를 출산하는 모습을 그리기도 했다. 박근혜 전 대통령은 비판해야 할 정치인이자 기득권이기 이전에, '여성'으로 취급되었다.

여성 배우자나 여성 정치인뿐만 아니라 남성 정치인의 가족 구성원, 이를테면 자식이 정치적으로 이용되는 방식도 그리 마음에 들지 않는다. 유승민 전 의원의 경우 2017년 대통령 선거에서 딸과 아들을 적극적으로 유세에 내세웠다. 특히 딸 유담 씨가 '예쁘장한 외모'로 언론의 큰 주목을 받으면서 그는 '국민장인'이라는 타이틀을 얻게 되었다. 이후 유담 씨는 자주 유세 현장에 얼굴을 드러냈고, 2021년에는 선거 운동의 연장선으로 유승민 전 의원과 함께 유튜브 라이브 방송하던 도중 "이준석 국민의힘 대표가 남자로 어떠냐?", "아빠 같은 남자가 좋으냐?" 등의 질문을 받아야 했다. 유승민 전 의원은 "오늘 제 딸이 큰 기술을 쓰고 있다"라며 내내 싱글벙글 이었다. 스마트폰으로 정치 기사를 읽던 도중, 이 소식을 접하자마자 한숨을 쉬며 창을 꺼버리고 말았다.

정치 혐오로의 귀결

상황이 이러하니 현실 정치에 꾸준한 관심을 가지고 정을 붙이기가 쉽지 않다. 정치학을 배우면서 정치에 애정과 흥미를 느끼고 결코 소시민으로 살지 않겠다고 다짐했지만, 시간이 지날수록 '여성으로서의 내 목소리가 대변되기는커녕 여성이 배제되는 판에 관심을 가져 봤자 뭐 하나?'라고 한탄하게 된다. 그래서 현실 정치 문제의 해결책에 관한 질문에 나야말로 그것이 알고 싶다며 하소연한 적도 많다. 물론 청년 여성의 목소리를 대변하는 정치인이 전혀 없는 것은 아님을 잘 알고 있다. 하지만 이들에게는 큰 힘이 없다. 중년 남성으로 똘똘 뭉친 기득권 정치 세력에 끼는 것부터가 도전이다. 박지현 전 더불어민주당 비상대책위원장의 "권한은 있지만 권력은 없다"라는 말이 아 주 적절한 표현인 듯싶다. 정치인이 조금이라도 여성주의적으로 발언하면, "페미(페미니스트)냐?"라면서 공격받는 세상이다. 언제부터 '페미'라는 용어가 의미를 불문하고, 상대를 향한 혐오감을 나타내는 수단이 되었을까? 정치권 이 권력 구조에 대한 고찰 없이 여성 혐오를 여론을 움직이는 수단으로 활용 한 것이 이러한 현상에 힘을 실어주었다는 것만은 확실하다.

그래서?

다양한 사람들이 나에게 "정치인이 될 거야?"라고 물었고 앞으로도 물 을 텐데, 그들의 머릿속에서 여성 정치인이 된 나는 어떤 모습이었을까. 현 재 제21대 국회는 역대 최다의 여성의원을 보유하고 있지만 그 비율은 여전 히 19%로, OECD 회원국의 평균 여성의원 비율인 28.8%와 비교해도 훨씬 적은 편이다. 롤모델로서의 여성 정치인이 상당히 한정적일뿐더러 여성들이 과소 대표되고 있다는 뜻이다. 사회의 인식이 변하면서 여성의 정치 참여가 자연스럽게 확대되는 것은 불가능에 가깝다. 세계경제포럼(WEF)에 따르면, 2022년 기준으로 전 세계가 성평등을 실현하는 데에는 132년이 걸린다.[*] 이

---

[*] https://www.womennews.co.kr/news/articleView.html?idxno=225829

역시 꾸준한 노력이 있을 때의 이야기다. 저절로 시정되는 구조적 문제는 없다. 결국 여성을 정치 제도에 수적으로 편입시키는 것이 당장의 과제다. 제도와 인식 변화의 관계는 흔히 '닭이 먼저냐? 달걀이 먼저냐?'의 문제라지만, 여성 혐오적 정치의 해결책에 있어서는 제도 변화의 선행이 필수적이라고 생각한다. 제도가 결정하는 '수(數)'는 정치에서 꽤 중요한 요소이기 때문이다. 사소해 보이는 규칙이 권력 획득 및 유지에 큰 영향을 미친다. 선거 제도에서 의석 전환 공식을 다수대표제 또는 비례대표제로 할 것인지, 선거구 크기에 따라 소선거구제로 갈 것인지, 중대선거구제를 채택할 것인지를 치열하게 계산하는 이유가 이 때문이다. 준연동형 비례대표제를 채택하는 과정에서도 얼마나 치열한 공방이 오갔던가. 이러한 선거 제도는 의회의 파편성, 즉 다양성을 좌우한다. 군소 정당이 낄 자리가 없는 우리나라의 실질적 양당제도는 소선거구 단순다수대표제가 만들어낸 폐해라고 본다. 숫자가 정치적 대표성의 전부는 아니지만, 근간이 되는 것은 맞다. 누가 어떻게 대리할 것인가에 대한 고민은 그다음 문제다. 그런 점에서 비례대표 의원석에 적용되는 여성할당제는 좋은 시도이지만, 실질적인 여성의 정치 대표성을 증진하기보다 거대 양당이 여성 추천보조금을 타 가는 방법으로 활용된다는 점에서 촘촘한 제도적 보완이 필요하다.

지금까지 남녀고용평등법, 성폭력특별법, 남녀차별금지법, 호주제 폐지 등 유의미한 제도적 변화를 끌어낸 이들은 여성 시민 단체였다. 이들이 제도 정치로 직접 진입하지는 않았는데, 이는 대의제에 대한 불신이 직접 행동으로 나타난 것이다(주성수 2017). 언제까지나 '길거리 정치'만으로 해결할 수는 없다. 여성들의 연대, 시민 단체의 역할, 거리로 나서는 직접 민주주의가 나쁘다는 것이 아니라, 이것만으로는 부족하다는 것이다. 이러한 행위들은 일시적이고 예외적이라는 점에서 그렇다. 대의제라는 규칙이 존재하는 이상,

실질적인 변화를 위해서는 이 규칙에 포섭되어야 한다.

이 글을 완성하는 순간에도 여당의 연찬회에서 모 작가가 여성 정치인의 외모를 품평했다는 소식이 들려온다. 정치권에서 여성을 타자화하는 관행은 익숙하지만, 익숙해지고 싶지도, 그래서도 안 된다. 혐오 정치가 정치 혐오를 불러일으키지만, 정치 혐오가 혐오 정치를 악화시키는 것도 사실이지 않을까. '수', 그다음을 고민하고 싶다. 대표해야 할 여성들은 누구인지, 누가 대표해야 하는지, 그 방법으로는 어떤 것이 적절할지 등의 과제를 오롯이 고민할 수 있을 때까지 정치적인 '나'의 이야기는 계속된다.

졸업해도 될까요

엄준희

"무서워요."

'무서워요?'

방금, 내 목소리? 맞았다. 그랬던가. 별일이었다. 일생 운운하며 처음 해본 발음이었대도 그럴 법하다. 까닭 모르게 그 옛날 가부장식 뻣뻣함을 체화한 구석이 있어 그렇다. 당연히 유교 젊은이 쪽은 아니고, "당신 울면 안 돼, 울면 안 돼 하는 차별적 남성 성역할을 체득하며 자란 거 아녜요" 놀려오더라도 "그러게요, 그리 배운 적 없는데" 밖에는 더 짜낼 변명이 없어질 쪽이다. 페미니즘 교지편집실의 준희 씨라면 '에이, 그것은 강한 게 아니라 고리타분한 거다'라고 일갈했겠지만, 그리고 '전형적 젊은 여자 규범에서는 한참 동떨어지지 않았냐?'라는 반문을 맞닥뜨려 웃었겠지만. 여하간.

무서운 건가. 여지가 없긴 했다. 이어폰 없는 통화법이 으레 선사해온 기회에 귀에서 멀어져간 전화기의 종료 버튼이 눌리기 직전, 대개 존재조차 포착되지 않는 일순간에 부리나케 웅얼댔으니 웬만해서야 거짓은 못 될 일이었다. 이리 힘겹게 말문을 뗐으면 무엇 무엇이 재사회화마저 추동할 정도로 서슬 퍼렜다 딱 알려야 도의일 테지만 역시 잘 안된다. 그러나저러나 추상같은 마감 때문에 비밀 이야기하자면 실은 이 책 내보낸단 거, 일 초쯤 무서웠어요.

결단코 번듯한 사기업에 지원하지 않겠노라는, 그리고 이렇게 계속해보겠다는, 염두에 둬본 적 없는 배수진에 최후의 페인트조차 칠해지려는 것 같았으니까. 물론 부족하다 삼가는 클리셰의 사정까지 별안간 깨달아버리게 되면서 긴장한 면이 컸다. 그런들 저 표준생애주기의 눈치를 본 떨떠름함의 어엿한 한자리를 부정하기도 어려웠다. 최초의 실명 사용만으로 생경하긴 하다. 이러면 세상의 희귀 성씨들이 들고일어날지 몰라도 동명이인이 원체 드물어서, 철 지난 밴드 공연 영상마저 검색해낸 사람들 앞에 황망해지는 일이 그치질 않아서, 아껴준 이들이 외자로 부르던 중간 글자가 별 아래 숨겨지는 것을 감수해봤자 당차게 주인을 찾아오던 이름이라, 문득 걸리는 바가 있었다.

허구한 날 시민, 동료 시민 하던 사람이 소략한 제 할 말에 멈칫댄 꼴이다. 탈만큼이나 말도 많은 우리 동아리 친구들의 침묵마저 자아낼 만하다. 지금 입학하자마자 집회부터 실컷 쫓아다니고 '정상성' 따위 뜯어먹어서라도 해체하겠단 듯 거칠어지던 세미나에 한몫했으며, 몇 년 지나니 낯 뜨거워 차마 밝힐 수 없는, 고리키(Gor'kii)도 안 쓸 톤의 문장을 술자리에서 소리 낸 전적까지 보유한 애가 잃을 게 있단 건가. 일 학년 이 학기 '행복' 철학 과제에는 봄 한구석 썩어드는 중에도 아프지 않다면 참 난감한 거라던 이성복 시집까지 들먹이며 그 이상화가 이데올로기라 주장해놓고, 새삼 포기할 낙이 있던 건가. 우습고 근거 없으며 돌연 스쳐 간 불안이라도 연구 대상감이다.

이 표현은 두어 번 중학교 국어 선생님의 연구 대상감으로 전락하다 익힌 것인데 어쩐지 망연해질 때, 하나 배후에 아른거리는 바가 있어 어찌어찌 설명될 듯도 할 때 쓰면 좋다. "왜 저래" 대비 고상한 여운을 남기며 생산적이다.

출발점은 선행연구라 배웠다. 그렇다면 선연히 떠오르는 게 하나 있는데 엠바고*도 풀렸다. 묵은 글 개봉은 최소 4~5년의 말미를 둔 뒤 살그머니 허해볼 수 있다. 그보다 이르면 창피스럽고, 늦으면 귀엽다. 이번에 터뜨릴 것은 새내기가 3월 초에 받은 대망의 첫 과제. 맥주를 한 캔, 두 캔, 세 캔까지 따기 전에 일필휘지로 써 내려간 다음 뒤도 돌아보지 말고 뽑아가라던 항간의 속설을 시험해본 마지막 과제. 판도라의 상자가 대대적으로 열려 다신 객기를 부릴 수 없었다는 후문이다. 소논문과 서평으로 점철된 대학 시절이 남긴 몇 안 되는 에세이 중 하나이기도 하다. 그것도 하필 가부장은 쩔쩔맬 자전.

'나를 이끈 세 가지 열정'이라니. 괴로움, 외로움, 그리움이 내 청춘의 영원한 트라이앵글이었노라 멋스럽게 적어낼 재간 없는 신입생은 괴로웠다. 그래도 마감은 위대해서, 시작은 미약했으며 그 끝 또한 미약하더라도 시작과 끝이 있게는 해준다. 거기 힘입어 도출해낸 셋 중 가운데가 '두려움'이었다. 무서워요, 호들갑 떨어볼 것 없이 유구한 전통인가 보다. 겁먹을 때면 용감했던 사람들 그려온 민간요법까지 세트로다가 버릇이다.

그 앞은 '반항심'이었다. 이제 보면 소소한 반란사를 정리하다가 '두려움'도 발견했지, 싶다. 셋째는 아무래도 비밀이다. '수치사'라는 구(舊) 신조어의 위용을 실감해 그렇다면 하해와 같은 마음으로 양해해주시리라 믿는다. 이때 어지간히 변증법에 집착하긴 했던가 보다. 1년은 지나야 귀여워지겠다.

과제 엿보기

음, 당신은 어떻게 대화를 시작하는지. 일단 진부하게 가보자. "날이 좋네요. 운이 좋아요." 그리고 무엇을 기대할까. 적어도 이쯤은 예상할 것 같다. "그러게요." 그런데 옆 사람이 아랑곳하지 않고 딴청만 피운다면. 그러면 심

---

* 일정 시간까지 어떤 기사에 대해 한시적으로 보도를 중지하는 것을 말한다. ─ 편집자 주.

장이 약간 급해진 듯해도, 여유만만인 기색으로 채근하는 눈빛을 던지면 된다. 2차 시도의 꼬투리를 남겨주는 거다. 그러다 기상천외한 답을 얻는 수도 있지만. "지우개 달린 연필이요."

여기서 사회적 상호작용을 이어가려면 당신은 웃어야 한다. 유행어인지, 선문답인지 확인해도 괜찮다. 화를 내는 길도 없지는 않다. 어떻든 난처하긴 난처한 상황이다. 이쪽은 규칙대로 되도록 만전을 기하려는데 말이다. 간파되었을 듯하지만, 나야 천방지축 좌충우돌 경력에 으리으리한 이름표 붙여줄 수 있단 잿밥만으로 배우기에 즐거웠던 방법론이다. 이런 위반 실험은 가핑클(Garfinkel)의 기여인데, 다분히 '정상적'인 듯도 한 것들을 쿡 찔러본다. 그제야 솔직해진다. 알고 보면 그게 다 우리 합작품이라, 매 순간 공모하며 지탱해주지 않으면 흐물흐물 별것 아니게 된단 거.

고프먼(Goffman)이 자유자재로 가지고 논 연극학적 사회학도 그 비슷한 흑심 탓인지 가깝게 느껴졌다. 그러던 시기였으니 첫머리가 "가만 있어도 주어지는 대본을 연기하면 참 좋겠는데"로 나왔나 보다. '문화적 각본과 즉흥 연기로 구성된 우리네 삶'이란 개념을 들이고 나니 오만 것들이 새로 보인답시고 '새봄'이라는 아이디를 쓰기까지 했다. 매일매일 의지하던 관례가 환상이라니. 집합적 상상이라니. 역할이야 수용해도, 냉소해도, 수정해도 된다니.

그 뒤로는 제1차 대본 모른 척 사건서부터 사후 엄선한 사례들이 이어진다. 말 그대로 하루도 빠짐없이 농구공 들고 뛰어다니는 청소년한테 기어이 치마 교복을 입혀야겠는가, 종만 쳤다 하면 체육관 직행인데 어느 세월에 그걸 다 갈아입고 있겠는가 하는 불만이 크긴 컸던 모양이다. 공놀이의 편의 진작을 위해 사회적으로 '남자 머리'라 간주해온 양식을 택한 날엔, 그게 흡사 본인이 연구 대상감인 데일리 위반 실험의 서막일 줄 몰랐다. 엉성한 사회학도가 얼결에 제법 재미있는 배움을 얻고 다녔다. 대안적 각본들과 충돌

해봐야만 기성의 문화 각본도 오롯이 인식된단 것은 참말이었다.

인생 첫 열정이라기에 '반항심'이 다소 거창하지만, 이십 대 초반이 유감스럽게도 그럴 때니까 나쁘진 않았다고 미화할 뻔했다. "개기냐?" 이런 엄정한 협박에도 맷집이 생겨버린 것은 진짜니까. "네!" 그런 긍지를 품을 뻔했는데 한 문단 넘기지 못하고 깨져버렸다. 이 친구가 남부끄럽게 선언까지 해둔 것이다. "6초에 1명의 어린이가 굶어 죽는 사실을 버젓이 두고 현 상태가 최선이라 정당화하는 말들은 도무지 인정할 수가 없다." 오, 그래서 무슨 대단한 반항을 해봤단 건지. 무대장치 째려보기, 발끝으로 선만 톡톡 넘어보기, 지시문 버리기, 끼워 넣기, 패러디, 군데군데 틀리기, 통으로 고쳐쓰기가 다 다르다. 늘 두 치의 망설임도 있었다. 언설은 창대했으나 그 행동은 미약했다.

"이건 공부가 아니라며 친구들과 하염없이 교육제도를 비판하느라 자습 시간의 반은 보냈다." 이것은 과장이었다. 숙제는 맨정신으로 하는 게 옳다. 그런데 그런 날들이 있었고, 꽤 자주 있었다. 하루를 보낸 날도 있었다. 나는 목소리가, 심히 컸다. 진심으로 대입 블랙홀과 학벌주의, 의자 놀이가 문제고, 그것들이 너와 나를 쓸데없이 시간 낭비하며 말라붙게 한다고 생각했다. 여전히 그렇게 생각한다. 적정선이 그어지지 않는 이상, 본말이 다시 전도되지 않는 이상, 꾸준히 그렇게 생각할 것이다. 그 대가로 지금에 이르기까지 웃음도 안 나오는 자가당착을 안고 왔다.

그때는 어쩔 줄을 몰랐다. 어느 모로 보나 이것은 좀 아닌 것 같았고, 원흉도 대강 알 것 같았고, 교육 선진국은 다짜고짜 파라다이스 같았고, 그런데 거기서부턴 어쩔 줄을 몰랐다. 왜곡된 체계를 살짝이라도 거들고 싶지 않다 거부할 용기, 없었다. 귀퉁이나마 흔들어 보고픈, '우리 중상층 아이들은 출혈경쟁 끝에 승자로서 대학에 잘 간다'란 각본의 자연스러운 역할 놀이를 콕 건드려 보고픈 반항심, 없었다. '변화를 위하는 다른 방식' 같은 것은 얌전히 졸업장 딴 내가 갑자기 할 말이 아니다. 조금 더 진지했더라도, 당시 내게 선택지는 하나였을 것이다. 여기가 두려움의 자리다. 이 참담한 인지부조화.

"의자 뺏기 놀이 교육제도라 열 올려 비판하고선 거기 앉아 보겠다고 밤샘 벼락치기마저 마다하지 않는다. 마지막 순간 나를 휘감아 지배하는 감정은 명백히 두려움이었다. 순전한 불안이었다. 대학 선택의 근거 역시 세간의 인식에 불과했으니 바로 그 학벌주의에 고스란히 편승한 셈이다. 수많은 문제의 근본 원인이 사회 구조에 있다면서 어째 해결에 적극적으로 일조할 뜻은 없어 보인다." 터프한 듯 조신하기 짝이 없었다.

내 친구는 대학을 택하지 않았다. 그것이 가장 큰 이유는 아니었지만, 그것도 이유였다. 함께 나눈 이야기들이, 분명 내가 썼던 것만 같은 표현들이 깔끔한 요약본으로 들려올 때 나는 대체 어떤 자세를 취할 수 있었을까.

이제는 돌아와 거울 앞에 누우면 기다렸단 듯 재방송이 거듭되었다. 복기했다. 친구의 선택을 존중하지 못해서가 아니라, 내 선택에 확신이 들지 않아서. 죄책감이 들어서. 중간고사에, 기말고사에 힘들이겠구나, 안쓰러워하며 응원 문자를 보내준 사월과 유월, 나는 대학 공부가 참 재미있었다. 한껏 신났다. 직장 다니다 재수를 고민하게 된 친구에게 조심스레 권하기까지 했다. 그래도 대학, 다녀 볼 만한 것 같아. 다시 해보고 싶은 거면, 해보면 어때. 그 장면을 오래 기억한다.

아물게끔 두고 싶지 않은 상처가 있다. 흉터조차 없이 멀끔해질 그날 나는 망가질 것 같다. 그런 이력들은 간혹 기나긴 술자리 끝에서나 끌려 나올까 말까인데 안 나오면 무덤까지다. 단 한 번의 공개 회상을 마친 밤, 바통이 넘어갔다.

"야… 나 김예슬 선언."[*]

정적이 길었다. 머릿속 단어들의 이합집산은 하나같이 부적절하기만 했다. 모두 그러고 있었을 것이다. 11학번, 만감이 교차했을 것이다. 그가 그랬을 것이다. 고등학교 3학년에 책까지 사 읽었단 사람. 그런 사람에게 대학 생활은 무엇이었으며 어떠해야 하는 것이었을까. 돌아와 대자보를 다시 읽는데 내가 글쓴이와 꼭 같은 3학년이었다.

입학 전부터 그런 부분만큼은 결연했다 믿어왔지만, 타협은 타협이고, 위치는 위치고, 미안함은 미안함이다. 부러 시험 전날, 밤까지 일 보충을 잡던 낭만도 있었다. 하고 싶어 평소에 하는 공부와 성적을 노린 공부 중 내 것은 정확히 앞쪽일 수 있다 납득하고 싶었다. 이른바 '꿀강**'을 집어넣는 날엔 자퇴하겠다, 바닥을 치더라도 앉고픈 강의실에 앉겠다, 다시는 숫자 때문에 그냥 암기나 하고 말지 않겠다. 그 약속들 깨뜨려본 적은 없다. 그마저 무너지면 너무 한심할 것 같았다. 주변 동료들과의 학점 경쟁에 아등바등하지 않고, 미국, 중국, 유럽, 세계의 청년들을 마음에 두며 공부하기로 한 고등학교 선생님과의 약속도 잊지 않았다. 그렇다고 성적을 아예, 터럭만치도 신경 쓴 적 없다면 거짓이겠지만.

대학을, 정말 사랑한다. '반드시 대학이어야만 하는가?'가 질문으로 남더라도 우선은 이만한 곳이 없다. 없진 않아도, 적다. 지식을 만들고 물려주는 곳, 사람들을 만나게 해준 곳, 그 안에 폭 잠겨 있기 참 좋은 곳. 하지만 그곳은 동시에 떵떵대는 명패의 온상, 이 땅 사람들 첫 이십 년을 피폐화하는 주범, 그 점에서 사실상 사회적 책임을 방기해온 곳이다.

* 스펙 위주의 현실을 비판한다는 의미다. 스펙과 관련해서 고려대학교 3학년으로 재학 중이었던 김예슬이 대학을 그만두는 사태가 벌어졌다. 그녀는 대자보에 "국가·대학은 자본과 대기업의 '인간 제품'을 조달하는 하청업체"라면서 스펙 위주의 대한민국 사회를 직간접적으로 비판했다. – 편집자 주.

** 가만히 앉아 있기만 해도 성적이 잘 나오는 수업 - 편집자 주.

혹 떼려다 혹 붙인다고, 내 심란함 슬쩍 덜어보려다 여럿의 고충을 끄집어내 어수선히 죄스러운 기분이 되었다. 그리고 사회학도라면 이 대목을 놓쳐선 안 된다. 여럿의 고충. 사회학자가 되면 '야너두의 사회학'을 써보고 싶었다. 개인적인 것이 정치적인 것이라던 68까지 가지 않아도 할 말은 이 반도 지천으로 널렸다. 말마따나 그대의 오랜 내력에 관해 이야기하라, 하면 거기 우리의 발자국이 어지럽게 찍혀 있다. 못 박히게 들었다. 우리는 현상 이면의 구조를 드러내고자 한다. 개인의 고통은 대부분이 사회 문제의 징후기도 하다. 너도? 너도? 너도! 그럼 이게 다 내 탓일 가능성은 지극히 낮다.

이건 방긋방긋 떠넘기는 모양과 거리가 먼데, 절대 혼자 쓱싹 해결할 수 없을 일이란 암울한 뜻이라 그렇다. 마음을 암만 고쳐먹어도 힐링이 안 된다. 물파스를 더덕더덕 바른대서 뼈가 맞추어지진 않을 테니까.

며칠 전, 잔을 두고 불현듯 "전교 1등이었어요" 해온 말머리에 웬 자랑인가 싶었다. "오늘까지 영광인가요." 자중을 못 하고 즉시 놀려버렸는데 넘겨 짚은 것이 실수였다. 꿈에 내신 시험 당일이었고, 예의 그 나무로 된 책걸상에서 압박감에 휩싸였다 땀 흘리며 나왔다는 어려운 이야기를 하마터면 끊어먹을 뻔했다. "죄송합니다." "군대 끝난 거 아는데 돌아가 있다고들 하는 거랑 닮았어요."

이 정도 영향력이 관찰되는데 '연구 대상감이다'라면 약한 것 같다. 내 머리가 곧장 준비해준 문구는 이랬다. '이게 나라냐?'

최근 글짓기의 진일보를 목표한 개인 맞춤 처방으로 문헌 참조 또는 권위 대여를 전면 금지당해 얼떨떨하기 그지없지만, 당장 전두엽이 죽어도 못 보내는 할 말이 있으니, 어디서 주워 읽었는지 빤히 알면서 입 싹 닫으면 표절이란 핫이슈에 영영 한마디 올릴 수 없게 될 일이므로 유리창을 깰 수밖에. 극약 감사합니다. 자제해보겠습니다.

동아시아 공통의 후유증에 주목한 글을 읽던 밤, 시원섭섭했다. 학생과 교사, 학부모가 혼란한 불안 속 줄곧 방치되어온 것은 경쟁 원리에서 공생 원리로의 이행 실패 때문이란 거였다. 이 국가들이 학교를 경쟁 장치인 양 쓰며 국가주의와 이기주의를 자극하는 식으로 후발 주자의 도핑을 시도한 것은 엎질러진 물인데, 여태껏 수습을 못 하면서 학벌주의, 입시 지옥, 획일화라는 물때도 감당 안 되게 꼈다고 한다. 누구도 책임지지 못해온 이 아득한 상황, 우리 교실에 민주주의와 공공성을 뿌리내리는 일은 지난하리란 이성적 비관, 조금쯤 알 것도 같아서 시원했다(사토 2009, xi:4-6;67). 별수 없던 꼬마를 기억하면 섭섭해졌다.

고용주의 선호는 다음과 같다. "교육은 미래 노동력 상품의, 그러니까 인간 재료의, 품질 향상을 위한 것입니다." 알다시피 고용주 역 마이크는 최고로 빵빵한 앰프에 꽂혀 있다. 반면 미래 노동자의, 그러니까 학생의, 입장은 이렇다. '엥, 저는 상품이기 전에 인간인데요. 교육은 저 자신을 발견하며 세상을 이해하도록 해주는 것입니다(정진상 2004, 72-75).' 뒤쪽은 노력했지만, 면면히 졌다.

그러다 민주공화국에서 나왔다기에 대단히 부끄러운 소리까지 들어버리곤 먹먹해지는 사달이 났다. 우리의 현명한 대표가 애써 천명한 교육의 지상 목표란, 사기업 바람대로 사람을 키워 넘겨주는 일이다. 경제부처 교육부! 그건 차라리 너무 숨김이 없어 띵했지 않나요. 나도 작은 동료 시민들을 언젠가의 노동력 공급원으로만 상상하는 버릇 다 못 고쳤긴 해도, 여든까지 가기 전 끝장낼 자신 있다. 그리고 내가 인용해도 된다면, "대학은 글로벌 자본과 대기업에 가장 효율적으로 '부품'을 공급하는 하청업체가 되어 내 이마에 바코드를 새긴다(김예슬 2010)."

5학년의 사족

이제부터 본격 반항마저 감수하려는 것은 "원래 저래"와 그 대체재 "다 저래"에 질색팔색하는 최고의 방법이 계보 캐묻기 아니면 "어, 저기 저 나라 한 번 봐주세요"라 그렇다. 학부 맛보기긴 했어도 이중 전공의 경우 제2외국어마냥 '이건 주류경제학 사고다', '주류경제학이라면 이러저러하게 접근하겠지' 어설프게나마 구별되는데 본 전공은 어릴 때 해 그런지 배어버린 면이 있다. 배운 대로, '역사의 한 가닥으로 얽힌 개인사를 알려면 질문해야 합니다.' 우리 생애 최고의 기간일 수 있었을 1막, 언제 어쩌다 이 모양으로 그려져 버린 것일까.

책장을 쓱 넘기다가도 자주 그리고 계속해서 숙고하면 할수록 꿈꿈해지는 것이, 한국 근대교육이 초장부터 식민지교육의 이식과 함께 출발했단 거였다. 당시 초대받지 않은 권력이 갖고 들어온 목표부터가 산업형·병사형 인간 양성이었다. 세밀한 검사와 분류, 평가를 도구 삼아 기능적이고 체제 순종적인 지식만 주입하려 들었다. 저 동네 푸코(Foucault) 아저씨가 슬렁슬렁 내 말이 맞죠, 하고 갈 법하다. 거기서 이미 기시감이 팍 들었다. 역사와 전통을 자랑하는 초대형 사회 문제, 어쩌면 좋죠. '학력에 의한 지위 분배'라는 사회통제 수단, 도구주의 교육관, 교육에의 파시즘적 국가통제. 이것들은 잔재쯤으로서가 아닌, 작금의 무대 조형 원리로서 무겁게 남아 있다(김진균·정근식 2003, 22; 김진균·정근식·강이수 2003, 80-109; 정진상 2002, 309).

해방 뒤에는 뜯어고쳤으면 좋았겠지만, 안타깝게도 이곳은 미국의 '이데올로기적 전쟁터'였다. 이것저것 외면하며 식민지교육 인력을 고대로 답습하는 편이 유리했다. 이다음에도 한국사는 순탄치 않았음을 뻔히 아니 기대도 하지 않았지만, 4·19 직후의 교원노조운동을 5·16으로 좌절시킨 군사 정권이 학생들을 대입 위주 교육정책으로 밀어붙임으로써 사회운동으로부터 격리하려 했다는 기록에는 또 어벙해졌다. 형식적 민주주의를 학교에서까지도 보장하지 않았다. 권위주의, 반공, 성장 이데올로기로 물든 교육은 정권 유지 수단일 따름이었다(김진균 2003, 145; 정진상 2002, 311-314).

그러다 문민정부에 이르러 마침내 변화가 시작되었다. 근데 그 변화가, 신자유주의적 교육 재편이었다. 경쟁, 상품성, 효율성에 강조점이 찍혀버린 것이다. 교육은 다시 종속되었다. 학생 간, 학교 간의 경쟁구조와 기업적 학교 경영, 민간참여와 규제 완화, 교육비의 수익자 부담 확대, 교육 인플레 조장을 위시한 그 유산이 오늘날까지 줄줄이 내려온다(정진상 2002, 307-322).

해결을 못 봤다. 그러니 낑낑 고생하면서, 이게 의미가 있나 없나 하면서 큰 것은 우리 잘못이 아니었다. 역사는 바뀐다. 그래왔다. 가끔 잊히지 않는 표현들이 있다. "시키는 대로 잘 따르는 천사의 대량 생산"도 그중 하나다 (Mikako 2019, 140-141). 표현에 픽 웃지만 서글픈 이야기다. 이대로 천년만년 굴리다가는 무대 자체에 위협이 될 수도 있는 공정이다. 시대가 절실히 요구하는 능력에도 하등 도움이 안 된다. 토론하는 힘, 창조성, 결단력, 동아시아에서 부족하다는 것은 어느 정도 편견이다. 그리고 나머지는 슬픈 이야기다.

비바람이 없어도 봄은 오고 여름은 간다는데, 인간이 경쟁 정도를 조정한 대서 '하향평준화'되려나. 상하의 척도를 논외로 하더라도 말이다. 통념에 젖어 있다가 이 연구를 보고 놀랐다. "비교조건을 통제해 평준화 전후의 학력을 비교한 결과 그 이전과 이후의 학력에 별 차이가 없었다." 그러니 "학습지도를 어렵게" 해 "국민 전체의 지식수준을 저하"시키는 주범을 다시 고민해 봐야 했다(김한종 2000, 327-328). 지금 같은 경쟁은 10명을 깨워놓는다. 그러면서 20명은 재워놓는다. '승자'일 수 없다면 교육권쯤 잃어도 무방한 것일까.

보면 통찰을 남겨주는 표현들이 잘 잊히지 않는 것 같다. "엘리트 교육과 대중 교육을 둘로 쪼개려는 강한 욕망"이란 구절이 머리에 들어온 다음 새로 이해되는 현상들이 있었다. 대놓고 격리를 요구할 수가 없어진 뒤로 각종 명분을 내왔다는 것은 미국에서도 공공연한 비밀이었다. 그래도 제2차 세계대전 이후 민주주의의 역사는 복선형에서 단선형으로의 학교개혁과 함께했다. 상이한 이해관계들이 맞물린 현실을 외면해서는 안 될 인문 사회 분야의 경우, 다양한 배경을 지닌 학생들의 교류와 토론이 더 유익한 교육 환경을 만든다(사토 2009, 24-39; 정진상 2004, 176).

여기서 무엇보다 강렬했던 개념은 이거였다. '소셜 아파르트헤이트.' 계층 간 단절의 심화가 세계를 갈랐다. 주말 오후답게 엎드려 있다가 정자세로 앉아서 두 문장을 세 번 읽었다. "같은 계급의 아이들에게 둘러싸여 공부하게 되며, 자기보다 높은 계급에 속한 아이와는 친구가 될 기회는커녕 옷깃을 스칠 인연조차 맺지 못한다. 이는 위쪽 계급 아이들에게도 마찬가지인데, 그들에게 하층 계급이란 텔레비전이나 영화에서밖에 본 적이 없는 사람들이다(Mikako 2019, 37-38)."

이러면 주변의 엄살만 '국민'제안이 된다. 남의 집을 구경하듯 내려다보게 된다. 열악한 환경의 다른 노동자들에게 성내게 되고, 그러면서 무엇을 놓치고 있는지 영영 알 수 없게 된다. 재일 1세 여성들의 패소를 다루며, 권력의 전횡과 주변화된 존재의 고통을 모를뿐더러 그 교과서적 지식조차 실제 경험으로 상상해보지 못했을 공산이 큰 재판관들을 조명했던 글이 말쑥한 '법과 원칙'에서 떠올랐다. "규칙을 지켜서 말이 전달되는 것은 다수자의 특권이다. 이들은 규칙을 지키지 않으면 지키지 않는다는 이유로 그 목소리는 무시되고, 그리고 규칙을 지켜도 역시 무시당하는 것이다(오카 2013, 619-620)."

기왕 이렇게 된 거 깨진 유리창 이론의 경험적 증거 축적에 기여해줘도 괜찮지 않을까. 넘어가기 전에 한 문장 더 같이 이야기하고 싶다. "너무도 걱정하고 불안해서 … 욕설을 퍼붓고 있다. 그들에게는 자신들을 더 좋은 방향으로 끌고 갈 낙원 정치가 없기 때문이다(Standing 2014, 318)." 이 낯익은 진단. 몇몇 인터넷 커뮤니티의 행동 양식을 염려해도 좋지만, 그와 경쟁할 사회적 대화법의 전수에 실패한 원인은 무엇인지, 시민 교육을 어찌나 두려워해 왔는지도 점검해야지 않을까 싶었다.

중학생이 되고부터 떠듬떠듬 주어에 '사회'를 두기 시작했다. 그때 또래 몇은 '일간베스트'의 용어와 상징을 교실에 들여왔으니 욕구의 종류는 같았던 듯하다. 첫 스마트폰을 쥔 시절이라 요즘처럼 리터러시가 강조되지도 않았다. 입장을 막론하고 기초 텍스트와 언어, 토론 경험은 필요하지만 제5, 6, 7, 8, 9대 대통령의 흔적인 공무원 정치 '중립' 탓인지 접하기 어려웠다.

일상사가 모조리 오답과 정답으로 뜯어지는 것은 아닌데, 현행 교육만으론 학생들을 흑백 논리에 빠뜨리기에 십상이다. 대학 입학시험을 논·서술형으로 변경하는 등의 조치가 취해지지 않는다면, 동해 물과 백두산이 마르고 닳도록 일방강의식 수업과 단순 암기, 한없는 문제 풀이만을 '교육'이라 불러줘야 한다. 주입식으로는 상상력과 감정이입 능력을 키울 기회도 보장해주지 못한다. 그러나 그런 기본기의 뒷받침 없이는 그 어떤 좋은 정책이라 해도 위태로워지는 것이다(김진균 2003, 186; 대학무상화·대학평준화 추진본부 연구위원회 2021, 189; Nussbaum 2019, 574).

학생과 선생님의 공동체

비타협적 인간들의 저력은 화수분 같은 무용담 또는 농담거리 생산에 있으니 염려할 것은 아니겠지만 사회학과가 좀 악마 같긴 한 게, '마땅찮아도 내색하지 않으며'라고 똑똑히 쓰여 있는 지시문에 씩 웃어버리는 것을 목격하고 나면 찌르르한 동료애를 품으면서도 아이고야, 하게 된다. 나름 중요했던 연합 뒤풀이 자리였다. 초반의 긴장이 풀리면 평소와 다른 연출로 넘어가 보기도 하는 자리. 대부분 문송해야 하는 사람들이었지만 모두가 그런 것은 아니었다.

산학협력 덕에 앞길이 탄탄한, 거한 재정 지원을 받으며 날로 전도유망해 지는 학과와 학교 자랑까지 단숨에 달려갈 줄이야. 이 발단부터가 각본 무시 긴 했다. 기대되는 상호작용에서 광년 단위로 떨어졌다. 이날 내 친구는 몇 겹의 지시를 내다 버렸다. "대학의 기업화를" 하며 말문을 떼는 순간, 조용히 경의를 표했다. '와.' 그렇게 할 말 다 하고 나면 피치 못할 다음 순서는 낙담 임을 내가 모를까.

한참 뒤에 퍼뜩 떠올라 놀리려 드니 이 사람 잊고 있었다. 연신 내가 벌였 을 법한 일이라고 주억거리긴 했지만. 삼라만상 타이밍, 장난도 타이밍인지, 이튿날 합정에서 시간이 떠버려 중고 서점에 갔더니 내가 첫 번째로 도는 사 회 코너에 아주 멋진 제목이 있었다. 세상에, 『대학의 기업화』. 그걸 꼭 데려 오고 싶었다. 씩 웃었다. 냉큼 집어다가 사진 찍어 전송하는 일부터 시작했다.

방문 오른쪽 신간 구역에 어정쩡하게 세워두고도 며칠이 지나니 때늦은 가책도 스멀스멀 들었다. 한순간의 농을 위해 한 권 사다니. 웬 호사인가. 그 부담을 덜어보고자 개시했다. 그랬는데, 한 장씩 넘기면 넘길수록 벌어지는 일은, 차근차근 암담해지는 일이었다. 대학(university)의 뜻은 '선생과 학생의 공동체'다. 강의실 건물도, 이사장 하 위계 조직도 아니다. 하지만 연구와 배 움 모두, 교수와 학생 모두 경영진이 관리할 순위 다툼의 대상이자 수단으로 추락해 있는 요새 대학을 학문공동체라 일컬어주긴 어렵다. 그리고 이 몰락 의 근원은 미국식 사립대학 제도다. 근대 대학을 설계한 훔볼트(Humboldt)가 그 사명을 "교양인 양성"으로 여겼다는 사실도 이제 와서는 순진한 이상만 같다.

무대를 돌려볼까. 세계 최초로 대학을 발명한 것은 학생들이었다. 이탈리아 볼로냐대학교는 학생들의 수강료를 모아 교수들을 고용하던 학생 조합이었다. 그러니 학생 대표가 총장으로서, 집행부와 함께 학생들의 권익을 보호했다. 신기하다. 만일 이곳의 총장 선출 권한이 독일처럼 학생 1/3, 정교수 외 교수 1/3, 정교수 1/3의 비율로 배분되어 있었더라면 삼분의 이쯤 덜 생소했겠지만 말이다. 뻔한 이야기지만 대표가 해당 조직의 구성원으로서, 그 구성원들에 의해 선출되지 않으면 정상적인 조직이 아니다(고부응 2018, 44:399-401).

이후 유럽의 대학 총장은 교수 가운데 선출된 교수의 대표였지, 대학의 지배자가 아니었다. 중세에나 근대에나 대학은 자율적 공동체일 수 있었다. 반면, 미국의 총장은 외부 인사로 그득한 이사회가 임명했다. 이 총장 임명제가 바로 기업화 대학의 대표적인 특징이다. 교수들도 교수회 아닌 이사회에 보고하는 총장의 관리 아래 놓인 것이다. 구태여 적어두자면, 한국은 미국 쪽이다. 1995년 「5·31 교육개혁안」이 총장직선제 폐지와 대학평가 도입 등으로 대학의 기업화를 본격화했다. 그러니 학문의 자유와 대학의 자율성을 회복하는 데 있어 가장 가까운 첫 단추도 총장을 직접 뽑는 일이라 한다.

국가 재정 지원이 급감하던 20세기 후반까지 돌아오면, 이때 미국 대학 전반에 걸쳐 기업처럼 경영하겠다는 기획이 표면화된다. '수월성 제고'란 표현 앞에 계량적 평가의 도입이 있다. 문제가 있다. 대학의 성과와 학문적 성장이 수치로 환산될까. 어떤 연구를 하는가, 무엇을 배우는가가 부차적으로 될 뿐이었다. 대학평가 결과에는 정보가 없다. 총장이 기부금을 얼마나 모았으며 장학금은 또 얼마나 되는지가 '서울대학교 1위'로 알 수 있는 내용 전부였다. 교육은 둘째치고, 그 기부금이 그래서 어디 쓰였다는 것인지도 평가되지 않았다. 본래 수치는 목적이나 방향과 무관하다. 특정 지표에서 높은 수를 얻는단 것은 그 이면의 지표에서 낮은 수를 얻는다는 거나 마찬가지라, 지표가 뼈대다.

순위평가는 인증평가와 상이하다. 후자가 교육 및 연구 수준의 유지를 위한 필수 요소라면, 전자는 대학 발전의 방해 요인일 따름이다. 교수들이 연구업적 경쟁에 내몰리면서 '강의가 제일 중요치 않은 일'이란 인식도 공공연해졌다. 한 해에 한 편의 수작을 써낸 인문학 분야 교수와 같은 기간 열 편을 써낸 공학 분야 교수가 있다면, 앞쪽은 십분의 일의 평가밖에 받질 못한다. 요사이 "큰 사이즈 논문이 나오질 않는다" 하신단 것을 들었지만, 오직 편수가 문제인 룰이 굳게 버틴다면 변함없을 것도 같다. 읽다 잠시간 머무를 수밖에 없던 평을 같이 보고 싶다는 핑계로 또 반항하자면, "상대평가라는 학업 평가제도는 모든 학생이 교육 목표에 도달할 수 있다는 전제를 부정한다." 그렇게 학문공동체의 주체들은 사라졌다(고부응 2018, 44:81-132:219-283:341-401).

고소. 그 장면에 학생은 없었다. 소비자 그 이상도 이하도 아니었다. '서비스 제공' 담당인 대학 대신에, 대학의 잇속 대신에 시급 400원 인상 요구 소리에 분개하고, 한번 정정당당하게 상아탑다운 계약서를 위해서 인권의 존중을 요구하고 후려치기에 반대하는 자유를 이행하지 못하고, 옹졸하게 반항했다. 이사장에게는 못하고 총장에게는 못하고 부총장에게도 못하고 청소노동자에게. 말할 것 없이 우스워진 건, 아름다운 모범으로 큰 가르침을 주어온 대학이기도 했다.

우리 대한민국은 세계에서 대학 등록금이 사실상 두 번째로 비싼 나라다. 신규 임용 비율은 비정년 트랙이 정년 트랙보다 한참 높아진 나라, 2006년 교수 1인당 학생 수가 37.8명이던 나라기도 하다. 그해 일본은 11명이었다. 한국이 이 수치를 경제협력개발기구 평균에만 맞추려 해도 전임교원 10

만 명을 더 고용해야 한다. 교원의 절반 이상을 점하는 비정규직 교수들은 동일가치노동에 삼분의 일 내지 사분의 일 임금을 받는 중이다. 전임이라 해도 단기 고용계약 관계에 있는 경우가 많다. 대학의 일은 연구와 그 연구에 바탕을 둔 교육이 아닌, 노골적 학위 장사에 근접해가는 셈이다(고부응 2018, 110;214; 대학무상화·대학평준화 추진본부 연구위원회 2021, 29-32;131).

더구나 교수 계약임용제는 말과 행동에 재임용을 걸어 학문의 자율성까지 침해한다. 덕분에 사학 재단은 그 비리에 항의한 수백 명의 교수들을 징계와 재임용 탈락, 해직으로 추방할 수 있었다. 1975년에, 그러니 유신 시대에, 국가권력은 대학교원 재임용제도로 교수 신분을 위협했다. 정교수라도 정년이 보장되지 않았다. 허울이야 좋았다. 교수의 연구력 증진. 그래 봐야 실 목적은 사학법인 권력에 순응하지 않은 교수들의 제거에 있었다. 50년이 다 되어가는데 당혹스럽게 느껴질 정도로 빤히 똑같다.

지위와 처우를 쪼개놓으니 일명 '노-노 갈등'도 발생해왔다. 현실이 이렇게까지 선명한데 '우수한 교원을 우대하기 위함'이란, 입에 발린 소리를 누가 믿어줄 수 있을까. 우리의 지혜로운 경영자들, 정말 동료들끼리 서로 싸우게끔 하는 데 도가 텄다. 그마저도 정확히 '기업화'인 것이다. 그래서 의자를 언제까지, 얼마나 더 망치려는가(강일구 2021; 고부응 2018, 212; 김진균 2003, 53-54; 홍성학 2021).

무대를 넓혀보자. 지식이 '신의 선물'이던 중세에는 학생들의 수업료를 요구하지 않았다. 당시 사회의 공적 기구였던 교회가 초창기 대학의 재정을 부담하며 공공재로서의 지식을 책임졌다. 심지어 20세기 중반에 이르기까지도 돈이 대학을 이토록 지배하는 일은 없었다. 절대 '본디 그런 것'이 아니다. 근대 이후로 넘어온 지금, 공적 기구는 국가다. 국방과 치안, 가로등을 비롯한 공공재를 책임지듯 지식의 영역에도 책임감을 느껴야 하는 것이다.

내라는 대로 내긴 하지만, 대한민국의 대학 수업료 제도는 매우 예외적인 것이다. 충격이었다. 네덜란드 대학 소개를 부탁했더니 수업료, "그런 것은" 없으며, 오히려 매월 백만 원가량의 생활비를 정부로부터 받는다는 이야기가 나온다. 등록금 면제에 학생 수당. 그게 유럽 대학의 일반적 모습이라 한다. 내 친구는 왜 과외를 한 번에 네다섯 개씩이나 해가면서 대학 생활을 마쳐야 했던 것인지. 또 다른 친구는 왜 휴학, 아르바이트, 복학을 반복해야 했던 것인지. 이게 나라가 뭘 하는 것인지. 국가가 뒷짐 지고 빈둥대니 또 서로 치고받게 된다. '내 등록금이 네 장학금이네. 내 장학금을 위해 네 등록금이 필요하네, 어쩌네' 슬픈 말들의 반복 재생에 끝이 없다(고부응 2018, 40-90:155-178:401-402).

유럽뿐 아니라 세계 대부분 국가에서 대학 재정은 정부가 책임진다. 무상 교육만이 대학과 지식의 사회적 공공성 확보를 가능케 하기에 그렇다. 지식은 경합성도, 배제성도 없다는 점에서 멋지다. 내 친구가 1 더하기 1은 2라는 것을 알게 되는 순간 그게 싹 없어져 버려 내가 모르게 되는 것은 아니고, 그것을 모르게 되어야 한답시고 나를 저지할 수 있는 것도 아니다. 지식은 공공재 중의 공공재로 지킬 때, 가장 큰 시너지 효과가 기대되는 종류의 것이다.

대학 자본주의 체제가 배제성을 끼워 넣음으로써 자연독점재로 상품화할 때, 지식은 위협받는다. 정부 책임의 국립대학 체제가 '학문의 진흥'을 목적할 수 있다면, 개인 부담의 사립대학 체제는 사람들에게 '본인의 신분 유지 내지 상승'을 목적하게 한다. 투자와 보상의 기업적 가치관이 개입한다. 그렇게 교양, 지성, 인간의 가치, 세계관, 학문과 같은 말이 쏙 들어가고 수월성, 특성화, 효율성, 취업률, 성과, 목표 관리 같은 말만 돌아다니는 공간을 만들어왔다(고부응 2018, 97-181:229).

흥미로운 연구 대상감이 되고도 남는 사건들을 종종 전해 들으며 돌아다니지만, 개중에서도 여간해서는 잊지 못할 만큼 강렬한 일화들은 특별히 꼽아볼 수 있다. 그리고 이런 기회에 허락을 구해 소개하지 않을 수 없다. 이것은 학교 근방에 사는 지인이 겪은 일이다. 학교 근방, 백 년 삼만 육천오백 일 별의별 사건과 사태, 난리와 변고, 소동과 분란, 야단에 법석이 밀도 높게 들어찬 구역이다.

이름하여 학생증 사태. 장소는 그의 집 앞 카페다. 때는 커피 한 잔과 그냥 저냥 간만의 여유 시간을 만끽하고 있던 날. 언제 들어왔는지 모를 커플 하나가 느닷없이 앞에 오래 서 있더랬다. 삼 초, 사 초, 일상생활의 상호작용 규범 위반 정도가 차츰 심각해지자 웬일인가 싶었다. 올려다보며 말씀하시라는 무언의 신호를 보냈다. 그랬더니 곧바로 돌아온 것이 무엇인가 하면, 다름 아닌 학생증 두 개였다는 것이다. 저희 고대생인데요, 자리 비켜주실 수 있을까요.

위반 실험의 한 장면으로서가 아니고서야 그려보기만도 어려운 일이다. "암행어사 출두요" 하고 마패를 떡 들이밀면, 삽시간에 좌중이 술렁이고 카메라가 돌며 꽃비가 내리고 어이쿠 지체 높은 분 납셨다며 홍해 갈라지듯 길 터주는 그런 전개를 기대한 것일까. 한술 더 기막히게 뜨는 코너가 남았다. 어리둥절한 마음을 붙잡은 지인이 그보다 '높은' 곳이라 인식되는 대학의 학생증을 주섬주섬 꺼내 보이자 "죄송합니다" 하며 잽싸게 사라졌다는 것이다. 하나, 둘, 셋, 카드를 탁 까면 누구누구 숫자가 더 큰가 결판나듯이 되어버렸다. 웃기지만 슬프다는 말이 이보다 알맞을 때가 없다.

원 없이 떠들고 놀린 내가 여기 고백해야만 할 것은 즉각 딸려 보냈던 반응이다. 왜 그랬는지 모르겠으면 좋겠는데, 해석이 참 투명하게 되어서 문제다. "우리 학교요?", "아아, 그런 일이", "곤란하셨겠네요", "당황하셨단 것치곤 대응이 재치 있는데요", "정말 학벌사회는 이름값 하는군요" 다 놔두고 "우리 학교요?" 웃기만 했어도 중간은 갔을 건데, 헤실헤실 뛰어가 쏘아 놓은 살을 쏙 뽑아올 수도 없는 노릇이었다. 우리 학교 학생이 그럴 리가, 있었는데.

기실 사회과학자 앞에서 "차별은 없어요" 하는 것은 자연과학자더러 "지구는 평평해요"에 대꾸해보라 하는 거나 다름없다. 삼척동자도 알다시피 요즈음의 학교는 그저 소속 교육기관이 아니다. 한 번 획득된 학벌은 일상사, 인간관계, 결혼 등 생활의 제반 영역에 지대하게 작용한다. '정해진 지위로 고착화되는 삶'이라면, 틀림없이 신분제 사회의 주된 특징이다(정진상 2004, 45). 방방곡곡 꼬마부터 노인까지 대학들 첫 글자를 기도문 외듯 읊을 수 있다면 고작 이런 게 우리 시민 종교인가 싶다.

사람들이 힘 모아 신분제를 폐지했다고 방실방실 단언하던 나도 반복되는 입시 부정에서 모순의 일면을 배운다. 이 의자 뺏기 도박판의 반도 위 누구도 그로부터 자유롭지 못하다. 계층이란 변수는 지겹고, 살날의 2할가량을 기어이 이름표에 바치도록 한 교육을 돌이키면 슬프다. 중간층으로서 통감하는 천장을 겨누어 삿대질하는 데 만족하기보다 내가 디딘 천장이 다른 방식으로 엄존함을 시인하며, 서로를 못 만나게 해온 벽들에 관해 생각한다.

썩 괜찮은 숫자를 상품 평처럼 당당히 내놓게 된 것도 일정 부분 제대로 일해본 적 없기 때문이라는, 그러지 않아도 되었기 때문이라는, 차가운 진실 앞에 고개를 돌리기 어렵다. 도덕적이고픈 인간도 비도덕적 사회에서 점한 위치가 있다. 영향이 일절 없다 발뺌하지 못할 정도로는 배워온 모양이다. 이 불편함을 꺼냈다 위로받기도 했다. "인식하고 있잖아. 자기 자신만을 위한 게 아니잖아. 대신에 치열하게 하면 되지." 오대양 육대주 마음속으로 사르륵 돌리면 스스로 대학생이라 부른다는 게 특권처럼 느껴지고, 여성인 데다 자산계급 태생도 아닌 사람이 고등교육을 받는다는 것은 타고난 시대를 상기시킨다. 역시 이 글은 사치스러운 글이다. 그래도 한 번은 쓰고 싶었다.

실은 어수선한 입시 비리와 유불리 소식들을 쫓아가던 동안 내심 궁금한 것은 따로 있었다. 잘했다는 것은 전혀 아니라도, 사고의 도구로 써볼 순 있으니까. 잘잘못들의 성격 차는 중요하지만, 그 잘못 어떤 계층만 할 수 있는가도 중요하지만, 이 지점에서 다룰 것은 아니다. 나는 사실 그 사람들이 가서 잘했는지도 궁금했다. 전부터 누구나 공부할 수 있다고 생각해왔기에 그랬다. 정말 누구나 공부할 수 있다. 자격 없다고 여겨진 사람들이, 일반적 절차를 이탈해 접근한 사람들이, 그러니까 '못 배웠어야 했을' 내지는 '못 배울 뻔한' 이들이 들어가서 혹 잘했다면. 충분한 대학 수학 능력을 펼쳐 보였다면.

그랬다면 입시는 처음부터 대체 무엇이었는가 고민하게 되었다. 배울 수 있는 사람들을 못 배우게 해야 한다면 왜일까. 어디서든 배울 수 있는 사람들을, 기필코 다년간의 난장판에 밀어 넣었다 빼 틀지어야 한다면 왜일까. 어째서 자격고사가 아닌 줄 세우기 커팅식이, 배울 가능성을 일러준다는 것일까. 졸업증서는 무엇일까. 당교가 요구하는 교육과정을 이수했다는 것 이상의 사회적 의미, 어쩌면 좋을까. 철 지난 입학시험 성적이 따낸 간판, 해당 분야에 대한 졸업생 실력을 내보일 최선의 지표긴 한 것일까.

전혀 다른 곳에서 전혀 다른 일을 해온 옛 친구들이 같은 사회현상에 한층 빛나는 해설을 공유해줄 때 나는 들고 있던 명함마저 쓱 감추고 싶어진다. 어젯밤에는 MBTI 대유행을 현대인의 정체성 불안과 결부시키는 이야기를 듣는데 뇌리에 1부 에세이 한 편이 스쳤다. 연상된 문헌들의 요지가 들려올 때 흠칫한 것은 내 오만의 발로라 반성해야 했다. 연합 학술제를 한 번만 치러 봐도 완벽히 받아들일 수 있다. 교명은 아무짝에도 소용없는 정보일 때가 많다.

거역을 일삼다가는 보다 쓴 약이 떨어질지 몰라 두려운 감이 없지는 않지만, 정에서 합으로 질러가는 셈치고 뻗대려 한다. '저 사실 작사 작곡 놀이할 때도 각주가 필요해요. 심각하죠. 구습 청산의 난코스를 관람하게 되신 여러분께 심심한 사과 말씀 올립니다.' 과연 반항심 꽁지에는 두려움이 달렸다. 그래도 다음 내용은 꾹꾹 눌러 쓰고 싶다.

이른바 '명문' 순위가 존속하는 한 교육과 입시 제도에의 파다한 탄식도, 선다형 문제 풀이에서 실수하지 않기 위한 전력투구 또는 낭비도, 소모적이고 반교육적인 불안도, 별별 뒷길 내지 옆길 뚫기도 계속된다. 제도교육이 쭉 '유일한 사다리'라면, 그 모든 숙의에서 인간 성장에의 고민을 '공정성' 시비가 뒤덮는 기괴함도 계속된다.

프랑스의 노동계급 학생들은 기회 확대를 얻어내 고등교육에 진입했으나, 막상 직업 세계에서는 그 결과를 얻지 못했다. 그렇게 능력주의의 허상이 노출되었다. 계급 재생산의 원흉으로 대학 서열제도가 지목되었고, 싸움 끝의 교육체제 대전환은 그랑제콜 외 평준화와 정부 재정 지원을 가져왔다(김영화 2020, 161). 이런 주장이 불안할 사람들을 위해 어차피 위로 수십 년, 아래로 수십 년씩은 당신의 성취를 모른 척하려 해봐야 도저히 모를 수가 없고, 이는 다음에 올 사람들을 위함이라 덧붙이고 싶다.

대학통합네트워크, 이것만 되어도, 선진국들을 부러워 말고 선뜻 좇아갈 수만 있어도, 드라마틱하게 살 만해질 것 같다. 한국 땅의 사람들 이십 년 또는 그 이상의 모양을 바꿔주는 경천동지 대사건일 것이다. 대학 서열 체제 아래 입시 경쟁 교육이 아닌 교육을 받은 사람들이 온다면, 사랑하는 분야를 택해 여유와 전문성, 포용력과 시민성을 기른 사람들이 온다면, 그들에게 이 척박한 터전의 미래를 걸어보고 싶다.

이미 2004년에 일반인의 82.1%가 "대학 서열 체제는 어떻게든 해소되어야 한다"라고 답했다. 그 피해자 아닌 이를 찾기 어렵다. 이른바 '인서울' 이데올로기는 지방의 내부 식민지화를 고착시켰다. 수도권 대학생 절반이 지방 출신이다. 인재와 자원을 빨아들이는 것이다. 중하층 학부모들은 상류층 주도의 과소비적 학벌 경쟁에 말려 들어가 있다. 대한민국 학교가 1만 개, 학원이 16만 개다. 한 해 총 대학 운영 경비가 19조 원, 대입 목적 사교육비가 19조 원이다. 과외 등 통계 밖 비용까지 하면 40조 원에 달한다(강준만 2015; 대학무상화·대학평준화 추진본부 연구위원회 2021, 68-90; 정진상 2004, 50-154).

중등교육은 대입에 종속되어 있다. '평가를 위한 교육'과 '교육을 위한 평가' 사이 천 리 길이 있다. 사활을 건 '입시교육'일 수밖에 없고, 외형적 객관성과 형식적 공정성에의 요구가 상당할 수밖에 없다. 그래서 세계 어느 나라도 만들지 않는 객관식 선다형 문제 일색의 시험지가 나온다. 21세기에 암기식 단순 반복을 장려한다. 다양한 수업과 어우러질 논·서술형으로 넘어가질 못한다. 생각들의 흐름과 구도를 배우고, 견해들을 자유로이 만나며, 나름의 관점을 세우고, 재차 만나며 보완해가도록 돕는 교육을 한 번쯤 받아본 사람들 능력이 나는 부럽다(대학무상화·대학평준화 추진본부 연구위원회 2021, 50-52;189).

입시 제도를 연거푸 수정한들 '대학 서열 체제로 인한 무한경쟁'이란 원천이 버젓이 눌러앉아 있는 한 손주도, 증손주도 똑같이 괴로워하게 될 것이다. 이 지옥은 정면 돌파해야 한다. 우리야 고등교육기관 설립과 동시에 시작된 서열화가 죽 봐온 무대배경인지라 숙명 같지만, 그렇게 일렬로 매겨온 국가들은 몇 되지도 않는다. 기껏해야 느슨한 그룹화 정도다. 예컨대 독일에서는 대학들이 평준화되어 있다. 고교 졸업 자격시험과도 같은, 논술과 구두 평가로 구성된 아비투어에 합격하기만 하면, 희망 대학과 학과로의 입학 자격이 부여된다. 물론 등록금은 무상이다(대학무상화·대학평준화 추진본부 연구위원회 2021, 48-125; 이선주 2008; 정진상 2004, 36-189).

대학통합네트워크는 끈끈히 결합한 지위 권력과 공간 권력의 독점을 풀어내 줄 가능성을 가진, 너무도 몇 안 되는 핵심적인 정책이다. 캘리포니아 대학 체제 모델처럼 연구 중심 대학을 일궈 질적으로 도약한다면 서구와의 격차를 줄일 수도 있다. 상향평준화를 달성하는 것이다. 또, 고등교육 변화 없이 지역 균형 발전 없다. 미국과 일본 엘리트 대학들의 전국적 분포는 학문 경쟁력과도 직결된다. 이 안은 서울대학교 교수들의 제안으로 시작되었다. 학문의 영역에서 서울대가 큰 리더십을 발휘해 역사책에 적힐 임무를 잘 마쳐줬으면 좋겠다(김종영 2019).

인문사회과학을 정말 좋아한다. "지성, 도덕성, 감성이 조화롭게 어우러진 성숙한 인간 사회를 추구하는 학문이다(고부응 2018, 343)." 일분일초도 죄송해 본 적 없다. 숨은 구조 찾기를 연습한 아마추어 사회학도의 부업으로는 팔자 풀이가 있다. 나는 선무당도 채 못 되니 사람 잡지 않도록 조심해야겠지만, 구경하다 보면 하여간에 영묘한 재주 같다.

고등학교 선생님께서는 내가 '자기 연민'이란 말의 현신과도 같던 날, 사회학 좀 잘해보라며 학자 지망생의 자긍심을 자극하셨다. 이제 보니 엄청난 인내심으로 들어주시다 질문으로 각도를 몇 차례 틀어놓으시고, 견줘볼 만한 사례들을 일러주어 틔워놓으시는 게 비법이었다. 그 덕에 뒷걸음질하던 내가 가까스로 자기 객관화까지 해내는 순간이 오면 아낌없이 웃어주시거나 적극적으로 뒷받침해주셨으니, 생활 밀착형 사회학적 상상력을 그보다 잘 키우기는 어려웠을 것 같다. 일례로 "엄마가요" 하며 시작했다가 정신을 차려보니 "한국의 가족제도가요" 하고 있는 수가 있다.

1학년 때는 필수 과목 과제가 사회학적 자서전 쓰기였다. 본인의 위치와 궤적을 큰 틀에서 해명해볼 수도, 일상의 패턴과 숨바꼭질해볼 수도, 소속 집단이나 조직 단위의 움직임을 연구 대상감 삼아볼 수도 있다. 나는 다 읽어보고 싶다. 정치학자들의 정치학적 자서전, 경제학자들의 경제학적 자서전, 사학자들의 사학적 자서전들이 궁금하다. 그해에 내게 그런 일이 발생하기까지, 이만큼 축적된 배경이 있었다고. 그렇게 파스 아닌 부목이 나올 것 같다.

대학이란 곳에, 대학생이란 것에 밤낮 주저해놓고 대학원은 또 왔다. 이번에는 깔끔하게 대학원 공부가 하고 싶었다. 그 어떤 거리낌도 없이 그뿐이라고 차분히 말할 수 있다. 사회적 의미는 당연히 그뿐이 아니라고도 침착하게 첨언할 수 있다. 아마 상징자본으로 포문을 열 것이다. 장에 직접 뛰어들기도 전부터 그 규칙에 비판적인 글들을 접해버렸으니 부연쯤에 그치는 일이게으르긴 하다. 초심자의 설렘을 누리기 위한 회피라니 반항심은 다 죽었나보다. 그럼 머나먼 이야기를 해야지.

"한국 사회학은 스스로의 언어로 한국 사회와 그 안에서 살아가는 사람들의 삶을 설명함으로써 한국 사회의 자기 인식과 자기 창조 능력을 높이는 비판적 학문이다(정수복 2022, 434)." 지난겨울에 이 따끈따끈한 정의를 만나자마자 뭐가 그리 좋았던지 소리 내 다시 읽기까지 했다. 몇 세대가 유학을 다녀왔음에도 여전히 사회과학은 미국에서 영어로 해야 한다는 것을 생각해본적 있지만, 가능하다면 가서 배우고 싶어 한다. 형식 때문이 아니라 전적으로 내용 때문이라 선 그을 때 떳떳하진 못하다. 한 교수님의 글에는 "읽히지 않는 논문을 끊임없이 쓰면서 업적 관리"한다는 슬픔이 배어 있었다. 주변부의 대학은 미국 명문 사립대학에 인간과 사회현상을 둘러싼 원자료를 공급해왔다(고부응 2018, 122-233).

2차 실태조사

이쯤 되면 비판이 제기될 것 같다. 2022년 기준 본인 세 가지 열정 연구는 언제? 나도 슬슬 잘못했다는 감이 든다. 삼에 칠, 사에 육 정도를 셈하며 손 댔는데 한밤중의 한 시간이 보기보다 길었다. 하기야 분량 조절 못하는 거, 그것은 그대로 내 대학 생활의 상징 같다. 이제 와 뒤늦게 무엇을 더 보태려 하겠냐마는 수미가 상관하면 입학과 졸업 사이의 혼돈도 구성상 안정성의 효과를 뒤집어쓸 수 있으니까. 발표 시간이 얼마 남지 않아 가능한 빨리 간추릴 테니, 마지막까지 자리를 빛내 주시길 바란다.

전생의 유물만 같은 과제를 파내 흙 떨고 재검하는 내내, '나를 이끈 세 가지 열정' 대학 편을 고민했습니다. 영순위 '부끄럼'은 도로 보냈어요. 잎새에 이는 바람부터 연상들 하실 듯해서요. 제가 시급해질 때마다 팠으면 국토가 쥐구멍으로 남아나지 않았을 거긴 합니다. 대신 첫째는 불신입니다. 이 무대는 다가 아닌 것 같아요. 지금의 생각과 행동이 후엔 오래된 것 되어 있을까, 낡은 것 되어 있을까 넘겨보다 아연하기도 해요. 노예제가 원래 그런 줄로만 알고 살던 옛사람이나 진배없는 상태인데 알 길이 없다면 어쩌죠. 교차성을 놓치면 무엇이 끔찍한가 겨루는 답보 상태에 빠질 뿐이니까, 구분 선이 있으면 고 앞에 가만 쪼그려 앉아 오잉, 하며 두 손가락으로 들어 올린 다음 유심히 살피는 장난도 재미있었습니다.

다음은 신뢰입니다. 대학 덕에 참 많은 사람을 만나다 우리를 믿게 되었어요. 20대 남성의 14.6%는 자신이 페미니스트라 응답합니다(한국여성정책연구원 2018). 이 14.6%, 이들의 의미와 잠재력은 곧잘 간과되어요. 선례가 원체 드문 와중, 이들과 소란 없이 진행 중인 사방의 실험들이라면 가랑비에 옷 적시듯 무언가 해줄 것만 같습니다. 유유가 상종인지 근묵자가 흑인지는 시계

열 분석으로 면밀하게 따져볼 일이지만, 행복을 주는 사람이라 불러볼 만한 이들 없이 때로는 지루하고 외로운 길 같은 거 어떻게 갈까요. 제가 다닌 대학에는 공동체들이 있었습니다. 행운이죠. 그곳들을 지키고 물려주신 이름 모를 모든 분께 감사합니다. 지난 옛일 모두 기쁨입니다. 이하 따듯한 회고들은 생략하겠습니다.

그럼, 끝까지 적고 서른 즈음에까지 꿍쳐두면 되겠습니다. 마지막은, '약속'입니다. 이런 매가리 없는 글이나 깨작여도 약속은 합니다. 이 점에선 확고한 O포입니다. 그러다 보면 자기충족적 예언이라도 되지 않을까요. 과분한 기대를 받을 때면 꼭 성장소설 어린이처럼 어깨가 무거워집니다. 단순하게도요. 그리고 불안한 기대로 바꾸어 간직합니다. 우리는 약속을 많이 해왔죠. 잊지 않기로도 했고요. 대신 바꿔 가기로도 했어요. 저 쌓아둔 약속이 많아요. 잘해봐야겠습니다.

권여선 작가가 "내가 이러다 정말 소설가가 되려나 보다" 했었다는 흔적을 읽던 밤(권여선 2012, 430), 저는 언제 한번 '내가 이러다 정말 학생이 되려나 보다' 해볼까 싶었습니다. 그 문장 고스란히 떠올리는 그날이 오기까지 연 단위 시간이 걸렸어요. 무려 어릴 적 그렇게 낮추어보던 모범생이 되려나 싶었습니다. 피교육자도, 소비자도 아닌, 학생 되기. 이렇게 쩔쩔맨다고 달라지는 것은 없겠죠. 없더라도, '너도? 너도? 너도!'의 너로서 노력하고 싶었습니다. 이상입니다.

반항심과 두려움은 한물간 지 오래다. 새봄이 다시 만난 세계도 바야흐로 졸업이다. 끽소리 한번 똑바로 못 내봤지만, 그래서 남아돌던 힘만큼은 찬찬히 쌓아뒀다. 서툰 시절, 호시절이었다. 불경스럽게 믿음 없는 인간이래도 진공에서 터져버리는 것은 무서우니까, 그러니까 슬픔으로 빈방을 채워 가만 가만 웃어 보이다 떨쳐 일어나면 너스레나 부려놓던 한철이었다. 분수에 넘치는 장난기를 끌고 쏘다닌대서 믿음직한 깨달음이 찾아와주진 않던 한철이었다. 밑 빠진 독에 꼬박꼬박 물을 부었다. 꽃피긴 하는 화분인지, 씨앗이 들긴 들었는지, 모르면서.

모든 해, 모든 달에 이름들을 새겨놓는 이십 대 초반이었다. 도망칠 길 없이 막다른 벽에서, 또 어디로든 뻗칠 수 있어 아찔한 비포장도로에서 "우리"라는 발음을, 그리고 그 파문까지를 탐구해야만 했던 시절이었다. 스크린에나 펼쳐지던 대화의 예술조차 부럽지 않은 술자리들이 있었다. 너무 한낮의 대화가 어쩌다 그런 경지에 도달했던가 의아해지는 날들이 있었다. 추억이라 말하는 그날들은 갔지만, "그때"라 불러볼 그때를 가졌단 것만도 드문 운이었다. 불운도, 행운도. 그래도 좋지 아니한가. 우리가 가꾸던 온실들은 나에게만 준비된 선물 같았고, 지금 만나거나 만나지 않는 모두를 떠올릴 때, 당신들이 미소 지어주던 얼굴로 기억함을 알게 되어요. 그래서, 흐린 여름 하늘에 편지를 써. 고맙습니다.

천하를 뒤집어줄 노래들과 들어갔다가, 넓은 세상 숱한 사람 공부부터 해둔 노래들과 나오며 그것만이 내 세상이었다. 강의실 안에서 21학점, 밖에서 21학점이었다. 조건 없는 대학 아니었지만, 가까이 가보고는 싶었다. 금방이라도 바뀔 듯했던 것은 다음 날 까마득해 보였다. 그다음 날에는 그날의 희망이 있었다. 사랑해요,라고 쓰고 사랑이라는 이유로 많은 날을 아파하고 좌절과 좌절 사이 아직과 이미 사이 방종과 자유 사이 만용과 용기 사이 "오늘날 낙관론자란 세상이 더 나빠지지 않을 수도 있다고 생각하는 사람"이라 해준 문장에 울어버릴 것 같던 도서관 구석 자리까지 에누리 없이 담은 그날들이었다(Russell 2012, 16).

탄핵 철에 짜잔, 사회학과 택하고 대선 철에 짜자잔, 정외과 택한 내 인생

초보 감독이 과잉 설정한 캐릭터마냥 한국적이다. 종잡을 수가 없다. 없는데, 얼추 말이 되기는 되어서 웃기다. 근래 이사를 준비하다가 웃었다. 초등학생 때 장래 희망을 작가, 운동선수, 외교관이라 적어 냈다. 소설은 아니지만 이렇게 저자 체험해보고, 다쳐서 그만뒀지만 체대 입시 했었고, 비교정치 전공이라도 정치외교학과 소속은 되었다. 중학교 생활기록부에는 또 바뀌어 사회적 기업 최고 경영자라 좀 무섭긴 해도, 경영학 할 일은 없겠지. 꼬마의 예언은 다 묘하게 빗나갔지만, 사회학도로서의 10년 같은 4년 반 후회 없이 행복했다.

이제는 행복 소리가 다 나온다. 마치 그림처럼 행복하면 좋겠다. 급선회도 자꾸 겪다 보면 내성이 생기는지 '자, 우리 다시 한번 떠나보자' 하는 날, 갈수록 멀미가 덜해진다. 촛불 뒤의 대학 생활이었다. 미투의 시기, 웹하드 카르텔과 버닝썬, N번방의 시기. '공정'이 뜨고 지는 복판이었다. 그사이 하청 노동자, 성 소수자, 반지하 거주자, 너무 많은 이들이 죽었다. 역병이 한풀 꺾일 때까지 유서 깊은 동아리들의 마지막을 들었다. 고등학교 문학 시간에 남 이야기처럼 외운 우국(憂國), 해보는 날이 다 있을 줄은 몰랐다. 하지만 무책임하게 허탈해하는 데서 만족을 얻진 않으려고.

사회가 문제란 것은 알겠는데 좀처럼 풀이 과정을 알 수 없었고, 나도 한 풀 꺾였다 말았다 했다. 이렇다 할 답안지 없이 끝나버렸다. 감히 비전이 있네, 없네, 까불까불하다 네가 찾아보기나 하라는 새 문제지를 덜컥 받아버리기까지 했다. 왠지 어벙한 기분으로. 저 같은 아마추어가 얼렁뚱땅 알아낼 수 있는 거였으면, 세상이 이렇지는 않았겠죠. 무슨 자신감으로 덤볐는지.

하지만 배우고 때로 익혀 기뻤고, 멀리서 벗이 와 즐거웠다. 더불어 사귀고 성실히 말하면 새로 배우는 바가 있었다. 만남 구역에 상주해봤다. 어깨를 걸고 걸어봤다. 엉켜도 봤고, 대판 흩어져도 봤다. 아무리 울다 웃고, 웃다

울어도 뿔이 안 났다. 이별이란 없는 거야. 백팔번뇌도 성실히 했다. '학식과 인품'을 바라며 2학년까지는 앞이 어려운 줄 알았고, 3학년부터는 뒤가 어려운 줄 알았다.

과제와 숙제를 헷갈리던 저 1학년 친구가 기대한 4학년은 색을 찾고 이런 저런 일들에 적당한 의견까지 가지게 된 사람이었는데. 어쩌다 5학년인 오늘도 진정 확실히 할 수 있는 말은 단 하나. '갈피를 못 잡겠어요. 이대로 졸업해도 될까요. 그거 해도 되는 걸까요. 그것은 무슨 뜻일까요. 무서워요.'

방도 못 바꾸면서 무엇을 할 것인가. 나는 염려하는 시늉만 계속한다. 입만 뜨는데 그 입이라도 동동 잘 뜨는 중인지. 한 몸 건사는 하겠지. 그렇게 달랠 때 벌써 가진 것들을 부끄러워하고 또 황금 보기를 돌같이 못했다 깨닫는다. 난 부단히 협조해줬다. 예쁘게 지시문을 따라왔다. 안전한 의자에서 수업 끝 종소리를 듣는다. 내 반성문은, 그래서 언제나 가뿐히 팔랑댄다. 그런 녀석이 푹신한 의자를 탐하지 않으려니까, 걷어차겠습니다 떵떵대려니까, 가리워진 길을 빼꼼 내다보려니까, 무서웠다. 돌아보면 취업은 표면적 상징이었고, 이번 생 이 방향대로 파란만장해져도 후회 없겠다는 졸업 예정자의 침착한 확신이 내용이었다. 부귀와 영화를 누렸으면 희망이 족할까. '거침없이 '고!' 해보겠습니다. 희망과 불안이 하루에도 몇 번씩 교차하지만요. 실패와 고통을 두려워하지 않고요.' 그게 아니고서야 무섬을 느낄 일도 없다. 얼마나 쓸까. 또 얼마나 달지.

내 18번 중 하나는 설렘과 두려움으로 불안한 행복 속에 바라볼, 하늘과 사람들을 그린 곡이다. 평온을 바라지만 아직은 바라지 않는다. 도망 가능성을 점쳐보지만, 길에 올라서지도 않았다. 속세가 좋다. 흥미진진 수준일 뿐 파란만장에 이르지 않아 그럴 수도 있다. 언젠가는 우리가 함께 나눌 시간을 위해, 바람이 불어오는 곳에 가고 싶다. 그러다 보면 우리 다시 만날지 몰라요. 어디로 가는지 아무도 모르지만, 헤어진 모습 이대로.

　그날 그 종료 알림이 들려오고 천천히 전화를 내리며 설핏 예감하는 듯도 했던 긴긴 여행이, 모퉁이를 돌아 끝내 시작되려는가 보다.

성빈의
함박웃음 일상

조성빈

오전 7시:
상쾌하고 즐거운 웃음으로 하루를 시작하는 성빈

오전 7시, 알람이 울렸다. 성빈은 잠결에 알람을 끄고 10분 뒤 일어났다. 성빈이 일어날 수 있었던 이유는 어제 오후 10시에 잤기 때문이다. 최근 들어 성빈은 잠을 권장량보다 더 많이 잔다. 일반 성인에게는 7시간 반에서 8시간 정도가 적정 수면량이라던데, 성빈은 조금 자면 10시간, 보통 11시간, 최대 16시간까지 잔다. 성빈은 그 자신도 모른 체, 이상한 생각과 행동을 한 것 같다. 한동안 주변 지인들이 정신과에 가보라며 조심스럽게 권유했지만, 성빈은 이를 무시했다. 그리고 그 사람들이 왜 정신과를 권유하는지 모르겠다며 웃어넘겼다. 하지만 이상하게도 주변 사람들은 성빈을 걱정하며 "이러다 죽겠다"라는 표현까지 쓰면서 성빈에게 정신과 치료를 권했다. 주변 지인의 권유로 정신과에 갔을 때, 의사는 이런 성빈의 생활 습관을 수면장애의 증상 중 하나라고 설명하며, 이 외에도 발견되는 여러 가지 병에 대해 말했다. 의사에 말에 따르면, 성빈은 공황장애, 우울증(중증), 불안장애, 과긴장 등을 앓고 있었다. 당시 의사는 기계처럼 묻는 투로, 성빈에게 자해 시도 또는 자살 시도를 한 적이 없냐 물었고, 성빈은 그런 적이 없다 했다. 의사는 "다행"이라며 성빈에게 약을 처방하겠다고 말했다. 하지만 성빈은 그것이 왜 다행인지 몰랐다. 자해하거나 자살하거나 모두 내가 내 의지로 한 것인데 뭐가 잘못이라는 것인지. 어쨌든 기계 같은 직원들과 조금 이상한 병원을 뒤로하고, 성빈은 병원에서 나왔다.

이상의 기억을 뒤로하고, 성빈은 일어난다. 오늘도 어제처럼 즐거운 날이 될 테니까. 성빈의 일과는 평범하다. 아침 8시에 출근하고, 10시부터 해가 질 무렵까지 일한 뒤 점심을 한 시간 동안 먹고, 오후 6시까지 일을 하고 술을 마시고 집에 가거나 아니면 그냥 집에 간다. 성빈은 오늘은 술을 딱히 마시고 싶지는 않다.

"아, 잘 잤다!"

오늘도 역시 힘차게 하루를 시작하는 성빈. 지금 시간은 아침 7시 20분, 이제 빨리 씻고 나가야 한다. 오늘은 꽤 늦었다. 성빈은 화장실에 들어가 양치, 세수 등을 하고 머리를 적당히 감고 나온다. 머리를 말리며 오늘은 어떤 일이 있을지 상상하며 픽, 웃는다. 그리고 어제 있었던 일을 생각하며 적당히 화장한다.

어제 성빈은 오늘과 비슷한 시간에 일어나 출근해 일하고 있었다. 성빈이 하는 일은 잡화제품을 소개하고 판매하는, 정말 평범한 서비스직이다. 아, 평범하지 않은 점이 몇 가지 있긴 하다. 이곳에서는 상사가 직장 후배에게 "~년"이라는 호칭을 붙인다. 신기한 점은 보통 그런 표현은 여자에게 붙이는데, 이곳에서는 남자들에게 상사들이(이 호칭을 붙이는 상사들은 신기하게도 남녀 모두다) 이 호칭을 붙인다는 것이다. 그리고 매장 플로어에 나오면 닉네임과 함께 "~님"이라고 한다. 그리고 이곳은 성 소수자들이 많다. 성빈이 이곳에 일을 구한 것도 동성애자 친구를 통해서다. 어떤 소문이 난 것인지, 어쨌든 남자 동성애자들이 특히 많은 것 같다. 성빈이 처음 들어왔을 때도 직장 동료들에게 게이인지, 스트레이트*인지 궁금해하는 질문을 먼저 받을 정도로 사람들이 성 소수자에 익숙한 것 같았다. 뭐, 이 정도 특이점을 제외하고는 어쨌든 성빈이 일하는 곳은 지극히 평범한 곳이다. 성빈은 영어권 사람들과 한국어권 사람들 모두를 대상으로 제품을 설명할 수 있었기 때문에, 영어권 고객에게 제품을 팔기 위해 열심히 설명하고 있었다. 이곳에서 일하면 다양한 고객을 만난다. 학자, 성공한 사업가, 가끔 연예인, 여행을 온 가족 등 … 성빈이 지금 접객하고 있는 사람은 요리사라고 한다. 고객과 제품 이야기, 일상 이야기를 넘나들며 이야기하고, 그 사람에게 어떤 맛을 좋아하는지 물어봤다. 그때 마침 상사가 성빈의 말을 듣고 있었나 보다. 상사가 나를 불러 향은 'scent'라고 해야 한다며, 'flavor'는 아예 다른 뜻이라고 한다. 말을 똑바로 하라는 상사의 말에 성빈은 당연히 알고 있었지만 알겠다고 말하며, 점심을 먹고 오라는 명령을 듣고, 혼자 '역시 즐겁다'라고 생각하며 직원 휴게실로 올라왔다.

직장 내에서는 쉬는 시간 외에 핸드폰을 사용할 수 없도록 하고 있었기 때문에, 성빈은 그제야 핸드폰을 확인했다. 핸드폰에는 동아리 지도교수로부터 부재중 전화가 와 있었다. 성빈은 지도교수에게 다시 전화를 걸어 왜 전화했는지 여쭤봤고, 지도교수는 자신이 강연 하나를 하게 되었으니 강연 ppt를 만들라고 지시했다. 성빈은 지도교수가 왜 이런 지시를 하는지, 평소 교류가 전혀 없던 교수가 무슨 일로 자신에게 전화했는지도 모른 채, 그래도 재미있는 발표 자료를 만들 생각에 들떴다. 전화를 마친 후 성빈은 편의점에서 대충 라면, 도시락 등을 사 먹고 다시 플로어로 내려갔다. 퇴근 시간인 오후 6시가 되기 20분 전, 갑자기 매니저가 부른다. 계속 움직이며 말을

* straight, 이성애자 – 편집자 주.

하느라 힘들어하는 성빈을 보며 매니저는 성빈에게 "얼굴이 썩었다"라며 화장 좀 제대로 하고 다니라고 명령했다. 성빈은 알겠다고 대답하며 퇴근하는 길에 매니저의 표현이 재미있다며 속으로 웃었다.

이런 생각을 하는 사이, 성빈은 출근할 준비를 마쳐 가고 있다. 성빈은 화장하는 방법을 잘 모르기에, 어제 사 온 화장품을 책상 위에 두고 대충 동영상을 보며 따라 했다. 스킨 케어를 먼저 해야 하는데, 동영상을 보니 그 단계는 다음과 같다. 세수한 뒤 토너를 사용해 얼굴의 피부 결을 정돈하고(성빈은 피부 결을 정돈한다는 것이 무슨 뜻인지 몰랐다), 수분 크림 등을 사용해 얼굴에 보습감을 더해주며(보습감을 더해준다는 말 또한 이해하지 못했다), 선크림을 얼굴에 도포해 자외선으로부터 소중한 피부를 지켜줘야 한다. 그 뒤, 적당히 립밤을 바르고 파운데이션을 뜨지 않게(이 말 또한 이해하기 어려웠다) 발라 주고, 눈썹을 산을 그려 그려준 뒤 섀도잉해준다. 이때 파운데이션을 너무 과하게 바르면 강시처럼 될 수 있고, 섀도잉을 너무 과하게 하면 자연스럽지 않고 멍든 얼굴처럼 될 수 있으니 주의해야 한단다. 준비를 마치고 평소보다 다소 늦은 시간에 성빈은 집을 나선다. 성빈은 지각하지 않기 위해 평소에 10~20분 정도 먼저 직장에 도착하기 때문에, 지각할 것 같지는 않다. 성빈은 집을 나서며 오늘도 즐거운 하루가 될 것이라 확신하고 싱글벙글 웃는다.

"오늘은 또 어떤 일들이 나를 즐겁게 할까!"

오전 8시 30분: 아침 출근길은 정말 즐거워!

성빈은 버스를 5분 정도 타고, 역에서 지하철을 탄 뒤 두 번 환승해야 한다. 다행히 직장은 역과 매우 가까워서 그리 힘들이지 않고 도착할 수 있다. 성빈이 출근하는 시간대는 다른 이들의 출근 시간과 겹쳐 지하철 내에 사람이 가득하다. 성빈은 버스를 타고 부평역 1호선으로 향한다. 부평역 1호선을 타러 가는 길에는 역시 사람이 많다. 출근이 늦었는지 허겁지겁 달려가는 사람들, 머리에 롤을 꽂은 채 달리는 학생들, 아침까지 술을 마셨는지 거리에 토하고 있는 사람과 등을 두드리는 사람들 등 정말 다양한 사람들이 많다. 성빈도 빠른 걸음으로 지하철역으로 향한다. 지하철역에 도착하고 줄을 서려고 보니 줄을 설 공간이 없다. 사람들이 너무 많아 두 줄 서기를 해도 줄이 중간에서 커브를 그리고, 새치기하기 위해 눈치를 보고 있는 사람들도 있다. 성빈은 우선 줄 사이에 끼어 지하철에 탈 준비를 한다. 가방은 앞으로 메야 한다. 그래야 조금이라도 부피를 줄여 사람들 사이에 끼어서 탈 수 있기 때문이다. 지하철이 전 역을 출발했다는 문구가 안내판에 나오고, 사람들을 둘러본 성빈은 사람들의 공통점을 발견한다. 모두 피곤한 얼굴에 핸드폰을 계속 쳐다보고 있다. 무엇이 그렇게 재미있는지 소리까지 내며 낄낄거리는 사람도 있고, 진지한 얼굴로 화면을 보는 사람도 있고, 누군가에게 채팅을 보내는 사람들도 있다. 성빈은 아침 시간은 피곤하다고 생각하며 눈을 감는다.

지하철이 들어온다. 성빈은 전투적으로 지하철에 탈 준비를 하며 기존 열차에 타고 있던 사람들이 내리고 기다리던 사람들이 탈 때 같이 파도가 덮치듯 밀려들어 간다. 앞 사람들이 다 타지도 않았는데 성빈을 미는 뒷사람들을 보며 '역시 한국인은 빠른 것 같아'라고 생각하며 속으로 웃는다. 성빈은 겨우 탔지만, 맨 뒷줄 정도에 있는 사람들은 타지 못한 것 같다. 찌는 여름 아침, 1호선은 퀴퀴한 냄새도 나고 에어컨도 제대로 작동이 안 되는 것 같다. 사람들이 많아서 그런 거겠지, 성빈은 생각한다. 성빈은 1호선 용산행 급행을 탔다. 용산행 급행은 완행보다도 사람들이 많고, 그만큼 사람들의 신경도 날카로워져 있다. 송내역을 지날 때쯤, 멀리서 소리 지르는 소리가 들린다. 성빈은 그들을 볼 수 있는 각도에 있어, 잠시 눈을 뜨고 그들을 관찰한다. 그들은 서로 이야기도 듣지 않은 채 신나게 소리를 지르고 있다. 성빈은 마치 콘서트에 온 듯한 느낌을 받았다. 그들을 관찰하며 성빈은 소리를 지르는 사람들이 술에 취한 사람들이라는 점, 둘 다 중년의 아저씨라는 점을 발견한다. 1호선에서는 흔히 볼 수 있는 풍경이라고 생각한다. '역시 등산복이네.'

소리를 지르던 취객들이 한 역에서 내려 주먹다짐하기로 약속하고 서로 내리자, 다시 지하철은 시끄러운 침묵에 빠졌다. 분명 모두 침묵하고 있지만, 왠지 모르게 시끄럽다. 이 또한 사람이 많아서일까. 성빈은 지금 소사역을 지나고 있다. 계속 눈을 감으며 가고 있어 성빈은 사실 지금이 무슨 역인지는 모른다. 성빈은 어차피 급행의 종착역에서 갈아타기 때문에 굳이 신경 쓸 필요가 없다. 오늘 출근해서 어떤 고객이 있을지 상상하던 성빈은 점차 평온해졌다. 평온함을 느끼던 바로 그 순간, 성빈의 엉덩이에 무언가가 닿는다. 성빈은 처음에 다른 사람의 물품이나 가방일 것으로 생각한다. 다만 성빈은 사람이 너무 많아 움직일 수 없고 뒤를 돌아보기도 힘들어서 굳이 확인하지 않는다. 그런데 성빈의 엉덩이에 닿은 그 '어떤 것'은 점점 딱딱해지는 것 같다. 성빈은 다시 무엇일지 추측한다. 가방이라기에는 딱딱하고, 우산이라기에는 고체는 아닌 것 같았다. 그 추측은 신도림역에 도착할 때까지 이어졌다. 신도림역에서 사람들이 우르르 내려 아주 약간은 틈이 생기자, 성빈은 뒤를 슬쩍 본다. 성빈의 엉덩이에 닿은 것은 물건이 아니었다! 성빈은 다시 고개를 돌려 앞을 본다. 성빈은 점차 뛰는 가슴을 다시 다스리려 노력한다. 분명 이렇게 가슴이 터질 듯이 뛰는 것은 의사가 말한 공황장애의 증상 중 하나다. 성빈은 엉덩이에 닿은 어떤 것을 머릿속으로 상상한다. 하지만 그런 상상은 별로 하고 싶지 않다. 하지만 성빈의 의지와는 관계없이 성빈의 엉덩이에 닿은 어떤 것은 계속 성빈의 머릿속을 휘젓는다. 성빈이 알아챘다는 것을 눈치챘는지, 성빈의 엉덩이에 닿은 어떤 것은 더욱 노골적으로 성빈의 엉덩이를 훑는다. 딱딱하지만 엄청 딱딱하지는 않은 어떤 것이 성빈의 엉덩이를 훑으며, 뒤에서는 숨소리가 들린다. 분명 어떤 것의 소유자일 것이다. 성빈은 그 순간 과제로 본 적이 있던 〈그래도 나는 하지 않았어〉라는 영화를 떠올린다. 그 영화에서는 무고한 피고인이 지하철에서 10대 여성을 추행했다는 의심을 받으며 결국 유죄 판결을 받는다. 지금 상황에서 이 영화가 떠오르는 이유는 아마 영화 속 피해자가 입은 피해와 성빈의 피해가 같은 것이기 때문일 것이다. 성빈은 이 순간에도 그 영화 속 법리가 무엇이었는지를 떠올렸다는 생각에 속으로 환호를 내지른다. 상황을 부정하고 싶은 이 순간, 성빈은 벗어나고 싶다고 생각한다. 하지만 마땅한 방법이 떠오르지 않는다. 어떤 것의 소유자에게 소리를 지를 수도, 그 어떤 것을 치우기 위해 그것을 만질 수도, 스스로 움직일 수도 없다. 지금 이곳은 출근길 급행 1호선이기 때문이다. 그 어떤 것은 계속 과감해져 간다. 이제는 엉덩이를 넘어 성빈의 허리를 만지기도 하고 성빈에게 점점 가까이 오고 있다. 성빈과 어떤 것의 거리는 애초에 없다고 봐야 하므로 더 가까이 올 수도 없지만, 그런데도 더 가까이 온다. 어떤 것의 소유자 숨소리가 귀 바로 뒤에서 들리기 시작한다. 하지만 성빈은 가만히 있다. 20대 성인 남성이 이 상황에서 어떤 일을 할 수 있을지 성빈은 모른다. 성빈은 계속 눈을 감은 채로 다른 생각을 하는 척하지만, 계속 가슴이 터져 나오려 한다.

그리고 그렇게 급행 1호선은 종착역인 용산역에 도착했다. 성빈은 그제야 숨을 제대로 내쉬며, 상쾌함을 느낀다.

오전 10시: 직장에서도 항상 즐거워!

성빈은 용산역에서 다시 완행열차로 환승을 한 뒤 직장으로 향한다. 서울

역으로 간 뒤 4호선을 타고 직장 앞 역으로 가야 한다. 다행히 성빈이 완행 열차로 갈아탄 뒤 직장에 가기까지는 어떤 것과 같이 성빈을 괴롭히는 방해물은 없었다. 성빈은 직장에 도착해 빠르게 휴게실로 간다. 휴게실로 가니 다른 동료들도 있다. 오늘은 새로운 사람이 출근한 모양이다. 모르는 얼굴이 있다. 동료들은 성빈에게 적당히 인사를 하고, 성빈도 인사를 한다. 직장에서 입어야 하는 옷을 입고, 성빈과 동료들은 비로소 출근한다.

오후 1시: 친절한 직장 상사의 즐거운 가르침

성빈과 동료들은 출근하기 전 미리 상사와 모여 오늘 달성해야 할 목표를 공유한다. 하지만 이와 관련된 이야기는 겉치레 수준일 뿐, 주로 상사들이 하고 싶은 말을 한다. 오늘 출근한 부매니저는 신입에게 관심이 많은 듯하다. 평소 남자를 매우 좋아하는 것으로 유명한 부매니저는 공과 사를 구별하지 않고, 몸이 좋거나 자기 스타일인 남자가 들어오면 항상 격하게 반긴다. 아마 오늘 들어온 신입도 부매니저의 눈에 들었나 보다. 신입은 운동을 많이 하는지 몸이 건장한 편인데, 부매니저는 신입에게 뜬금없이 "어머 오빠~"라는 호칭을 사용하며 그 자리에 있던 모두를 당황하게 한다. 신입 역시 당황한 기색이 역력했으나 부매니저는 이에 굴하지 않고, 그 신입을 자신의 옆자리에 세우고 그 사람의 가슴을 만지기도 하고 신입의 몸을 여기저기 훑는다. 성빈은 '또 시작되었구나' 생각만 할 뿐, 부매니저를 제지하지는 않는다. 부매니저가 예뻐하는 사람들을 많이 봐왔고, 부매니저에게 추행 등을 당한 사례에 대해 항의한 뒤 부매니저가 주는 일거리가 갑자기 많아졌던 적이 있었기 때문이다. 그 뒤로 성빈은 매니저와 부매니저, 그리고 직장 상사들의 태도와 가르침에 대해서는 일절 아무 말도 하지 않는다. 성빈은 그저 그 신입이 불쌍하기만 했다.

　아침 시간은 역시 고객이 많지 않다. 고객이 없는 관계로, 성빈과 동료들은 매장을 청소한다. 매장 청소를 하던 중, 성빈은 상사의 짜증 섞인 말을 들었다. 상사는 누군가와 통화를 하는 듯한데, 아마 지각한 도영일 것이다. 도영은 오늘 제시간에 나오지 않았다. 상사는 도영에게 "미쳤냐?"라는 등의 욕을 하며 당장 뛰어오라고 소리 지른다. 성빈은 랩 공연을 보는 것 같아 피식, 웃었다. 청소는 1시간 정도 걸린다. 청소가 끝난 뒤 도영이 오고, 성빈을 비롯한 직원들은 지나가는 사람에게 매장을 한번 둘러보라고 권한다. 역시 도영은 오자마자 상사에게 또 다른 욕설을 듣고 있었고, 모두는 그 광경을 보며 지각하지 말아야겠다고 다짐한다. 동료들과 성빈은 눈빛을 주고받으며 한숨을 내쉰다. 오후 12시가 되자, 점차 고객이 몰려온다. 성빈은 영어권 고객에게 제품을 설명하고 판매해야 해서 한국인 고객이 오면 다른 직원들이 먼저 나선다. 시간이 조금 지나자, 영어권 고객들도 매장에 들어오기 시작했다. 성빈이 영어권 고객을 맞이하러 가자, 성빈은 뒤에서 부매니저를 포함한 상사들이 그 고객을 향해 "보갈 년이네"라며 깔깔거리는 것을 듣는다. 성빈은 고객을 향해 욕하는 상사들의 모습을 자주 봤으므로(영어권 고객은 당연히 한국말을 못 할 것으로 생각하기 때문일 것이다) 대수롭지 않게 넘어간다. 고객뿐만 아니라 직원들에게는 "게이 년", "보갈 년"이라는 표현을 사용하고, 평소와는 다른 옷차림을 하고 오면 "또 섹스하러 가냐?" 등의 농담을 항상 해왔으니까. 성빈은 순간 이것을 별것 아닌 것 정도로 치부하는 자신을 보며 놀란다.

　오후 12시 20분, 성빈은 30분 정도 쉬는 시간을 받았다. 성빈은 아직 점심이 되지 않았으므로 독서를 하려고 마음먹고 직원 휴게실로 올라간다. 마침 오늘 들어온 신입도 쉬는 시간을 받은 모양이다. 신입과 어색하지만, 이런저런 이야기(대부분은 자신의 신분에 관해 이야기하며 별 의미 없는 대화를 이어 나간다)를 한다. 신입은 매장에서 파는 제품이 신기한지 성빈에게 이것저것 물어본다. 성빈은 아무 감흥 없이 신입이 물어보는 제품의 특징을 말해주고, 어떤 식으로 말하면 고객들이 제품을 사 가는지 배운 그대로 전달해줬다. 성빈은 여러 제품을 설명하는 중 여름철에 쓰기 좋은 한 샤워 제품에 관해 설명해줬다. 해당 제품은 맨솔이 들어가 샤워할 때 사용하면 몸이 시원해져서 여름철에 잘 팔리는 제품이고, 이러한 특징을 고객들에게 잘 어필해야 한다. 성빈이 간단히 설명하고 다른 제품을 설명하려고 할 때, 부매니저가 직원 휴게실로 올라온다. 부매니저는 성빈과 신입이 어떤 이야기를 나누고 있었는지도 모르는 듯하다. 그러나 곧장 그 제품을 보더니 아무도 묻지 않았으나 그 제품의 효능에 대해 신입에게 설명하기 시작한다. 제품 설명은 의례적으로 고객들에게 전달하는 내용을 담고 있는 듯하다. 그러나 갑자기 부매니저는 남성의 성기 일부인 '고환'을 속된 언어로 표현하며, '그곳'에 사용하면 시원하다고 말한다. 성빈과 신입은 모두 당황해 서로 얼굴을 쳐다만 볼 뿐이다. 성빈이 황급히 대화 주제를 돌리려 적당히 맞장구를 치고 넘어가려고 하자, 부매니저는 한 번 더 그 내용을 강조한다. 성빈은 기분이 나쁘기도 했지만, 한편으로는 의아해한다. 여성인 부매니저가 어떻게 남성 성기에 제품을 사용했을 때의 느낌을 안단 말인가. 대체 어떤 의도인지 모르겠어, 성빈은 신입에게 조그맣게 이렇게 말하고 다시 플로어로 복귀한다.

"무시하세요."

성빈은 부매니저의 장난기는 못 말린다고 생각하며 다시 접객하고 있다. 이번에는 영어권 출신이지만 한국어를 사용하는 고객이어서, 영어와 한국어를 번갈아 가며 제품을 소개하고 판매하고 있다. 이때, 플로어로 내려온 부매니저가 성빈을 유심히 지켜본다. 성빈은 그 눈빛을 눈치채지 못하고 그저 고객에게 물건을 팔 생각으로 열심히 설명하고 있다. 성빈이 설명을 다 마치고, 고객은 적당히 사고 싶은 물건을 다 담은 모양이다. 성빈은 고객을 카운터로 안내해 고객에게 세금 할인 등을 설명한 뒤, 고객을 배웅한다. 성빈이 다시 플로어로 돌아오자 부매니저가 성빈을 부른다. 성빈은 무슨 영문인지 모른 채 일단 뛰어간다. 상사가 부를 때는 항상 뛰어가야 하기 때문이다. 전에 한 번 뛰어가지 않았다가 한 시간 동안 혼난 적이 있어, 성빈은 상사가 부를 때 항상 뛰어가는 것을 생활화하기로 마음먹었다. 부매니저는 갑자기 성빈을 카운터로 불러 성빈의 자세를 지적한다. 고객에게 컴플레인이 들어온 것인가? 하지만 성빈과 성빈의 고객은 고객이 매장에 입장할 때부터 퇴장할 때까지 계속 같이 있었으므로, 컴플레인을 걸지 않았음을 성빈은 알 수 있다. 하지만 그런 의문은 잠시 뒤로한 채 부매니저의 지도 내용을 자세히 들어본다. 부매니저는 자신이 판단했을 때 성빈의 자세가 고객에게 자신감 없는 모습을 보여줄 수 있다는 이유를 들며 자세를 지적하기 시작한다. 성빈은 영문도 모른 채 그저 듣기만 한다. 부매니저는 직원들(상사)을 부르고 "쟤 자세 좀 봐"라고 성빈의 자세 하나하나를 유심히 살펴보기 시작한다. 성빈의 머리부터 얼굴, 어깨, 허리 편을 지나 그들의 눈빛은 발바닥으로 향한다. 부매니저에게 불린 상사는 성빈의 모습을 다 봤다는 듯이 부매니저와 대화를 나눈다.

"네, 봤습니다. 무엇 때문에 그러십니까?"

"쟤 어깨가 비대칭이어서 손님들이 불편해할 것 같지 않니? 봐봐. 구부정한 자세 하며, 비대칭인 어깨 하며, 손님들이 딱 공격적으로 느낄 수 있는 자세잖아."

"아 … 네, 듣고 보니 그런 것 같네요."

"얘 자세 안 고칠 동안 대체 뭐 했어?"

"죄송합니다."

부매니저는 성빈이 있는 바로 그 자리에서 부른 직원에게 성빈의 '자세'에 관한 문제점을 하나하나 읊기 시작한다. 이에 성빈은 의문이 들어 부매니저에게 묻는다.

"혹시 컴플레인이 들어왔나요?"

"아니, 하지만 곧 컴플레인이 들어올 것 같아."

"어떤 점 때문인가요?"

"지금 나한테 도전하는 거야? 눈을 왜 그렇게 떠?"

부매니저는 이에 옳다거니 하며 성빈의 태도를 지적한다. 성빈이 물은 것이 자신의 권위를 위협하는 행동이라 느낀 것인지, 부매니저는 성빈에게 1시간 동안 자신에게 되물은 것에 대해 무엇이 잘못되었는지 설명하고, 이에 성빈은 그저 듣고만 있다.

"알았으면 가 봐. 앞으로는 그렇게 하지 말고."

성빈은 뭘 알았는지, 뭘 그렇게 하지 말아야 하는지 고민한 채 알겠다고, 죄송하다고 답하며 다시 플로어로 간다. 성빈은 일하다가 잠시 부매니저의 시선이 다른 곳에 닿아 있는 사이, 부매니저가 부른 그 직원에게 묻는다.

"혹시 정말 제 자세나 태도가 잘못된 건가요? 저는 제 자세가 그렇게 문제가 되는지 모르겠어요. 그리고 정말 궁금해서 물어봤는데…."

"나는 모르겠는데, 그냥 부매니저님 지시니까 따라. 혼난 거면 혼날 이유가 있었겠지."

성빈은 여전히 아리송하다는 표정을 하고 일한다. 일하는 중간에도 부매니저는 성빈에게 계속 자세를 지적하며 허리를 똑바로 펴라고 한다. 성빈은 이참에 PT를 끊어서 운동해야겠다고 생각하며, 운동하는 자기 모습을 상상하며 헛웃음을 짓는다.

오후 4시 30분: 직장에서 만난 즐거운 고객

성빈은 계속 접객하고 있다. 말레이시아에서 온 고객을 배웅한 후, 다시 플로어로 돌아온 성빈은 매장 입구를 유심히 지켜본다. 고객들이 언제 매장에 들어올지 모르기 때문에, 그리고 만약 성빈이 고객의 걸음을 눈치채지 못한다면 부매니저의 불호령이 떨어지기 때문에, 성빈은 신경을 바짝 세운다. 마침 한국어를 사용할 것으로 추측되는(?) 고객들이 들어온다. 성빈은 한국어권 고객도 접객할 수 있기 때문에 앞으로 나선다. 안녕하세요, 말을 뱉자마자 돌아오는 어색한 한국어 발음. 틀림없이 일본인들일 것이다. 일본인, 중국인 중에는 한국어를 조금이나마 구사할 수 있는 사람들이 몇몇 있다. 이 중 일본어권 사람들은 'ㅁ' 받침의 발음을 잘 구사하지 못한다. 성빈은 이를 바로 알아채고 할 수도 없는 일본어를 사용해가며 고객들에게 제품을 소개하기 시작한다. 일본인 고객들과 성빈은 서툰 한국어와 일본어를 구사하며 차근차근 대화를 이어 나가기 시작한다. 성빈은 일본 어디에서 여행을 온 것인지, 한국의 어떤 곳이 여행하기 좋은지를 이야기하며 제품 설명도 진행한다. 고객들은 일본인 남성 1명, 여성 3명으로 구성되어 있다. 제품을 판매할 때는 좋은 습관은 아니지만, 항상 고객을 눈으로 스캔하고 그 사람들의 필요를 파악해야 한다. 자연스럽게 선입견이 형성되고, '그럴 것이다'라는 편견이 자리 잡는다. 여성이니 이 제품을 좋아할 것이고, 남성이니 이 제품을 싫어할 것으로 생각하게 되는 것이다. 그리고 실제로 성빈은 이런 내용을 트레이닝 받기도 한다. 대개 일본인 고객들은 매우 친절하고 상냥한 편이라는 사실을 성빈은 학습했고, 이 일본인들도 인상이 매우 좋아 보여 성빈은 신나서 제품을 소개하고 있다.

성빈이 샤워 제품을 소개할 때, 일본인 고객 중 1명이 핸드폰을 가로 화면으로 꺼내 들고 성빈의 쪽을 쳐다본다. 성빈은 제품을 촬영하는 것으로 생각하고 웃으며 대수롭지 않게 넘긴다. 1층에서의 제품 소개를 모두 마친 후, 성빈은 고객들을 데리고 2층으로 향한다. 핸드폰은 여전히 가로 화면으로 성빈 쪽을 향하고 있다. 제품 촬영을 끊지 않고 이어가고 싶은 모양이다. 다만 현재는 제품에 관해 설명하고 있지도, 제품이 보이지도 않는데 핸드폰 화면을 보는 사람이 2명으로 늘었다. 2층에 도착하고, 성빈은 일본의 문화를 고객과 이야기하기 시작한다. 성빈은 항상 일본 문화에 호감이 있었기에, 유카타를 입고 불꽃축제에 가보고 싶다고 한다. 고객도 그런 축제가 일본에 많이 있다며, 꼭 일본에 놀러 오라고 말하는 등 자연스럽게 대화가 이어진다. 대화가 이어지던 중 동료 직원이 휴지 좀 떼어달라고 부탁한다. 제품을 한창 소개하는 중도 아니었고, 잠시 틈이 남아 성빈은 고객들에게 양해를 구하고 동료 직원을 도우러 잠시 2미터 정도 뒤로 간다. 가볍게 휴지 4조각을 떼어주며 동료 직원에게 "빨리 집에 가고 싶다. 그렇지?" 하자, 동료 직원은 "그러니까. 빨리 술 먹고 싶다"라고 화답한다.

성빈은 웃음을 띤 채로 다시 고객들에게 돌아간다. 그런데 고객들의 표정이 조금 이상하다. 분명 웃고 있는데 웃고 있는 것 같지 않다. 성빈은 왠지 모를 위화감에 싸이고, 그 위화감의 정체가 무엇인지 속으로 생각한다. 그래도 고객 앞에서는 최대한 표정을 밝게 해야 해서, 성빈은 웃음을 띤 채로 다른 제품을 소개하겠다며 고객들을 이끈다. 그 순간, 동료 직원이 성빈에게 눈빛으로 이상한 신호를 보낸다. 동료의 눈길은 성빈에게서 그 고객의 핸드폰으로 향하고 있다. 성빈은 무슨 의미인지 몰라서 우선 제품을 설명하러 가며, 동료 직원 눈빛의 의미에 대해 생각한다. 약 5분 동안 어느새 3명으로 늘어난 핸드폰을 바라보는 고객들을 접객하며, 성빈은 그들이 성빈을 찍고 있다는 사실을 알게 되었다. 그들의 눈알은 성빈의 엉덩이와 핸드폰 화면을 번갈아 가며 움직이고 있었고, 핸드폰 화면을 보고 있지 않은 한 고객과 자신의 거리가 부담스러울 정도로 가까워졌다는 사실을 깨닫는다.

성빈은 우선 되새긴다. 침착하자, 침착하자. 별일 아니고 나를 찍는다는 사실도 확실하지 않으니, 침착하자. 그래야 한다. 우선 이 고객들은 한국어를 잘 못 하는 외국인 고객이다. 따라서 성빈은 지나가는 직원에게 웃으며 상황을 설명해야겠다고 생각한다. 성빈이 웃으며 어휘의 수준을 조금 높이면, 분명 이들은 알아듣지 못하고 그저 자신들이 성빈에게 좋은 사람으로 인식되었다고 생각할 것이다. 마침 지나가는 상사가 있어, 성빈은 상황을 웃으며 짧게 설명한다.

"고객님들께서 지금 전신을 촬영하고 있고, 한 분은 제게 불필요하게 접촉하려 하십니다."

상사는 무슨 상황인지 바로 알아차리고 일을 하는 척 고객들의 뒤에 서서 그들의 핸드폰 화면을 바라본다. 2분 정도 흘렀을까, 상사는 성빈의 옆으로 와서 웃으며 조용히 다음과 같이 말한다.

"확인했는데, 너 찍고 있어. 근데 그냥 해. 물건 팔아야지."

성빈은 순간 자기 귀를 의심하며 자신이 물건이 된 느낌을 받는다. 정말 당황스럽지만, 그 상사에게 억울함을 호소하기는 어렵다. 그 상사 또한 질릴 듯이 고객들에게 성추행과 성희롱을 당해 왔던 사람이기에. 심지어 이 매장에 성추행과 성희롱을 고객들로부터, 그리고 매니저와 부매니저로부터 당하지 않은 직원은 매니저와 부매니저를 제외하고는 단 1명도 없기에. 성빈은 어쩔 수 없이 알겠다고 하며 다시 고객들에게 제품을 설명하기 시작한다. 그 와중에 고객은 상사가 가자 다시 성빈의 옆으로 다시 와서 성빈의 손을 만지기 시작한다. 성빈은 이에 대해 아무 말도 하지 않고 그저 웃으며 제품을 빠르게 설명한다. 하지만 점점 그 고객과 성빈의 거리가 좁혀진다. 손에 있던 그 고객의 손은 성빈의 허리 편에 가고, 엉덩이 편까지 가고 있다. 성빈은 더는 안 되겠다는 생각에 거리를 조금 벌리며 제품을 더 살 의향이 있는지 물어보고, 대충 없다는 답변을 들은 것 같아 카운터로 고객을 안내한다. 성빈의 걸음은 조금 빨라져 있었고 보폭은 조금 넓어져 있다. 성빈은 그들이 카운터에서 계산을 마친 것을 확인하고, 그래도 물건을 산 고객이기에 배웅하러 나간다. 그들에게 손 인사를 하는 성빈의 얼굴엔 허탈한 미소만 남아 있다.

오후 6시: 직장 동료와 즐거운 술 한잔

일본인 고객들이 간 뒤에는 나름 괜찮은 손님들만 받아 성빈은 내심 기분이 좋았다. 인생 새옹지마라고, 역시 나쁜 일 뒤에는 좋은 일이 있다며 스스로 다독이며 퇴근할 준비를 한다. 지금 시간은 오후 5시 48분. 이때, 한 직장 동료가 성빈에게 술을 먹자고 권한다. 그의 이름은 이현주다. 현주 씨는 2명과 더 술을 먹자고 제안하며, 거절하는 성빈에게 계속 술을 간단히 먹고 가자고 조른다. 나머지 둘은 이경곤 씨와 김현철 씨로, 제법 다들 친한 사이다. 성빈도 내심 술을 먹고 싶었기에 어쩔 수 없는 척하며 이에 응한다. 오후에 출근한 다른 직장 동료들에게 인사를 하고, 그들은 직장 근처에 있는 호프집에 간다. 호프집에 착석한 그들은 어떤 메뉴를 시킬지, 어떤 술을 시킬지 고민한다. 성빈은 아무거나 시키는 대신 술은 소주만 시키라고 간단히 말한 뒤 핸드폰으로 밀린 카톡을 보고 있다. 성빈과 친한 과 선배들, 과 동기, 고등학교 친구들에게 연락이 와 있다. 성빈은 간단히 답장하고 유튜브에서 본 재미있는 동영상을 모두 공유한다. 성빈은 다시 핸드폰을 내려놓고 함께 온 직장 동료들의 대화를 듣는다. 직장 동료들 역시 오늘 있었던 다른 직장 동료의 지각, 부매니저의 이상한 행동 등에 대해 시시콜콜한 이야기와 뒷담화를 하고 있었다. 직장 동료끼리 술을 먹을 때는 직장 이야기밖에 나오지 않는다는 것을 성빈도 잘 알기에, 이에 적극적이지는 않지만 동조하며 대화를 이어나가고 술을 마시기 시작한다. 이야기를 들으며 술을 마시던 성빈은, 동료들에게 오늘 일본인 고객에게 당한 일을 말하며 언짢은 기색을 드러낸다. 직장 동료들 또한 많이 겪은 일이기에, 그럴 수 있다고 위로해준다. 현주 씨는 자기 엉덩이만 집중적으로 찍은 서양인 고객 무리를 회상하며 자신도 그때 아무것도 하지 못했고, 그 뒤로도 종종 이런 일이 발생했지만, 아무것도 할 수 없다며 힘듦을 토로한다. 이에 경곤 씨가 공감해주는 듯한 제스처를 취한다. 성빈은 아무리 생각해도 기분이 나빠 다시 소주(참고로 성빈은 그나마 이슬을 좋아한다)를 들이켠다.

그렇게 직장에서의 이런저런 이야기를 하며 1시간 정도 시간이 흐르고, 현주 씨와 현철 씨는 내일 출근이라 집에 가서 좀 쉬어야겠다며 자리를 일어나겠다고 한다. 성빈은 약간 아쉽지만, 자신도 쉬어야겠다고 생각하며 함께 일어난다. 이때 경곤 씨가 성빈에게 "우리 집에서 한잔 더 하고 갈래요?"라고 한다. 성빈은 평소 친한 직장 동료이고, 술도 자주 마시는 사이이기 때문에 경곤 씨의 제안을 흔쾌히 수락한다. 마침 성빈도 이대로 일어나기는 아쉽기도 하고, 오늘은 기분이 정말 안 좋은 날이어서 누군가에게 위로받고 싶다. 성빈은 현주 씨와 현철 씨에게 작별 인사를 하고 경곤 씨의 집으로 향한다. 경곤 씨는 평소에 성빈과 많은 대화를 나누고, 성빈에게 잘해주는 사람이다.

"성빈 씨, 오늘도 수고하셨어요."

"경곤 씨도 수고하셨어요. 우리 술 뭐 마실까요? 안주는 필요 없죠? 전 안주는 별로 안 당기네요."

"그래요. 그럼 소주 먹을까요?"

경곤 씨는 성빈의 술 취향을 잘 알고 있고, 실제로 둘의 취향은 비슷해서 성빈이 소주를 마시고 싶다는 사실을 간파한 것 같다. 경곤 씨의 집은 직장에서 걸어서 20분 정도 걸려 둘은 경곤 씨의 집에 가며 이런저런 이야기를 한다. 특히 성빈은 오늘 있었던 부매니저의 이상한 요구, 일본 고객들의 성희롱과 성추행에 대해 읍소하듯 말한다. 경곤 씨는 술을 먹으며 천천히 이야기하자고 성빈을 다독인다. 어느덧 경곤 씨의 집에 도착해, 성빈은 경곤 씨가 술을 가져올 때까지 앉아 있었다. 경곤 씨의 집은 언제 오나 항상 깨끗하다. 성빈은 경곤 씨의 집에 올 때마다 항상 모델하우스 같다고 생각한다. 마침 경곤 씨가 소주를 가져오고, 성빈은 역시 집 관리에 대해 칭찬하며 그 비법을 묻는다.

"집을 대체 어떻게 관리하면 이렇게 깨끗해요? 팁 같은 거라도 있어요?"

"그냥 빨리 일어나서 할 것 없으니까 청소하는 거죠, 뭐."

"네? 저는 할 일이 없으면 그냥 누워서 다시 자는데."

"사람 사는 방식은 다 다르니까요."

역시 경곤 씨는 쉽게 비밀을 알려주지 않는다고 성빈은 생각한다. 물론 성빈 자신이 부지런하지 않고 청소하기 귀찮아해 자기 집이 더럽다는 사실을 알고 있다. 하지만 성빈은 경곤 씨를 보며 그 깔끔함과 꼼꼼함을 닮고 싶다고 생각한다. 역시 성빈의 취향을 알고 있는 경곤 씨는 이슬 두 병을 꺼내 왔다. 이미 한 병 정도씩을 각각 마시고 오는 길이라 취기가 올라온 상태다. 성빈은 술병을 덥석 잡고 자신의 잔에 따랐다.

"각자 따르는 걸로 해요!"

성빈은 술을 따라주는 문화가 참 이상하다고 생각해 항상 자신의 잔에 자신이 술을 따르는 것을 습관처럼 행해 왔다. 물론 필요할 때가 있으면 먼저 윗사람에게 술을 따르긴 하지만, 불필요한 경우는 습관대로 한다. 경곤 씨는 익숙하다는 듯이 자신의 잔에 술을 따르며, 오늘 구체적으로 어떤 일이 있었는지 묻기 시작한다. 성빈은 일부 과장도 하며 술기운을 빌려 할 욕, 못할 욕을 다 섞어 가며 부매니저와 일본인 고객들을 비난하기 시작한다. 경곤 씨는 이에 모두 맞장구쳐주며 성빈의 억울함을 모두 이해한다는 듯, 공감한다는 듯 함께 욕해 주었다. 경곤 씨는 성빈과 다르게(성빈은 주로 부매니저에게 괴롭힘을 당하기 때문에) 매니저에게 괴롭힘을 주로 당한다며, 그 둘이 똑같은 사람들이라고 손가락질한다. 성빈도 경곤 씨가 매니저에게 지독한 괴롭힘을 당하고 이에 시달리고 있다는 사실을 알아, 그 둘의 악행은 이미 지독하게 알고 있다. 성빈은 경곤 씨의 힘든 상황에 함께 공감하며 오늘 술로 훌훌 털어 버리자고 말한다. 한 30분 정도가 지나자 성빈은 눈이 자꾸 감긴다. 경곤 씨는 성빈의 모습을 보며 자신은 괜찮으니 자고 가라고 한다. 성빈은 즉각 고맙다고 말하며 바로 바닥에 누워 잠이 들었다.

성빈은 자꾸 몸이 아프다는 느낌을 받고 눈을 뜬다. '무엇'인가가 성빈의 엉덩이를 찌르고 있다. 성빈은 술이 덜 깬 상태로 눈을 비빈다. 그제야 성빈은 경곤 씨 집에 있는 조명을 보고, 협탁을 보며, 자기 몸을 살핀다. 경곤 씨가 옷을 다 벗고 성빈과 붙어 있다. 성빈은 이해할 수 없는 상황에 혀가 꼬인 채로 다음과 같이 말한다.

"이 … 게 … 뭐야 … 요?"

경곤 씨가 대답한다.

"조용히, 가만히 있어요. 아직 다 안 들어갔어요."

성빈은 아무런 의도를 모르겠다는 듯 아프니까 그만하라고 말하지만, 경곤 씨는 그 무엇으로 성빈의 엉덩이를 계속 찌르고 있다. 성빈은 취했지만, 몸을 움직일 수 있다는 생각에, 경곤 씨의 손과 무엇을 뿌리치며 일어난다.

말없이 성빈은 옷을 입기 시작하고, 경곤 씨는 어쩔 줄 몰라 한다. '왜 저 사람은 내가 이상한 사람인 것처럼 행동하지?' 성빈은 경곤 씨를 이상하게 생각하며, 옷을 마저 다 입는다. 문득 성빈의 기억 속에 대학교 법 수업 중 배웠던 '준강간'의 개념이 지나간다. 사실 성빈은 준강간의 개념을 잘 모르고, 성립 요건 등도 당연히 기억이 안 나지만, 대충 이 상황이 준강간 같다는 생각에 경곤 씨에게 다음과 같이 말하고 경곤 씨의 집 밖을 나온다.

"이거 준강간이에요. 알아요? 갑자기 왜 그랬는지 모르겠지만 같이 일하는 사이니까 이번만 넘어갈게요. 그리고 다시는 같이 술 안 먹을 거예요."

"잠시만, 성빈 씨 안 자고 있었던 거 아니에요? 저는 안 자는 상태에서 그냥 동의의 표시를 무반응으로 했다고 생각했어요."

"동의의 표시가 무반응인가요? 일단 가볼게요."

성빈은 경곤 씨의 집을 나오고, 눈물을 흘리며 너털웃음을 터뜨린다.

오후 8시: 선배들과 즐거운 대화

성빈은 경곤 씨의 집에서 나와 눈물을 닦고 집에 가며 못다 읽은 카톡을 본다. 아까 답장했던 채팅방 중, 과 선배들에게 답장이 수백 통 와 있었다. 아무래도 단체 채팅방이다 보니 서로 이야기하며 메시지가 밀린 것 같다. 마침 과 선배들은 모두 페미니즘을 지향하는 남성들로 이루어져 있고, 본인들이 자신을 '페미니스트'로 지칭하기에 자신을 잘 위로해주고 대응 방안을 잘 찾아줄 수 있다는 생각에 성빈은 자신의 이야기를 하려 했다. 그러나 채팅방은 성빈이 이해할 수 없는 말들로 가득하다. 성빈은 자신이 술에 취해서 그런 것인지, 다시 눈을 비빈다. 하지만 성빈은 또렷이 봐도 채팅방의 내용이 이해가 잘 가지 않는다. 정확히는 이해는 가지만, 선배들의 태도가 용납되지 않는다. 선배들은 답장을 보낸 성빈의 태도를 지적하고 있었다. 성빈을 '참교육'해야겠다며 성빈이 영상 하나만 공유하는 태도, 답장을 늦게 하는 태도가 잘못되었으며, 심지어 의사소통 자체가 불가능하고 사회성이 0에 수렴해 재교육해야 한다는 내용이었다. 성빈은 당황스러워 바로 위의 내용을 살펴본다. 한 선배는 기사 하나를 보내고 아무 말을 하지 않았고, 기사의 내용에 대해 다른 선배들과 그 선배가 대화를 나누고 있었다. 그러던 중 성빈이 유튜브 영상 하나를 공유하자 단체 채팅방에 속해 있는 선배들이 성빈을 모두 공격하기 시작한 것이다. 심지어 이들은 성빈이 성 소수자가 많은 곳에 일한다는 이유로, 성빈을 게이로 규정짓고 게이의 사회문화적 문제에 대해 논하기도 했다. 이 같은 선배들의 태도는 갑자기 시작되지 않았다.

시작은 호영 선배였다. 호영 선배는 성빈이 마음에 들었는지 술을 마실 때마다 성빈에게 한번 자자고 제안했다. 성빈은 항상 그런 제안에 미안하다고 거절했고, 호영 선배는 계속되는 거절에 기분이 상했는지 언제부턴가 성빈을 게이로 규정짓고, 단체 채팅방에서 성빈의 모든 태도를 하나하나 게이들의 특징으로 묘사하며 마치 성빈이 게이인 것마냥, 성빈이 게이이기 때문에 문제를 저지른 것마냥 '해설'하기 시작했다. 적어도 성빈은 그렇게 추측하고 있다. 이에 성빈에 대한 악감정이 없던 다른 선배 둘도 동조하기 시작했고, 이것이 급기야 게이인 성빈의 잘못으로 명명되기 시작했다. 호영 선배는 단체 채팅방에서 성빈의 프로필 사진에 대해 평가한 적이 있다.

"지금 프사 매우 창놈 같고 좋네."

또 다른 예로, 호영 선배는 개인 채팅으로 성빈을 조롱했다.

"너 교사 되면 학생들한테 변기 물에 머리 박힐 거야."

심지어 이 선배는 실제 교사로 근무하고 있어, 성빈은 호영 선배와의 채팅방에서 호영 선배가 성빈에게 했던 말 하나하나를 캡처하기도 했다. 물론 성빈은 이를 장난으로 생각해 호영 선배에게 캡처할 때마다 말했고, 호영 선배 또한 이를 장난으로 여겼는지 전화로 녹음이 안 되기 때문에 전화를 걸었다며 전보다 더한 성희롱을 하기도 했다.

선배들의 대화 내용은 가관이었다. 도형 선배는 성빈에게 [대화하는 법]이라는 소제목을 붙이고 가르치는 태도로 성빈의 의사소통 방식을 지적했으며, 자신이 너무 갈궜냐며 다른 선배들에게 농담처럼 묻기도 했다. 이에 다욱 선배는 문제가 되지 않는다고 말하며 "형, 성빈이 사회화 프로젝트 시작했어?"라고 웃음 표시를 보내며 말한다. 이에 도형 선배는 정상인의 삶을 알려주는 중이라며, 너무 게이들이랑만 놀지 말라고 성빈에게 타이르듯 말한다. 이를 본 호영 선배 역시 성빈을 조롱한다. 모든 게이가 저런 것은 아니지만, 성빈과 같은 사람을 '공주 년'이라고 한다며, 공주가 생기는 문제는 성빈과 같은 태도를 '쳐'받아주는 '개좆 못생겼지만' 어떻게든 예쁜 애 '따먹고 싶어 하는 개좆망 쭉쩡게이' 때문이라고 생각한다는 자신의 사상을 추가로 덧붙였다. 성빈은 채팅방의 내용을 보고 충격을 받았다. 이에 성빈은 기분 나쁘다는 표시를 하지만, 선배들은 역으로 왜 네가 기분이 나쁘냐며 네 태도를 보고 언짢아하는 자신들의 기분은 생각도 하지 않느냐고 반문한다. 성빈은 유튜브 영상을 보낸 것 하나가 정말 이 사람들을 언짢게 한 것일까, 이 사람들은 진심으로 내 태도가 문제가 있다고 생각하고 그것을 알려주려 한 것일까, 내가 성 소수자들이 많은 곳에 일한다는 사실이 곧 게이라는 사실을 증명하고, 나의 태도 하나하나가 곧 게이들의 태도가 되며, 내가 정상인이 아닌가 하는 여러 생각에 혼란스러워한다.

그래도 성빈은 위로받고 싶어 선배들에게 오늘 직장 동료에게 당한 일을 말한다. 이에 선배들은 하나같이 이렇게 말한다.

"네 잘못이야. 게이로 태어나지 말았어야지."

성빈은 더 이상 말을 할 수가 없다. 성빈은 쓸쓸한 미소를 짓는다.

오후 10시: 어제도, 오늘도, 내일도 즐겁게 웃는 성빈

성빈은 지하철에서 내려 집에 터덜터덜 걸어간다. 이 모든 일이 자신에게 일어났다는 사실이 믿기지 않았다. 왜 나일까, 성빈은 고민한다. 이 질문에 대한 대답은 이미 선배들에게서 들은 것 같다. 어쩌면 내가 태어나서 무엇인가를 한다는 것 자체가 문제가 되는 것일까, 성빈은 생각한다. 성빈의 머릿속은 혼돈 그 자체가 되고 있다. 성빈은 자신이 해결할 수 없는 문제를 만난 것처럼 자신을 자책하고 술김에 길거리에서 울기도 한다. 그렇게 20분 정도를 걸어 성빈은 집에 도착한다. 그리고 성빈은 창문 밖 달을 보며 오늘 하루 있었던 일을 곱씹는다.

성빈은 마치 자신이 항상 웃는 로봇이라고 생각한다. 성빈은 인간에게 충성을 다 하기 위해 개발된 로봇이고, 항상 웃어야 하며, 어떠한 명령에도 굴복해야 한다. 누군가의 기분을 해치면 안 되고, 누군가에게 상처받아도 혼자 치료해야 한다. 그래도 오늘은 성빈에게 너무한 날이었다. 오늘 밤 달의 색은 빨갰으면 좋겠다고 생각하며, 성빈은 무표정한 상태로 무거운 한숨을 내뱉는다.

"내일은 또 무슨 일이 생길까."

참고문헌

머리말

김범수. 2022. 『한국 사회에서 공정이란 무엇인가: 공정한 나를 지켜줄 7가지 정의론』. 파주: 아카넷.

박권일. 2021. 『한국의 능력주의』. 서울: 이데아.

신중섭. 2021. "공정과 능력주의에 대한 비판적 분석." 『철학연구』 159. 139-164.

정태석. 2021. "능력주의와 공정의 딜레마: 경합하는 가치판단 기준들." 『경제와 사회』 132. 12-46.

1부. '공정'들
인간으로서의 존엄과 가치를 가지며

가라타니 고진 저·윤인로·조영일 역. 2018. 『윤리 21』. 서울: 도서출판 b.

가라타니 고진 저·조영일 역. 2010. 『정치를 말하다』. 서울: 도서출판 b.

고금숙. 2020. "폐지 수집 일의 기쁨과 슬픔." 『경향신문』(10월 9일), https://m.khan.co.kr/view.html?art_id=202010090300025#c2b (검색일: 2022년 1월 30일)

공제욱. 2000. "중산층·중소기업 논쟁." 『논쟁으로 본 한국사회 100년』, 295-301. 서울: 역사비평사.

권도혁·강정인. 2017. "경제민주화 담론에 대한 정치사상적 고찰." 『한국정치학회보』 51권 1호. 5-27.

권미정·림보·희음. 2022. 『김용균, 김용균들』. 경기: 오월의봄.

권여선. 2020. "손톱." 『아직 멀었다는 말』, 47-82. 경기: 문학동네.

권혁용. 2017. 『선거와 복지국가』. 서울: 고려대학교출판문화원.

기시 마사히코 저·김경원 역. 2016. 『단편적인 것의 사회학』. 서울: 위즈덤하우스.

김경필. 2019. "한국의 경제민주화: 열망과 실망의 반복." 『경제와사회』. 137-165.

김공회. 2020. "기본소득 논의로 보는 국가의 역할." 『기본소득 시대』, 53-83. 경기: 아르테.

김기태. 2020. "한국의 상병수당 '부재' 현황과 상병수당 도입을 위한 제언." 『보건복지 Issue & Focus』. 388호. 1-12.

김도영·최율. 2019. "대졸 청년의 공무원 시험 준비 및 합격에 나타난 계층수준과 교육성취의 효과." 『경제와사회』. 40-74.

김복순·정현상. 2016. "최근 비정규직 노동시장의 변화: 2015년 8월 근로형태별 부가조사를 이용하여." 『노동리뷰』. 91-108.

김석동. 2020. "발전국가에서 토지·교육평등 및 경제민주화의 경제발전에 대한 역할." 『한국정치연구』 29권 2호. 183-212.

김소연. 2011. "불법적 사내하청 제재···공기업 비정규직 해소를." 『한겨레』(10월 13일), https://www.hani.co.kr/arti/society/labor/500722.html (검색일: 2022년 2월 14일)

김수정·차영화·최샛별. 2020. "불평등한 미래: 청소년의 '꿈', 지위표식이 되다." 『한국사회학』 47권 4호. 263-302.

김위정·김양분. 2013. "대학진학에 대한 가정배경의 누적적 매개 효과 분석." 『한국사회학』 54권 1호. 263-302.

김유선. 2021. "비정규직 규모와 실태: 통계청, '경제활동인구조사 부가조사'(2021.8)결과." http://www.klsi.org/bbs/board.php?bo_table=B03&wr_id=2574 (검색일: 2022년 2월 14일)

김을식·조무상·이인휘. 2020. "경기도 공공부문 비정규직 고용 불안정성 보상 도입방안 연구." 『정책연구』 1-103.

김종진. 2021. "주 4일제와 다양한 노동시간 단축 모델: 시간의 정치를 향한 실험들." 『한국노동사회연구소 이슈페이퍼』 160호. 1-24.

김진균. 2003. 『진보에서 희망을 꿈꾼다』. 서울: 박종철출판사.

김진균·정근식·강이수. 2003. "보통학교체제와 학교 규율." 『근대주체와 식민지 규율권력』, 76-116. 서울: 문화과학사.

김태은. 2021. "노동자 소유 플랫폼 협동조합은 불안정한 플랫폼 노동의 대안이 될 수 있는가?" 『사회과학연구』 60권 2호. 233-260.

김혜진. 2020. "차별받는 노동을 정당화하는 능력주의." 『능력주의와 불평등』, 165-182. 서울: 교육공동체 벗.

대학무상화·대학평준화 추진본부 연구위원회. 2021. 『대한민국 대학혁명』. 서울: 살림터.

마에다 겐타로 저·송태욱 역. 2021. 『여성 없는 민주주의』. 서울: 한뼘책방.

박권일. 2021. 『한국의 능력주의』. 서울: 이데아.

박세훈. 1995. "현대 대도시 주거빈곤의 원인과 양상." 『도시와 빈곤』 14권. 17-24.

박지원. 2020. "잔혹한 낙관에서 깨어나기." 『한편3호: 환상』, 113-130. 서울: 민음사.

박형신·정수남. 2015. 『감정은 사회를 어떻게 움직이는가』. 경기: 한길사.

백희원. 2020. "모두를 위한 우리 각자의 기본소득." 『기본소득 시대』, 175-199. 경기: 아르테.

서정희·박경하. 2015. "비정규 근로자와 자영업자의 불안정 노동: 불안정 노동 지표 구성과 고용 형태별 추이." 『한국사회정책』 22권 4호. 7–42.

석승혜. 2020. "배려의 대상은 어떻게 무임승차자가 되는가?: 공정성 인식이 배려와 사회적 이슈에 대한 태도에 미치는 영향." 『사회사상과 문화』 23권 4호. 137–175.

성열관. 2015. "메리토크라시에서 데모크라시로: 마이클 영(Michael Young)의 논의를 중심으로." 『교육학연구』 53권 2호, 55–79.

소준철. 2020. 『가난의 문법』. 경기: 푸른숲.

신동균. 2007. "외환위기 이후 소득분배 양극화의 추이, 원인 및 정책적 시사점." 『경제학연구』 55권 4호. 503–548.

신새벽. 2020. "새로운 세대의 이름." 『한편1호: 세대』, 7–13. 서울: 민음사.

신진욱. 2015. "불평등과 한국 민주주의의 질: 2000년대 여론의 추이와 선거정치." 『한국사회정책』 22권 3호. 9–39.

신진욱·조은혜. 2020. "세대균열의 현실, 세대담론의 재현: 세대불평등 담론의 유래에 관한 질적 담론사 연구." 『시민사회와 NGO』 18권 1호. 49–99.

심경호. 2013. 『논어 1』. 서울: 민음사.

야마모리 도루 저·은혜 역. 2018. 『기본소득이 알려주는 것들』. 서울: 삼인.

양승훈. 2021. ""제가 그래도 대학을 나왔는데": 동남권 지방대생의 일경험과 구직." 『경제와사회』 131호. 10–54.

역사학연구소. 2016. 『함께 보는 한국근현대사』. 경기: 서해문집.

오찬호. 2013. 『우리는 차별에 찬성합니다』. 경기: 개마고원.

요코타 노부코. 2020. 『한국 노동시장의 해부』. 서울: 그린비.

윤자영. 2013. "복지국가와 가족돌봄: '탈가족화'와 '가족화'의 갈등과 균형." 『한국사회복지학회 학술대회 자료집』, 1–22.

윤정일·정수현. 2003. 『한국 공교육의 진단: 선택의 자유와 공정성』. 서울: 집문당.

윤형중. 2020. "기본소득, 한국에서 왜 필요하고 어떻게 가능한가." 『기본소득 시대』, 92–129. 경기: 아르테.

윤홍식. 2018. "민주주의 이행기 한국 복지체제, 1980~1997: 주변부 포드주의 생산체제의 복지체제." 『한국사회복지학』 70권 4호. 37–68.

은수미. 2008. "원청의 노사관계 전략: 제조업 사내하청을 중심으로." 『노동정책연구』 8권 3호. 125–157.

은수미. 2012. "한국의 사내하도급: 현황과 대안." 『노동리뷰』 82호. 85–94.

은수미. 2013. "노동연대, 그 식상함을 넘어서." 『역사비평』 102호. 72–90.

이경숙. 2020. "시험/평가체제 속 인간과 교육받을 권리."『능력주의와 불평등』, 34-62. 서울: 교육공동체 벗.

이승윤·백승호·김윤영. 2017.『한국의 불안정 노동자』. 서울: 후마니타스.

이승윤·백승호. 2021. "생태적 전환을 위한 '참여소득'의 가능성: 기본소득, 보편적 기본서비스, 일자리보장제와의 비교."『시민과세계』39호. 129-168.

이인재. 2010. "사회보장의 기초 및 의의."『사회보장론』, 17-54. 경기: 나남.

이정우. 2005. "소득 및 자산의 분배."『한국사회의 불평등과 공정성 의식의 변화』, 61-116. 서울: 성균관대학교 출판부.

이준희. 2019. "'구의역 김군 사건'이 개인 부주의 사고? 서울교통공사의 황당 광고."『한겨레』(2월 18일), https://www.hani.co.kr/arti/society/labor/882536.html (검색일: 2022년 7월 30일)

이혜정. 2021. "커뮤니티케어와 지역화폐의 결합 모색."『사회과학연구』14권 1호. 135-168.

임상규. 2012. "서론."『공정성에 대한 담론』, 1-10. 서울: 한국행정연구원.

장귀연. 2009.『비정규직』. 서울: 책세상.

장상수. 2004. "학력성취의 계급별·성별 차이."『한국사회학』34권 3호. 51-75.

장상환. 2002. "미국에 의한 한국사회의 재편성."『제국주의와 한국사회』, 135-165.

장진범. 2014. "한국 주거빈곤의 진화: (반)지하 주거를 중심으로."『한국공간환경학회 학술대회 논문집』. 189-209.

정민우·이나영. 2011. "청년세대, 집의 의미를 묻다: 고시원 주거 경험을 중심으로."『한국사회학』45권 2호. 130-175.

정이환. 2003. "분단노동시장과 연대: 정규·비정규 노동자 간 연대의 연구."『경제와사회』59권. 161-192.

정진영. 2022. "집으로 돈 버는 세계에서."『한편7호: 중독』, 165-183. 서울: 민음사.

정혜선. 2022.『나의 덴마크 선생님』. 서울: 민음사.

조해언. 2021. "젊은 플랫폼노동자의 초상."『한편5호: 일』, 57-76. 서울: 민음사.

지주형. 2011.『한국 신자유주의의 기원과 형성』. 서울: 책세상.

최은영·이봉조. 2014. "서울시 청년 주거빈곤 실태."『한국지역지리학회 학술대회발표집』. 56-61.

최인훈. 2008.『화두 1』. 서울: 문학과지성사.

최장집. 2010.『민주화 이후의 민주주의』. 서울: 후마니타스.

최장집. 2013.『노동 없는 민주주의의 인간적 상처들』. 서울: 후마니타스.

최필선·민인식. 2015. "부모의 교육과 소득수준이 세대 간 이동성과 기회불균등에 미치는 영향." 『사회과학연구』 22권 3호. 31-56.

통계청. 2020. 『2019년 생활시간조사 결과』.

홍기빈. 2020. "21세기 자본주의의 흐름과 기본소득의 탄생." 『기본소득 시대』, 22-47. 경기: 아르테.

황규성. 2016. "한국의 교육 불평등." 『월간 복지동향』 216권. 12-17.

황석영. 2002. 『아우를 위하여』. 서울: 다림.

황선자. 2020. "임금소득불평등 축소를 위한 노동조합의 역할과 연대과제." 『노동N이슈』. 1-15.

황재훈. 2018. "프랑스 마크롱 정부의 사내 임금격차 공개의무 도입과 배경." 『국제노동브리프』 16권 11호. 45-52.

Berger, Peter L. 저·이상률 역. 1995. 『사회학에의 초대』. 서울: 문예출판사.

Botton, Alain 저·정영목 역. 2011. 『불안』. 서울: 은행나무.

Bourdieu, Pierre 저·최종철 역. 2006. 『구별짓기: 문화와 취향의 사회학 上』. 서울: 새물결.

Brecht, Bertolt 저·최연숙 편저. 2013. "후손들에게." 『독일시선집』, 364-371. 서울: 신아사.

Brown, Wendy 저·김상운·양창렬·홍철기 역. 2010. "오늘날 우리는 모두 민주주의자이다……." 『민주주의는 죽었는가?』, 83-104. 서울: 난장.

Carr, Edward Hallett 저·권오석 역. 2002. 『역사란 무엇인가』. 서울: 홍신문화사.

Charim, Isolde 저·이승희 역. 2019. 『나와 타자들』. 서울: 민음사.

Cox, Harvey 저·유강은 역. 2018. 『신이 된 시장』. 서울: 문예출판사.

Debord, Guy 저·유재홍 역. 2014. 『스펙타클의 사회』. 서울: 울력.

Deleuze, Gilles 저·박기순 역. 2001. 『스피노자의 철학』. 서울: 민음사.

Elliott, Jane 저·정해영 역. 2018. 『다른 사람 모카신 신고 1마일 걷기』. 서울: 한뼘책방.

Esping-Andersen 저·박시종 역. 2007. 『복지 자본주의의 세 가지 세계』. 서울: 성균관대학교 출판부.

Ferretter, Luke 저·심세광 역. 2014. 『루이 알튀세르의 이데올로기』. 서울: 앨피.

Fisher, Mark 저·박진철 역. 2018. 『자본주의 리얼리즘』. 서울: 리시올.

Fraser, Nancy 저·문현아·박건·이현재 역. 2016. "이성애 중심주의, 무시 그리고 자본주의." 『불평등과 모욕을 넘어』, 92-109. 서울: 그린비.

Hessel, Stéphane 저·임희근 역. 2011. 『분노하라』. 경기: 돌베개.

Hudson, John·Stefan Kühner·Stuart Lowe 저·김보영 역. 2012. 『복지국가를 향한 짧은 안내

서』. 서울: 나눔의집.

Hüther, Gerald 저·박여명 역. 2019.『존엄하게 산다는 것』. 서울: 인플루엔셜.

Illich, Ivan D. 저·심성보 역. 2004.『학교 없는 사회』. 서울: 미토.

International Forum on Globalization 저·이주명 역. 2005.『더 나은 세계는 가능하다: 세계화, 비판을 넘어 대안으로』. 서울: 필맥.

Mikako, Brady 저·노수경 역. 2019.『아이들의 계급투쟁』. 경기: 사계절.

Mills, Charles Wright 저·강희경·이해찬 역. 2004.『사회학적 상상력』. 경기: 돌베개.

Nussbaum, Martha C. 저·박용준 역. 2019.『정치적 감정』. 경기: 글항아리.

Paine, Thomas 저·박홍규 역. 2004. "인권."『상식, 인권』, 85-379. 서울: 필맥.

Pizzigati, Sam 저·허윤정 역. 2018.『최고임금』. 경기: 루아크.

Polanyi, Karl 저·홍기빈 역. 2009.『거대한 전환』. 서울: 도서출판 길.

Rawls, John 저·황경식 역. 2003.『정의론』. 서울: 이학사.

Rigney, Daniel 저·박형신 역. 2018.『은유로 사회읽기』. 경기: 한울.

Ross, Kristin 저·김상운·양창렬·홍철기 역. 2010. "민주주의를 팝니다."『민주주의는 죽었는가?』, 137-164. 서울: 난장.

Russell, Bertrand 저·송은경. 2005.『게으름에 대한 찬양』. 서울: 사회평론.

Russell, Bertrand 저·장성주 역. 2012.『버트런드 러셀의 자유로 가는 길』. 서울: 함께읽는책.

Sandel, Michael 저·함규진 역. 2020.『공정하다는 착각』. 서울: 와이즈베리.

Sennett, Richard 저·조용 역. 2002.『신자유주의와 인간성의 파괴』. 서울: 문예출판사.

Spinoza, Benedictus de 저·황태연 역. 2020.『에티카』. 전주: 비홍출판사.

Standing, Guy 저·김태호 역. 2014.『프레카리아트』. 경기: 박종철출판사.

Stiglitz, Joseph 저·홍기빈 역. 2009. "조지프 스티글리츠의 발문." Karl Polanyi.『거대한 전환』, 17-30. 서울: 도서출판 길.

Stronge, Will·Kyle Lewis 저·성원 역. 2021.『오버타임』. 경기: 시프.

Wilkinson, Richard·Kate Pickett 저. 이은경 역. 2019.『불평등 트라우마』. 서울: 생각이음.

Willis, Paul 저·김찬호·김영훈 역. 2004.『학교와 계급재생산: 반학교문화, 일상, 저항』. 서울: 이매진.

Wood, Ellen Meiksins 저·유강은 역. 2019. "자본주의와 인간 해방: 인종, 젠더, 민주주의."『사회주의 페미니즘』, 518-545. 서울: 따비.

Young, Michael 저·유강은 역. 2020. 『능력주의: 2034년, 평등하고 공정하고 정의로운 엘리트 계급의 세습 이야기』. 서울: 이매진.

Ziegler, Jean 저·양영란 역. 2012. 『굶주리는 세계, 어떻게 구할 것인가?』. 서울: 갈라파고스.

Žižek, Slavoj 저·김상운·양창렬·홍철기 역. 2010. "민주주의에서 신의 폭력으로." 『민주주의는 죽었는가?』, 165-196. 서울: 난장.

Žižek, Slavoj 저·강우성 역. 2020. 『팬데믹 패닉』. 서울: 북하우스.

20대 남자는 정말 능력주의를 지지하는가

김병록. 2019. "청와대 국민청원의 개선방안에 관한 연구." 『법학논총』 26권 2호, 139-170.

김해인. 2020. "인천국제공항공사 비정규직 정규직 전환 '논란'에 대하여." 『정세와노동』 163호, 7-17.

김호기. 2014. "안철수 현상의 등장과 쇠퇴: 정치사회학적 관점." 『한국과 국제정치』 30권 4호, 33-61.

박태순. 2019. "청와대 국민청원 게시판, 이제 국회에 넘기자." 『프레시안』 (6월 3일), https://www.pressian.com/pages/articles/243405#0DKU (검색일: 2022년 1월 2일)

안정은, 임여원. 2020. "정당의 광장정치에 대한 포섭과 배제의 동원 -2004, 2008, 2016년 광장을 통한 시민참여와 정당정치를 중심으로-." 『시민과세계』 87-116.

얼룩소 에디터팀. 2021. "계급이 돌아왔다 – 이대남 현상이라는 착시." 『alookso』 (11월 8일), https://alook.so/posts/XBteeJ (검색일: 2022년 1월 2일)

이준석 저·강희진 역. 2019. 『공정한 경쟁-대한민국 보수의 가치와 미래를 묻다』. 서울: 나무옆의자.

천관율. 2018. "문재인 정부를 흔드는 '공정의 역습'." 『시사IN』 (3월 5일), www.sisain.co.kr/news/articleView.html?idxno=31335 (검색일: 2022년 1월 2일)

천관율. 2019. "20대 남자, 그들은 누구인가." 『시사IN』 (4월 15일), www.sisain.co.kr/news/articleView.html?idxno=34344 (검색일: 2022년 1월 2일)

최민영. 2022. "[논설위원의 단도직입]'정치인들, 남녀 갈라치는 역사적 중범죄…청년층 뭉쳐 싸워야'." 『경향신문』 (1월 18일) m.khan.co.kr/national/national-general/article/202201182212005 (검색일: 2022년 1월 19일)

Amartya, K. Sen 저·김원기 역. 2013. 『자유로서의 발전』. 서울: 갈라파고스.

Amartya, K. Sen 저·이상호, 이덕재 역. 1999. 『불평등의 재검토』. 서울: 한울.

Martha C. Nussbaum 저·한상연 역. 2015. 『역량의 창조』. 서울: 돌베개.

Will Kymlica 저·장동진 역. 2006. 『현대 정치철학의 이해』. 서울: 동명사.

누구를 위한 공정인가? : '진정한 능력주의'의 허상

고용노동부 여성고용정책과. 2021. "출산 및 육아휴직 현황." 『e-나라지표』(8월 11일), https://www.index.go.kr/potal/main/EachDtlPageDetail.do?idx_cd=1504 (검색일: 2022년 2월 27일)

국승민·김다은·김은지·정한울. 2022. 『20대 여자』. 서울;시사IN 저널북(SJB).

권세진. 2022. "與 "야당이 선거 앞두고 젠더 갈등 조장" vs 野 "갈등의 근본 원인은 청년실업과 집값, 즉 文 정부 失政." 『월간조선뉴스룸』, http://monthly.chosun.com/client/news/viw.asp?ctcd=A&nNewsNumb=202202100019 (검색일: 2022년 1월 31일)

김만권. 2021. "'우파 포퓰리즘'의 부상으로서의 '이준석 현상'." 『황해문화』 113권, 55-73.

김민주·이동윤·이준혁. 2022. "[뭐라노]청년 니트 증가하는 이유는." 『국제신문』(1월 4일), http://www.kookje.co.kr/news2011/asp/newsbody.asp?code=0300&key=20220124.99099006206 (검색일: 2022년 1월 30일)

김상태·김성엽·이상엽. 2021. "청년세대는 공정성을 어떻게 인식하는가 - '인국공 사건'에 나타난 공정성 인식의 테마 분석." 『한국행정연구』 30권 4호, 245-277.

김은지. 2021. "[20대 여자 현상] "약자는 아니지만 우리는 차별받고 있다"." 『시사IN』(8월 30일), https://www.sisain.co.kr/news/articleView.html?idxno=45420 (검색일: 2022년 1월 30일)

김회용. 2011. "공정성 개념 분석과 대학입학사정관 전형의 공정성 확보 방안." 『교육사상연구』 25권 1호, 21-50.

김효빈. 2021. "21대 총선에서 나타난 남녀 간 이념성향과 정책태도 차이." 국내석사학위논문 한국외국어대학교 대학원.

남수현. 2021. ""광기 페미니즘" 글 공유한 이재명…이대남 잡고 페미 손절?" 『중앙일보』(11월 11일), https://www.joongang.co.kr/article/25022974#home (검색일: 2022년 1월 30일)

대통령 후보 윤석열 공식홈페이지. 2022. "제20대 대통령 선거 10대 공약" https://yoonlove.com/promise/180?sca=%EC%A0%95%EC%B1%85%EB%8F%8B%EB%B3%B4%EA%B8%B0#none (검색일: 2022년 2월 27일)

대통령 후보 이재명 공식홈페이지. 2022. "재명이네 공약센터 - 10대 공약" https://www.jmleetogether.com/pledge/ten.php (검색일: 2022년 2월 27일)

문강형준. 2012. "양날의칼: 포퓰리즘, 민주주의, 문화행동." 『문화과학』 71호, 106-124.

박상연. 2022. "공정한 기회, 더 목마른 MZ." 『서울신문』(1월 2일), https://www.seoul.co.kr/news/newsView.php?id=20220103014026&wlog_tag3=naver (검색일: 2022년 1월

28일)

박상현. 2017. "청년세대의 투표기권 원인에 관한 연구 – 사회적 표상에 담긴 주관적 인식의 영향을 중심으로." 국내석사학위논문 연세대학교 대학원.

박소희. 2022. "이재명 "유승민 공약 수용…일자리 300만 개 만들 것."" 『오마이뉴스』(1월 18일), http://www.ohmynews.com/NWS_Web/View/at_pg.aspx?CNTN_CD=A0002803651&CMPT_CD=P0010&utm_source=naver&utm_medium=newsearch&utm_campaign=naver_news (검색일: 2022년 1월 30일)

사회통계국 사회통계기획과. 2020. "혼인상태별 및 맞벌이상태별 가사노동시간" 『e-나라지표』(11월 5일), https://www.index.go.kr/potal/main/EachDtlPageDetail.do?idx_cd=3027 (검색일: 2022년 2월 27일)

양지혜. 2022. "[팩트체크] 韓 남녀 간 임금 격차, OECD 중 최대라는 여가부…사실일까?" 『이데일리』(2월 27일), https://www.edaily.co.kr/news/read?newsId=01216886629143056 (검색일: 2022년 2월 27일)

여성가족부 여성인력개발과. 2021. "남성 대비 여성 임금비율" 『e-나라지표』(7월 7일), https://www.index.go.kr/potal/main/EachDtlPageDetail.do?idx_cd=2714 (검색일: 2022년 2월 27일)

오주연. 2022. "李·尹, 현금성 공약 보니 '20대' 집중…퍼준다고 좋아할까." 『아시아경제』(1월 30일), https://n.news.naver.com/article/277/0005038132 (검색일: 2022년 1월 30일)

유용민. 2019. "포퓰리즘, 민주주의 그리고 미디어 : 자유주의적 민주주의와의 규범적 연관을 중심으로." 『언론과 사회』 27권 4호, 5-48.

윤덕경·김정혜·천재영·김영미. 2019. "여성폭력 검찰통계 분석(II): 디지털 성폭력범죄, 성폭력무고죄를 중심으로", 한국여성정책연구원.

이철영·손다영. 2022. "[인터뷰] 박지현 "이재명, 팬덤 예쁨 받으려 '애교'…문제 있어"" 『더팩트』(7월 25일), http://news.tf.co.kr/read/ptoday/1953877.htm (검색일: 2022년 8월 6일)

이희정·박선웅. 2021. "청년층의 기회 공정성 인식 분절화: 지역과 젠더 관점을 중심으로." 『한국인구학』 44권 3호, 71-99.

장선이·배여운. 2022. "[마부작침] 2030 밀집 동네 표심, 21대 총선부터 '변화'." 『SBS뉴스』(1월 28일), https://news.sbs.co.kr/news/endPage.do?news_id=N1006622781&plink=ORI&cooper=NAVER&plink=COPYPASTE&cooper=SBSNEWSEND (검색일: 2022년 1월 28일)

장선화. 2022. "청년 모시기' 혈안된 대선후보들…참 공허한 까닭." 『오마이뉴스』(1월 18일), http://www.ohmynews.com/NWS_Web/View/at_pg.aspx?CNTN_CD=A0002803500&CMPT_CD=P0010&utm_source=naver&utm_medium=newsearch&utm_campaign=naver_news (검색일: 2022년 1월 29일)

조성민. 2022. "충남 청년들 일자리 없어 다른 지역행…"맞춤형 통합정책 필요."" 『연합뉴스』(1월 27일), https://www.yna.co.kr/view/AKR20220127193800063?input=1195m (검색

일: 2022년 1월 30일)

차지연. 2022. "홍남기 "공공기관, 괜찮은 일자리 창출에 선도적 역할해야"." 『연합뉴스』(1월 28
　일), https://www.yna.co.kr/view/AKR20220128058100002?input=1195m (검색일:
　2022년 1월 30일)

최정흠. 2021. "중국 청년세대의 계층별 직업가치관 차이 연구." 국내석사학위논문 충북대학교.

통계청 고용통계과. 2022. "여성 경력단절 사유" 『e-나라지표』(1월 6일), https://www.index.
　go.kr/potal/main/EachDtlPageDetail.do?idx_cd=3039#quick_02; (검색일: 2022년 2월
　27일)

한기호, 2022. "표만 노리고 헛바퀴 도는 '이대남'과 여성가족부 논란." 『디지털타임스』(1월 30일),
　http://www.dt.co.kr/contents.html?article_no=2022013002109958051001&ref=n
　aver (검색일: 2022년 1월 30일)

황규성. 2016. "다중격차: 다차원적 불평등에 관한 개념화 시론" 『동향과 전망』 97호, 9-44

Pappas, Takis S. 2019. "Populists in Power." Journal of Democracy 30(2): 70-84.

이분법적 젠더론의 관점에서 바라본 청년세대의 불안 : 내러티브 기법을활용해 들여다본 청년들의 설움

김순남. 2021. "'남자로서의 당연한 삶은 없다': 20-30대 남성들의 '성찰적 개인화'와 새로운 관
　계적 삶의 가능성을 중심으로." 『한국여성학』 37권 1호, 155-189.

김예은·연규진. 2018. "2030대 여성의 미묘한 성차별 경험과 심리적 디스트레스의 관계: 여성주
　의 정체성 차원에 의해 조절된 분노의 매개효과." 『한국심리학회지: 여성』 23권 3호, 499-
　523.

김종민. 2022. "인하대 사건, 남성을 잠재적 가해자로 치부하면 성별갈등만…" 『NEWSIS』(7월
　20일), https://n.news.naver.com/article/003/0011314788?sid=102 (검색일: 2022년
　08월 02일)

단단 외 6인. 2019. 『구두를 신고 불을 지폈다』. 서울: 빠마.

배정원. 2022. "한국에서 여성은 여전히 '인어공주'인가 [배정원의 핫한 시대]" 『시사저널』(7월 31
　일), https://n.news.naver.com/article/586/0000042429?sid=103 (검색일: 2022년 08
　월 02일)

안계한·김민희. 2020. "청년세대의 공정성 인식이 무망감에 미치는 영향: 통제감의 매개효과와
　자존감의 조절효과." 『한국심리학회지: 문화 및 사회문제』 26권 4호, 457-477.

유시민. 2017. 『국가란 무엇인가』. 파주: 돌베개.

유정미. 2017. "청년세대 노동시장 진입 단계의 성별임금격차 분석." 『한국여성학』 33권 1호,
　107-155.

윤지영. 2016. "현실의 운용원리로서의 여성 혐오: 남성공포에서 통감과 분노의 정치학으로." 『철학연구』115집, 197-243.

이준일. 2021. "차별판단의 쟁점들." 『유럽헌법연구』37호, 305-341.

임윤서. 2018. "대학생의 시선을 통해 본 청년 세대의 불안경험: 포토보이스를 활용한 탐색적 연구." 『민주주의와 인권』18권 1호, 105-152.

최종렬. 2018. "남성 혐오는 가능한가?: 페미니스트 철학자 윤지영의 물음에 대한 한 남성 문화 사회학자의 응답." 『문화와 사회』26권 3호, 7-60.

추지현. 2021. "청년 남성들의 젠더 인식 다층성." 『한국여성학』37권 4호, 155-193.

한승현·임다혜·강민아. 2017. "한국 청년의 삶의 불안정성(precariousness)과 행복: 불확실성과 통제권한 부재의 매개효과." 『한국사회정책』24권 2호, 87-126.

홍성수. 2019. 『말이 칼이 될 때 - 혐오표현은 무엇이고 왜 문제가 되는가?』. 서울: 어크로스.

Leonard Webster & Patricie Mertova, 박순용 역. 2017. 『연구방법으로서의 내러티브 탐구 - Using Narrative Inquiry as a Research Method: An Introduction to Using Critical Event Narrative Analysis in Research on Learning and Teaching』. 서울: 학지사.

Stephen J. Ball, 손준종 외 역. 2019. 『푸코와 교육: 현대 교육의 계보』. 서울: 박영story.

Ulrich Beck, 홍성태 역. 1997. 『위험사회 - 새로운 근대(성)을 향하여』. 서울: 새물결.

2부 정치적인 반오십의 이야기

대학생입니다. 그런데 정치학을 전공하고 있습니다

김명일. 2021. "[인터뷰] 이준석 "공정한 남녀관계 요구하는 것이 여험인가?"" 『한경닷컴』(5월 14일), https://www.hankyung.com/politics/article/2021050787367 (검색일: 2022년 8월 7일)

김민주. 2022. "한국 성평등 수준 146개국 중 99위... 소득격차·고위직 '최하위권'." 『여성신문』(7월 15일), https://www.womennews.co.kr/news/articleView.html?idxno=225829 (검색일: 2022년 8월 28일)

김지나. 2012. "문재인 힐링캠프 시청률 10.5% 기록, 동시간대 아슬아슬 2위 기록." 『인터뷰365』(1월 10일), https://www.interview365.com/news/articleView.html?idxno=15616 (검색일: 2022년 8월 7일)

백지연. 2017. "여성 혐오를 둘러싼 의미투쟁 : 5대 일간지의 프레임 분석을 중심으로", 국내석사 학위논문 이화여자대학교.

엘리. 2021. "5개월 전 황당 '여사친'…이재명 지사님 청년은 남성 뿐입니까." 『중앙일보』(9월 6일), https://www.joongang.co.kr/article/25004533#home (검색일: 2022년 8월 7일)

주성수. 2017. "한국 시민사회 30년(1987-2017)의 시민참여와 민주주의", 『시민사회와 NGO』 15권 1호, 5-38.

졸업해도 될까요

강일구. 2021. "계약임용제 이후, 교수 신분은 하향 평준화…계속 악화." 『교수신문』(12월 21일), http://www.kyosu.net/news/articleView.html?idxno=82828 (검색일: 2022년 7월 31일)

강준만. 2015. "지방의 '내부식민지화'를 고착시키는 일상적 기제: '대학-매체-예산'의 트라이앵글." 『사회과학연구』 54집 2호. 113-147.

고부응. 2018. 『대학의 기업화』. 경기: 한울아카데미.

권여선. 2012. 『레가토』. 경기: 창비.

김영화. 2020. 『피에르 부르디외와 교육』. 경기: 교육과학사.

김예슬. 2010. "오늘 나는 대학을 그만둔다, 아니 거부한다."

김종영. 2019. "세계적 대학체제로서의 대학통합네트워크." 『경제와사회』 122호. 171-213.

김진균. 2003. 『진보에서 희망을 꿈꾼다』. 서울: 박종철출판사.

김진균·정근식. 2003. "식민지체제와 근대적 규율." 『근대주체와 식민지 규율권력』, 13-29. 서울: 문화과학사.

김진균·정근식·강이수. 2003. "보통학교체제와 학교 규율." 『근대주체와 식민지 규율권력』, 76-116. 서울: 문화과학사.

김한종. 2000. "무시험 입시제도와 평준화." 『논쟁으로 본 한국사회 100년』, 325-332. 서울: 역사비평사.

대학무상화·대학평준화 추진본부 연구위원회. 2021. 『대한민국 대학혁명』. 서울: 살림터.

사토 마나부 저·손우정 역. 2009. 『교육개혁을 디자인한다』. 서울: 학이시습.

오카 마리 저·이재봉·사이키 카쓰히로 역. 2013. "제3세계 페미니즘과 서발턴." 『코기토』 73호. 599-629.

이선주. 2008. "독일 논술 '아비투어'는 학교수업만 잘 따라가면 충분 프랑스의 '바칼로레아'는 폭넓은 지식 있어야 모범답안 가능." 『한겨레』(1월 27일), https://www.hani.co.kr/arti/society/schooling/265864.html (검색일: 2022년 7월 31일)

정수복. 2022. 『역사사회학의 계보학』. 서울: 푸른역사.

정진상. 2002. "한국 교육의 식민지적 성격." 『제국주의와 한국사회』, 301-333. 서울: 한울아카데미.

정진상. 2004. 『국립대 통합네트워크-입시 지옥과 학벌 사회를 넘어』. 서울: 책세상.

한국여성정책연구원. 2018. "20대 여성 2명 중 1명은 자신을 페미니스트라 생각." 『KWDI Brief』 49호. 1-6.

홍성학. 2021. "비정년트랙 낳은 계약임용제, '저임금·단기계약' 차별을 키웠다." 『교수신문』(11월 23일), http://www.kyosu.net/news/articleView.html?idxno=81187 (검색일: 2022년 7월 31일)

Mikako, Brady 저·노수경 역. 2019. 『아이들의 계급투쟁』. 경기: 사계절.

Nussbaum, Martha C. 저·박용준 역. 2019. 『정치적 감정』. 경기: 글항아리.

Russell, Bertrand 저·장성주 역. 2012. 『버트런드 러셀의 자유로 가는 길』. 서울: 함께읽는책.

Standing, Guy 저·김태호 역. 2014. 『프레카리아트』. 경기: 박종철출판사.

저자 소개

김민준
고려대학교에서 정치학을 공부하고 2022년에 수료했다. 학보사 기자로 활동했으며 현재는 취업준비생이다. 이 나이대 즈음 누구나 그렇듯 한껏 불안해하고 있다. 책에 실린 에세이의 주제 의식은 이런 일상의 반영이다. 정치와 영화를 경유한 두 편의 글이 분열과 공존을 이야기하는 것은 어쩌면 당연한 일이었을지도 모른다.

김소영
곧 졸업을 앞둔 고려대학교 정치외교학과 학생이다. 현상의 외면보다 이면, 주류보다는 비주류에 눈길을 두려 노력한다. 친구들과 세상일에 대해 의견을 나누다가, 하고 싶은 말이 많아져 글을 쓰기 시작했다. 원고를 쓰는 과정에서 오히려 '세상 속의 나'에 대해 돌아보게 되었다. 정치학 전공, 20대 여성, 지방 출신 등 다양한 정체성을 가진 나를 온전히 이해하게 되면서 사회를 대하는 태도가 한층 더 성숙해진 것 같다.

엄준희
고려대학교에서 사회학, 경제학, 사학을 전공했으나 정치연구소 에세이 공모전을 계기로 같은 학교 정치외교학과 석사과정에 진입했다. 비교정치경제, 불평등과 민주주의, 한국정치에 관심이 있다. 2022년 9월 24일 시청 앞길에서는 1장의 마지막 문장을 떠올렸다. 그런 날의 불안은 절망보다 희망과 교차한다.

조성빈
항상 정의를 꿈꾸지만, 몽상이라고도 생각한다. 정의를 실현하기 위한 도구로서 교육이 중요하다고 생각해 고려대학교 교육학과를 졸업하고, 교육행정학 및 고등교육학 전공으로 대학원에 진학했다. 세상과 사람들의 일에 관심을 가지고, 소외된 사람의 목소리를 듣기 위해 힘과 내용을 기르는 중이다.

이 도서는 한국출판문화산업진흥원의
‘2022년 우수출판콘텐츠 제작 지원’
사업 선정작입니다.

어쩔 청년 저쩔 공정
정치적인 ‘나’들의 이야기

제1판 1쇄 2022년 11월 25일

지은이   김민준, 김소영, 엄준희, 조성빈
펴낸이   장세린
편집   배싱분, 박을진
디자인   얼앤똘비악

펴낸곳   (주)버니온더문
등록   2019년 10월 4일(제2020-000051호)
주소   서울특별시 용산구 청파로93길 47
홈페이지   http://bunnyonthemoon.kr
SNS   https://www.instagram.com/bunny201910/
전화   010-3747-0594 팩스 050-5091-0594
이메일   bunny201910@gmail.com
ISBN   979-11-980477-0-0 (03300)